BASIC ITALIAN GRAMMAR

THIRD EDITION

C.A. McCormick

Nelson

Thomas Nelson and Sons Limited
Nelson House
Mayfield Road
Walton on Thames KT12 5PL
England

Copyright © Mrs C. A. McCormick 1988
First published 1965
Reprinted 1968
Second edition 1969
Reprinted 1970, 1971, 1972, 1975, 1976(twice), 1977, 1978, 1979, 1980, 1981, 1982, 1983, 1984, 1985, 1986, 1987
Third edition 1988
Reprinted 1989, 1990, 1991, 1992, 1993

Designed by Sylvia Witte
Set in 9/10 Century Light
Produced by Longman Cheshire Pty Limited
Printed in Malaysia — VP

ISBN 0 17 439204 4
NPN 987654

Acknowledgement

My thanks go to my colleagues in the Department of Italian, University of Melbourne: to Mrs C. Astolfi for constant advice and her help with the revision of the course, to Dr C. Gundolf for her work on the preparation of the vocabularies and guidance with the reading passages, to Mr G. A. A. Comin for his assistance with the exercises, to Miss M. Dwyer for her helpful criticisms. They go also to Mrs M. Zecchin who typed these lessons more times than she would care to remember.

To Dr Vittorio Politi, Director of the *Istituto Italiano di Cultura* in Melbourne, my sincere gratitude for his constant interest and encouragement.

I wish also to thank the many students at Melbourne University who offered suggestions from the 'receiving end' while the book was being evolved.

To all these kind people I am very grateful, for a great part of whatever good qualities the book may have is to be attributed to them. The faults are mine alone.

The third edition of this book has permitted the making of minor improvements to the text and the correction of errors. I am grateful to those teachers who have made suggestions to me on the basis of their experience with the previous editions, and most particularly to Mrs C. Astolfi and Mr L. Bini.

C. A. McC.

How to Use This Book

This book, as its title suggests, does not set out to be a 'complete' or reference grammar. Many things have been omitted, many others have been reduced to essentials, but it is hoped that the most important points have been covered.

Each lesson, except for some minor variations, contains the following sections: grammatical explanations, vocabulary, exercises, reading material. The teacher may choose to follow the internal order of the lessons in the book, or may prefer to proceed differently, commencing, for instance, with the reading and working from that to the grammatical explanations. A book of this kind is no more than the raw material with which the teacher and student work; the ways of dealing with that material must be a matter for personal choice.

When, particularly in the later part of the book, several structures are introduced in the same lesson, every effort has been made to arrange the exercises so that the lesson may be treated in sections, if desired.

Grammar Normal grammatical terms have been employed but the aim has been to give the explanations as straightforwardly as possible, avoiding too much technical language. Each point has been fully illustrated by examples.

Reading Passages and Sentences In Lessons 1 to 10 the reading passage follows the grammatical section. From Lesson 11 onward the grammar section is followed by sentences which are designed as a concentrated and immediate illustration of the structures explained; the reading passage comes at the end of each lesson. Passages and sentences have been graded so that they are based on structures previously explained and a balance has been kept between conversational Italian and a more formal style. Idiomatic expressions, etc., are explained in footnotes.

Lesson Vocabularies In Lessons 1 to 10 the lesson vocabularies list all new words in the order of their appearance. From Lesson 11 onward the lesson vocabularies give only words appearing in the grammatical sections and in the sentences. These words are listed alphabetically. Words appearing in previous vocabularies are often re-listed in order to aid revision.

New words introduced in the reading passages from Lesson 11 onward will be found in the end vocabularies. This method has been followed both in order to accustom students to finding meanings for themselves and also to encourage them to try and arrive at meaning before looking a word up, which is surely one of the most satisfying experiences that the learner can have.

Exercises   The exercises, which are the main tool for both teacher and student, have been made full and varied. They consist chiefly of drill exercises, substitution exercises and translation. In Lessons 1 to 10 questions are provided on the content of the reading passage. In the later lessons these have been omitted, for it is felt that by this stage teachers will prefer to conduct this side of the oral work in their own way, according to the needs of their students.

Drill Exercises   Particular attention is drawn to Exercise 2 of Lesson 3 (p. 14) where a pattern for drill exercises on verbs is set out as a model for subsequent exercises of the same type. It is suggested that these, and similar exercises, be used for oral drill but, of course, they can also be given as a written task.

Verb Lists   The full conjugations of *essere, avere* and of the regular verbs have been given.

Instead of the common alphabetical arrangement, irregular verbs have been grouped so that verbs with similar irregularities appear together. Reference numbers in the end vocabularies indicate where each verb is to be found (see p. 222). This system has been adopted as a means of encouraging the learner to familiarize himself with the pattern of Italian irregular verbs.

End Vocabularies   The end vocabularies have been made as complete as possible and contain a good deal of information in addition to meanings. Attention is called to the introductory note on p. 222.

Pronunciation Guides   Throughout the book stress is indicated, where necessary, by bold type (*camera*) — see paragraph 7 on p. 3.

See the introductory notes to the verb lists and vocabularies for the method of indicating the pronunciation of *e, o, s, z* (p. 203, p. 222).

Contents

Pronunciation and Spelling

No explanations in a book can purport to describe the sounds of one language in terms of another and a good pronunciation can only be acquired by imitation. Accordingly the indications given here are to be understood as being gross approximations and are chiefly designed to help those who may not have access to a teacher or to recordings.

1 Vowels

Italian vowel sounds are pure, not diphthongs like most English vowel sounds.

Three of the vowel letters always represent the same sounds:

A — as 'a' in *apple*. (e.g. *lana, fama.*)
I — as 'ee' in *seen*. (e.g. *mina, bambina.*)
U — as 'oo' in *school*. (e.g. *duna, mula.*)

E and O each stand for two different sounds which are called *closed* and *open*. Italian spelling gives no indication as to which sound is represented by the written vowel nor are there any convenient rules for guidance. In the early stages students should not worry much about this distinction but should aim at getting a pure vowel pronunciation. The distinction only applies when E or O are stressed. When they are unstressed the pronunciation is at an intermediate position, nearer closed than open. The pronunciation of E's and O's is indicated in the end vocabularies.

E (closed) — as 'e' in *fed*. (Very similar to French *é*.) (e.g. *mela, mese.*)
E (open) — as 'ai' in *hair*. (Very similar to French *è*.) (e.g. *bene, festa.*)
O (closed) — as 'o' in *for*. (e.g. *gola, nome.*)
O (open) — as 'o' in *off*. (e.g. *cosa, modo.*)

2 Vowel Combinations

a) When two or more vowels are written together they each maintain their basic sound. Here are some of the more common combinations:

AI — as 'y' in *my*. (e.g. *mai, andai.*)
AU — as 'ow' in *cow*. (e.g. *cauto, rauco.*)
EI — as 'ay' in *may*. (e.g. *lei, sei.*)
OI — as 'oy' in *boy*. (e.g. *noi, poi.*)

b) An I before a stressed vowel (e.g. *piano*) is pronounced approximately as English 'y' in *yes*.

c) A U before a stressed vowel (e.g. *uomo*) is pronounced approximately as English 'w' in *water*.

3   Consonants

The following consonants require particular attention:
a)   R is trilled, rather like a Scottish 'r'. (e.g. *raro, carne.*)
b)   S, as in English, stands for two sounds, one unvoiced and one voiced.
   S is unvoiced (as in *sent*)
   — normally at the beginning of a word (e.g. *solo*)
   — after a consonant (e.g. *mensa*)
   — preceding an unvoiced consonant (e.g. *asta, spada*)
   S is voiced (as 'z' in *size*)
   — preceding a voiced consonant (e.g. *asma, sbarco*).
No comprehensive rules can be given to determine the pronunciation of an 's' between vowels. In Northern Italy it is normally voiced in this position. See end vocabularies for indications.
c)   Z also stands for two sounds, unvoiced and voiced, but there are no rules by which the pronunciation can be determined:
   Z (unvoiced) as 'ts' in *cats* (e.g. *azione*).
N.B.   Z in words ending in *-zione* is always unvoiced.
   Z (voiced) as 'ds' in *feeds* (e.g. *zero*).
N.B.   Z in verbs ending in *-izzare* is always voiced. See end vocabularies for indications.
d)   C and G both stand for two sounds and their pronunciation is determined by the letter following:
   C is pronounced as 'c' in *cat* and G as 'g' in *game* before A, O, U or a consonant (e.g. *casa, corda, acuto, crema, gala, gola, gufo, grande*).
   C is pronounced as 'ch' in *chin* and G as 'j' in *jam* before E or I (e.g. *cena, cima, gelo, giro*).
   The letter H is used to indicate the first pronunciation (*cat, game*) before E or I (e.g. *chi, cheto, lunghe, ghiro*).
   The letter I is used to indicate the second pronunciation (*chin, jam*) before A, O or U (e.g. *lanciare, arcione, ciurma, giara, giorno, giuro*).
e)   The combination SC follows closely the rules given for C above. Thus:
   scala, scopo, scudo — as 'sc' in *scoop*
   scena, uscire — as 'sh' in *sheep*
   scherzo, schifo — as 'sc' in *scoop*
   lasciare, fascio, sciupare — as 'sh' in *sheep*.
f)   GN stands for a sound resembling 'ni' in *onion* (e.g. *ogni*).
g)   GLI stands for a sound resembling 'lli' in *million* (e.g. *figli, maglia*).
h)   H, apart from its use as a spelling device with C and G as explained above, has no sound value of its own. It is only written otherwise in some parts of the verb *avere* (to have) (*ho, hai, ha, hanno*) and in some exclamations (*ah!, ahi!,* etc.).
i)   Q, as in English, is normally followed by U. The combination QU is pronounced approximately as in English (*questo, qualcuno*).

4   Double Consonants

When a consonant is written double in Italian the pronunciation must be reinforced. Compare the reinforcement of the 'n' sound in *penknife* or of the 'l' sound in *coolly* (*ala, alla: sono, sonno*).
   Doubling also shortens the preceding vowel. See para. 11.

5   The Alphabet

The Italian alphabet consists of 21 letters, pronounced as follows:

a (a)	g (gi)	o (o)	u (u)
b (bi)	h (acca)	p (pi)	v (vu, vi)
c (ci)	i (i)	q (cu)	z (zeta)
d (di)	l (elle)	r (erre)	
e (e)	m (emme)	s (esse)	
f (effe)	n (enne)	t (ti)	

Other letters are found only in words of foreign derivation:

> k   (cappa)
> w   (doppio vu)
> x   (ics)
> y   (ipsilon, i greco)

The letter 'j' (i lungo) is occasionally used instead of an 'i', particularly in proper names (e.g. *Jolanda, Jacopo*).

6   Elision and Apostrophes

a)   The elision of a final vowel before the initial vowel of the word following is normally indicated by an apostrophe:

> *un'azione, l'amica, t'ho visto.*

b)   Several words of more than one syllable, particularly those ending in *-le, -re, -no, -ne*, may have the last vowel elided but no apostrophe is used (this is properly called 'apocopation'):

> *signor(e) Bianchi, mal(e) di mare, son(o) venuto.*

7   Stress

Italian spelling only indicates the position of the stress when it falls on the final vowel (e.g. *città*). Most Italian words have the stress on the second last syllable (e.g. *amico*), but the stress may fall earlier in the word (e.g. *camera, telefonano*).

The method of indicating the stress in these examples will be followed in the vocabularies and will be used when words are not stressed on the last or second last syllable and in other cases where doubt might arise.

8   Accents

Accents are written in Italian in the following cases:

a)   On the stressed final vowel of a word (*perché, virtù*). On monosyllables with the stress on the second vowel of a vowel combination (*già, può*).

b)   On certain monosyllabic words which have two meanings, as a distinguishing mark. The most common are:

è	(is)	e	(and)
né	(neither, nor)	ne	(of it, etc.)
sé	(reflexive pronoun)	se	(if)
dì	(day)	di	(of)
dà	(gives)	da	(from, by)
là	(there)	la	(article, pronoun)
lì	(there)	li	(pronoun)
sì	(yes)	si	(reflexive pronoun)
ché	(for, because)	che	(that, who, etc.).

c) There are various conventions on the use of acute and grave accents. In this book, following one common Italian practice, grave accents are used in all cases except when a stressed 'e' or 'o' has the closed pronunciation; in this case an acute accent is used.

Good dictionaries normally indicate the closed and open pronunciation of 'e' and 'o' by acute and grave accents respectively.

9   Capital Letters

Italian uses small letters, instead of capitals, in the following cases:
a) titles — *conte Federico* (Count Frederick)
             signor Bianchi (Mr Bianchi).
b) days and months — *lunedì* (Monday)
             gennaio (January).
c) adjectives of nationality — *un ragazzo italiano* (an Italian boy).
d) with nouns of nationality — *gli Australiani* (the Australians) — capitals are usual, particularly with the plural, but small letters will also be found.
e) *io* (I) is written with a small letter.

10   Division into Syllables

When writing Italian a hyphen may only be placed between two syllables. The main rules for syllable division are:
a) the 'basic' Italian syllable is consonant plus vowel:
             fe-de, de-li-ca-to
b) a single vowel may form a syllable:
             a-mo-re, e-du-ca-re
c) a diphthong is considered as a single vowel and cannot be divided:
             uo-mo, na-zio-ne
d) consonant groups are divided naturally:
             con-so-nan-te, al-ber-go
e) double consonants are always divided:
             tut-to, mam-ma
f) an 's' in the middle of a word always goes at the beginning of a syllable:
             i-stru-zio-ne, fi-ne-stra
g) the groups 'gn', 'gli', 'ch', 'gh' are indivisible:
             i-gno-ran-te, bot-te-ghe
h) a hyphen cannot be placed after an apostrophe. The whole group is considered as one unit for the purposes of syllable division:
             l'al-be-ro, u-n'a-mi-ca.

11   Long and Short Vowels

Italian vowels may be pronounced short or long. General indications which cover most cases are:
a) a vowel is short
             — when it is unstressed,
             — when it is stressed in a closed syllable (i.e. a syllable ending in a consonant). Thus the 'u' in *tutto* is short.

b)   a vowel is long
—when it is stressed in an open syllable (i.e. a syllable ending in a vowel). Thus the 'u' in *tuta* is long.

12   Punctuation

Names of the common punctuation marks are:

.	punto	!	punto esclamativo
,	virgola	-	trattino
;	punto e virgola	—	lineetta
:	due punti	...	punti di sospensione
?	punto interrogativo	( )	parentesi

"   " *or*   « »   virgolette.

Direct dialogue may be introduced by *virgolette*, but a very common method is the use of the *lineetta*.

The *punti di sospensione* are commonly used where English would use a dash.

Lesson 1

1 Gender of Nouns

Nouns in Italian are either masculine or feminine. The following general rules cover the majority of cases.

Nouns ending in -o are masculine.
Nouns ending in -a are feminine.
Nouns ending in -e may be of either gender.
Nouns denoting a male person are masculine.
Nouns denoting a female person are feminine.

2 Definite Article — the

Masculine
IL   before a consonant (*il ragazzo, il padre*).
L'   before a vowel (*l'animale*).
LO   before impure 's' (i.e. 's' followed by a consonant), or 'z' (*lo scolaro, lo zio*).

Feminine
LA   before *all* consonants (*la donna, la ragazza*).
L'   before a vowel (*l'automobile*).

N.B.   All nouns take *L'* before a vowel.

3 Indefinite Article — a, an

Masculine
UN   before a consonant or a vowel (*un ragazzo, un padre, un animale*).
UNO   before impure 's' or 'z' (*uno scolaro, uno zio*).

Feminine
UNA   before all consonants (*una donna, una ragazza*).
UN'   before a vowel (*un'automobile*).

Reading
Il padre è un uomo. La madre è una donna.
Il padre è il signor Bianchi. La madre è la signora Bianchi.
Il ragazzo è Giovanni Bianchi.
La ragazza è Maria Bianchi.

La domanda	*La risposta*
Che cosa è il padre?	Il padre è un uomo.
Che cosa è la madre?	La madre è una donna.
Chi è il ragazzo?	Il ragazzo è Giovanni Bianchi.
Chi è la ragazza?	La ragazza è Maria Bianchi.

Now read and see if you can answer the questions marked with an asterisk yourself.

La casa ha un tetto. La casa ha una porta. La casa ha un giardino.
*Che cosa ha la casa?
Giovanni è uno scolaro e Maria è una scolara.
*Chi è lo scolaro? *Chi è la scolara?
Il signor Bianchi ha un'automobile. Dov'è (dove è) l'automobile?
L'automobile è qui.
Giovanni ha un cane. Il cane è un animale. Il cane è qui.
*Chi ha un cane? *Che cosa è un cane? *Dov'è il cane?
(N.B. Always learn nouns with their definite article, i.e. not just *cane*
but *il cane*).

Vocabulary

il padre — *father*	la porta — *door*
l'uomo — *man*	il giardino — *garden*
è — *is*	lo scolaro — *schoolboy*
la madre — *mother*	la scolara — *schoolgirl*
la donna — *woman*	l'automobile (f.) — *car*
il signor B. — *Mr B.*	dove? — *where?*
la signora B. — *Mrs B.*	qui — *here*
il ragazzo — *boy*	il cane — *dog*
la ragazza — *girl*	l'animale (m.) — *animal*
che cosa? — *what?*	lo zio — *uncle*
chi? — *who?*	la domanda — *question*
la casa — *house*	la risposta — *answer*
ha — *has*	il tetto — *roof*

Exercises

1   Insert the appropriate article:

Chi è ____ padre?
Chi è ____ madre?
____ signor Bianchi è ____ uomo.
____ signora Bianchi è ____ donna.
Giovanni è ____ ragazzo.
Maria è ____ ragazza.
Giovanni è ____ scolaro.
Maria è ____ scolara.
____ automobile è qui.
È ____ signor Bianchi.
È ____ signora Bianchi.
Giovanni ha ____ cane. ____ cane è qui. ____ cane è ____ animale.

2   Put the definite and the indefinite article in front of the following words:

cane, porta, tetto, automobile, scolara, ragazzo, scolaro, uomo, ragazza, giardino, donna, animale, domanda, risposta, casa.

Lesson 2

1 Plural of Nouns

Nouns ending in -o or in -e normally form their plural in -i.
ragazzo — ragazzi; cane — cani;
automobile — automobili.
Nouns ending in -a normally form their plural in -e.
donna — donne; scolara — scolare.

2 Plural of Definite Article

Masculine
I before a consonant (*il ragazzo — i ragazzi*)
                           (*il padre — i padri*)
GLI before a vowel, before impure 's' or 'z'
                           (*l'animale — gli animali*)
                           (*lo scolaro — gli scolari*).

N.B. Before a word beginning with 'i' *GLI* may be shortened to *GL'*
(*l'Italiano — gl'Italiani*) but this is not necessary.

Feminine
LE in all cases (*la donna — le donne*)
                 (*l'automobile — le automobili*).

3 Numerals

1 — uno, una		6 — sei	
2 — due		7 — sette	
3 — tre		8 — otto	
4 — quattro		9 — nove	
5 — cinque		10 — dieci	

Before a noun *uno* has the same forms as the indefinite article. Thus *un uomo* means either *a man* or *one man*: *una donna* means either *a woman* or *one woman*.
The other numbers never change their endings: *due donne, tre automobili, sette ragazzi*.

4 Negation

A verb is negated by placing *NON* in front of it.
Il cane è qui. Il cane non è qui.
Maria ha un cane. Maria non ha un cane.

5 Irregular Plural

N.B. l'uomo — gli uomini.

La famiglia Bianchi

La famiglia Bianchi è composta di cinque persone: il padre, la madre, e i tre ragazzi, Giovanni, Maria e Giuseppe. Giuseppe ha soltanto due anni; è un bambino. Giovanni ha dieci anni. Giovanni non è un bambino, è un ragazzo. Maria ha otto anni. Quanti anni ha Maria? Ha otto anni. È una bambina? Maria è quasi una ragazza. Quanti anni ha la signora Bianchi? La domanda è senza risposta. Perché? Perché l'età di una signora è sempre un mistero.

Dietro la casa c'è un giardino dove ci sono due alberi. Gli alberi hanno foglie e rami, e in un albero ci sono due nidi con due famiglie di uccelli. Gli uccelli sono passeri. I ragazzi sono fortunati perché, in Italia, non molte case hanno un giardino: in Italia una famiglia abita, di solito, in un appartamento.

Vocabulary

composta — *composed*	dietro — *behind*
di — *of*	l'albero — *tree*
la famiglia — *family*	hanno — *(they) have*
la persona — *person*	la foglia — *leaf*
e — *and*	il ramo — *branch*
il bambino — *baby (boy)*	in — *in*
soltanto — *only*	il nido — *nest*
l'anno — *year*	con — *with*
quanti — *how many?*	l'uccello — *bird*
la bambina — *baby (girl)*	il passero — *sparrow*
quasi — *almost*	Italia — *Italy*
senza — *without*	fortunato (i) — *lucky*
perché — *why, because*	molte — *many*
l'età (f.) — *age*	abita — *lives*
la signora — *lady*	di solito — *usually*
sempre — *always*	l'appartamento — *flat*
il mistero — *mystery*	

Quanti anni ha Maria? — *How old is Mary?*   C'è — *there is*
Maria ha otto anni — *Mary is eight years old.*   Ci sono — *there are*

Exercises

1 Find all the nouns in the reading passage. Change each into the plural if it is singular or into the singular if it is plural; put the appropriate definite article in front of them.

2 Change into the plural:

L'uccello è un passero.
Il passero è un uccello.
Il cane è un animale.
Il giardino è dietro la casa.
L'automobile è qui.
Dov'è lo scolaro?
Dov'è la scolara?

3   Answer in Italian:

Chi è il padre?
Chi è la madre?
Quanti anni ha Giovanni, Maria, Giuseppe?
Chi è il bambino?
È un bambino Giovanni?
È la madre Maria?
Perché sono fortunati i ragazzi?
Che cosa hanno gli alberi?
Che cosa c'è in un albero?

4   Put these sentences in the negative:

La casa ha quattro porte.
Maria ha sei anni.
La domanda è senza risposta.
L'automobile è dietro la casa.

Dietro la casa c'è un giardino.
Gli alberi hanno foglie.
Gli uccelli sono passeri.
I ragazzi sono fortunati.
Maria è una bambina.

5   Do these sums in Italian (plus — e (or *più*), minus — *meno*):

1 + 2; 3 + 5; 4 − 3; 5 + 5; 7 − 4; 8 − 5; 9 − 2; 3 + 3; 4 − 2; 8 + 1;
7 − 4; 10 − 5; 9 − 6.

Lesson 3

1 Subject Pronouns

Singular	Plural
I — io	we — noi
you — tu	you — voi
he — egli, lui, esso	they (m.) — loro, essi
she — ella, lei, essa	they (f.) — loro, esse
it — esso, essa	

a) *egli* and *ella* are used in writing, but not commonly in speech. *Lui, lei, loro* are the ordinary spoken forms for *he, she, they.*

b) *esso, -a, -i, -e* are the forms used to refer to things, but can also be used for people. They must correspond in number and gender to the noun they refer to. Thus:

I passeri sono uccelli.	La casa ha due porte.
Essi sono uccelli.	Essa ha due porte.

c) In Italian the subject pronouns are normally omitted before a verb, unless they have special emphasis. This is because the verb form itself defines the subject.

Giovanni è un ragazzo.	È un ragazzo
John is a boy.	*He is a boy.*
I ragazzi hanno un cane.	Hanno un cane.
The children have a dog.	*They have a dog.*

2 Essere and Avere

The infinitive of an Italian verb ends in *-re*.

Essere — *to be*	Avere — *to have*
sono — *I am*	ho — *I have*
sei — *you are*	hai — *you have*
è — *he, she, it is*	ha — *he, she, it has*
siamo — *we are*	abbiamo — *we have*
siete — *you are*	avete — *you have*
sono — *they are*	hanno — *they have*

Remember that 'h' is not pronounced.
Don't confuse *è* (is) with *e* (and).

3 Numerals

11 — **u**ndici	16 — **se**dici
12 — d**o**dici	17 — dici**asse**tte
13 — **tre**dici	18 — dici**o**tto
14 — quatt**or**dici	19 — dicia**nno**ve
15 — qu**i**ndici	20 — **ve**nti

La colazione

Oggi è domenica, ma il tempo è cattivo e la famiglia Bianchi è a casa.

Giovanni: Mamma, è mezzogiorno e ho fame. Ho una fame terribile.
Che cosa c'è per colazione?

Maria: Povero Giovanni! Lui ha sempre fame quando siamo a casa.
Giovanni, perché hai sempre fame? Sei malato?

La signora B.: E tu, Maria, non hai fame?

Maria: Sì, mamma, ho fame.

La signora B.: Bene, la colazione è già in tavola. Oggi ci sono i maccheroni con il sugo di carne. Ma dov'è papà?

Il signor B.: Sono qui, e ho una fame da lupo!

La signora B.: Ma oggi tutti hanno fame. Forse è perché piove e siamo in casa.

Maria: Mamma, io non ho un bicchiere per l'acqua e Giovanni non ha una forchetta per i maccheroni.

La signora B.: Un momento, i bicchieri e le forchette sono in cucina.

Giovanni: E in cucina c'è anche il vino per papà.

La signora B.: Bravo Giovanni! Tu hai fame e papà ha sete. Ecco la forchetta ed ecco i bicchieri. Adesso avete tutto. Buon appetito!

Tutti: Buon appetito!

Vocabulary

la colazione — *lunch*	il sugo — *sauce*
oggi — *today*	la carne — *meat*
domenica — *Sunday*	papà — *dad*
ma — *but*	il lupo — *wolf*
il tempo — *weather*	tutti — *everybody*
cattivo — *bad*	forse — *perhaps*
mamma — *mum*	piove — *it rains, is raining*
il mezzogiorno — *midday*	il bicchiere — *glass*
la fame — *hunger*	l'acqua — *water*
terribile — *terrible*	la forchetta — *fork*
povero — *poor*	il momento — *moment*
quando — *when*	la cucina — *kitchen*
malato — *ill*	il vino — *wine*
sì — *yes*	bravo! — *well done!*
bene — *good (well)*	ecco — *here is, here are*
già — *already*	la sete — *thirst*
la tavola — *table*	buon(o) — *good*
i maccheroni — *macaroni*	l'appetito — *appetite*

avere fame — *to be hungry*.
avere una fame da lupo — *to have a wolf's hunger (i.e. to be famished)*.
avere sete — *to be thirsty*.
in cucina — *in the kitchen*.
in tavola — *on the table*.
ed = e (*and*) — *used before another vowel, particularly 'e'*.
a, in casa — *at home*.

buon appetito! — *Italians wish each other Good appetite! before starting a meal.*

Exercises

1   Answer in Italian:

Dov'è la famiglia Bianchi oggi?
Perché sono a casa?
Chi ha sempre fame?
Che cosa è in tavola?
Che cosa c'è per colazione?
Chi non ha un bicchiere?
Dove sono i bicchieri?
Chi non ha una forchetta?
Dove sono le forchette?
Chi ha sete?

2   Oral exercise:

For the drilling of verbs, which are so important in Italian, useful basic exercises consist of varying the subject of a type sentence and of substitution of singular for plural (and vice-versa).

In this lesson a pattern for such drill exercises is set out, for *essere* and *avere*. In subsequent lessons type sentences only will be given, and teachers should use them, and other sentences, as they find most effective, for it is felt that the length and manner of such exercises can only be judged in a practical teaching situation.

a)   Subject variation. After repetition of the sentence, suggest the new subject before each response:

io sono in cucina
tu ....
lui ....
lei ....
noi ....
voi ....
loro ....

lui ....
voi ....
io ....
loro ....
tu ....
lei ...., etc.
le forchette ....
il vino ....
Maria ....
Maria e Giovanni ....
io e Maria ....
tu e Giovanni ....
tutti ...., etc.

Other type sentences:

oggi io sono a casa

non sono a casa

b) Change singular into plural and vice-versa:

noi siamo in casa

tu sei in casa

lui è in casa

voi siete in casa

loro sono in casa

io sono in casa, etc.

le forchette sono in cucina

il bicchiere non è qui, etc.

c) Subject variation:

Type sentences to be used as in a) above:

io ho una fame terribile

io non ho i bicchieri

adesso io ho tutto

d) Change singular into plural and vice-versa:

Type sentences to be used as in b) above:

noi abbiamo sete

noi non abbiamo un bicchiere

i ragazzi hanno un padre

le ragazze hanno una mamma, etc.

e) Translation drills. The subject variation drills above may also be used as oral translation drills, following the same sort of pattern:

I am in the kitchen

you are in the kitchen, etc.

I haven't the glasses

you haven't the glasses, etc.

3   Insert the verb:

Giovanni ___ fame.

Giovanni e Maria ___ fame.

Giovanni non ___ malato.

La colazione ___ in tavola.

Noi ___ un'automobile.

Voi non ___ un'automobile.

La casa ___ una porta.

Ci ___ due alberi dietro la casa.

Tu ___ sempre fame.

Io ___ sempre sete.

4   Insert the article:

Giovanni non ha ___ bicchiere.

___ bicchieri sono in cucina.

___ alberi sono dietro ___ casa.

_____ vino è per papà.

_____ colazione è già in tavola.

_____ forchette sono in cucina.

Con _____ maccheroni c'è anche _____ sugo.

5   Translate into Italian:

I am a man. The men are behind the house. Today is Sunday. We have two cars and four dogs. John is seventeen. Mary is thirteen. What is there for lunch today? Have you a fork, John? No, I haven't a fork. John and Mary are children. The lunch is already on the table and we are hungry. He is always at home when it is raining. The birds are sparrows. The trees have leaves and branches. John is not ill, he is only hungry.

6   Do these sums in Italian:

9 + 7; 18 − 2; 10 + 5; 7 + 7; 9 + 11; 13 − 8; 12 + 7; 19 − 9.

Lesson 4

1 You

In English we have only one way of saying *you*: we use *you* if we are talking to a child, a grown-up, a friend, a stranger, several people together and so on.

In Italian there are four different ways of saying *you*, depending on whom we are addressing and whether we are addressing one person or more than one. Two of these forms we saw in the last lesson.

TU. This is called the familiar form. It is used when talking to one person. Members of a family use it talking to one another, so do close friends. Children use it between themselves and an adult uses it when talking to a child.

VOI. This is the plural of *TU* and is used in the same way when more than one person is addressed. It is also used in notices, etc., addressed to the general public.

In addition to *TU* and *VOI* there are the so-called polite forms of address (*forma di cortesia*). These are:

    LEI (sing.)   *LORO* (plu.).

These forms are often written with a capital letter and we shall do so at first to distinguish them from *lei* (she) and *loro* (they). They originated from forms of address like 'Your Excellency', 'Your Lordship': such words are feminine in Italian (*Eccellenza, Signoria*) and so the feminine pronoun *LEI* was used to correspond to them and the verb put in the 3rd person. Compare our English '*Has* your Excellency any comments to make?' (verb in the 3rd person) and '*Have* you any comments, your Excellency?' (verb in 2nd person).

The singular polite form is usual when addressing strangers or people who are not intimate friends. Children use it when addressing adults who are not close relatives. The plural polite form is less common. *VOI* is the usual plural address form, both familiar and polite.

(**N.B.** In Southern Italy *VOI* is often heard for the singular polite form also.)

Thus the phrases 'You have a book' and 'You are late' may be translated in the following ways:

Singular	Plural
familiar — tu hai un libro	*familiar* — voi avete un libro
polite — Lei ha un libro	*polite* — Loro hanno un libro
familiar — tu sei in ritardo	*familiar* — voi siete in ritardo
polite — Lei è in ritardo	*polite* — Loro sono in ritardo

2   Present Tense of Verbs in -are

Verbs like *parlare*, with the infinitive ending in *-are*, are called verbs of the 1st conjugation.

The present tense is formed by cutting off the infinitive ending *-are* and adding to the stem *parl-* endings as under.

From now on verbs will be given without the subject pronouns as these are often not used. The infinitive always has the stress on the ending:

parl**are**.
parl-o
parl-i
parl-a
parl-iamo
parl-ate
parl-ano

Remember that the 3rd person forms *parla* and *parlano* are used for the polite form of address also.

parlo — *I speak, I am speaking, I do speak.*
non parlo — *I am not speaking, I do not speak.*

The position of the stress in 1st conjugation verbs whose stem has more than one syllable will be indicated in the vocabularies thus: *desiderare* (*des**i**dero*), when the stress does not come on the second last syllable.

Una conversazione

Lo straniero: Buongiorno, signore! Lei parla italiano?

L'italiano: Sì, parlo italiano perché sono italiano. Ma anche Lei parla abbastanza bene. Ha bisogno di qualche cosa?

Lo straniero: Sì, cerco un negozio per comprare un pacchetto di sigarette.

L'italiano: Ah, Lei fuma sigarette. È pericoloso per la salute. Perché non fuma la pipa? La pipa non rovina la gola e lo stomaco.

Lo straniero: Lei ha ragione, ma io fumo sigarette lo stesso. Forse questo negozio ha sigarette.

L'italiano: Sì, questo è un tabaccaio. Lui ha tutto. Io compro sempre il[1] tabacco qui. (*I due entrano.*)

Il tabaccaio: Buongiorno, signori! Che cosa desiderano?

L'italiano: Questo signore desidera un pacchetto di sigarette.

Il tabaccaio: Ecco, signore. Duecento lire, per favore. Desidera altro?

Lo straniero: No, grazie.

Il tabaccaio: Grazie a Lei, signore. Buongiorno.

Lo straniero e l'italiano: Buongiorno.

Lo straniero: E grazie anche a Lei.

L'italiano: Di niente. In Italia aiutiamo sempre gli[1] stranieri.

Lo straniero: Sì, Lei ha ragione. Voi italiani avete una tradizione di cortesia verso gli[1] stranieri.

L'italiano: Oh, un momento! Ecco un amico che parla inglese. Ciao Antonio!

L'amico: Ciao Franco. Come va?

L'italiano: Bene, grazie, e tu?

L'amico: Non c'è male. Chi è questo signore? È un amico?

L'italiano: È uno straniero che fuma sigarette e che parla italiano. Ma tu parli inglese[2], non è vero?

L'amico: Sì, un po', ma non bene. Studio l'inglese[2] con l'aiuto di un amico americano. Ma non trovo molto tempo per[3] studiare. Lavoro sempre. Ricordo qualche cosa, però — *'How do you do sir? I am pleased to meet you'*.

Lo straniero: Mi dispiace, ma io sono tedesco e non parlo inglese.

L'italiano (*con una risata*): Povero Antonio, sei proprio sfortunato oggi.

[1] *Note* the use of the definite article. Unlike English, Italian uses the article when a noun is used in a general sense.
   (Il tabacco è pericoloso — *Tobacco is dangerous.*)
[2] Usually *parlare inglese* (*italiano, etc.*), but the definite article is used with other verbs (*studiare l'inglese*, etc.).
[3] *Per* before an infinitive means 'to' in the sense of 'in order to'.

Vocabulary

la conversazione — *conversation*
lo straniero — *foreigner*
il giorno — *day*
Italiano — *Italian*
abbastanza — *fairly, enough*
qualche — *some*
la cosa — *thing*
cercare — *to look for*
il negozio — *shop*
per — *in order to, for*
comprare — *to buy*
il pacchetto — *packet*
la sigaretta — *cigarette*
fumare — *to smoke*
pericoloso — *dangerous*
la salute — *health*
la pipa — *pipe*
rovinare — *to ruin*
la gola — *throat*
lo stomaco — *stomach*
stesso — *same*
il tabaccaio — tobacconist
tutto — *everything*
il tabacco — *tobacco*
entrare — *to enter*

questo — *this*
duecento — *200*
la lira — *lira*
grazie — *thank you*
niente — *nothing*
aiutare — *to help*
la tradizione — *tradition*
la cortesia — *courtesy*
verso — *towards*
l'amico — *friend*
che — *who*
un po' — *a little*
studiare — *to study*
inglese — *English*
aiuto — *help*
americano — *American*
trovare — *to find*
il tempo — *time (weather)*
lavorare — *to work*
ricordare — *to remember*
però — *however*
tedesco — *German*
la risata — *laugh*
proprio — *really*
sfortunato — *unlucky*

desiderare (desidero) — *to desire, want*
Ciao — *familiar greeting, 'hello' and 'goodbye'.*
Come va? — *How goes it?*
Non c'è male — *Not too bad.*
Non è vero? — *Is it not true? (Used for Don't you?, Haven't you?, Isn't it? etc.)*
Buongiorno — *Good day, morning.*

avere ragione — *to be right.*
avere bisogno — *to need.*
lo stesso — *just the same.*
per favore — *please.*
Desidera altro? — *Do you want anything else?*
Di niente — *Don't mention it.*
Mi dispiace — *I'm sorry.*

Exercises

1   Answer in Italian:
Che cosa cerca lo straniero?
Che cosa fuma?
Chi ha una tradizione di cortesia verso gli stranieri?
Chi studia l'inglese?
Chi non trova molto tempo per studiare?
Chi non parla inglese?
Chi è proprio sfortunato?

2   Oral exercise:
a)   Subject variation: type sentences:
aiuto sempre gli stranieri
trovo un amico che parla inglese
lavoro in un negozio
non sono italiano
non ho duecento lire
desidero trovare un tabaccaio
entro in questo negozio, etc.

b)   Change singular into plural and vice-versa: type sentences:
noi abbiamo una tradizione di cortesia
gli italiani aiutano gli stranieri
noi compriamo il tabacco qui
noi non abbiamo ragione
l'uomo parla inglese
ricordiamo qualche cosa
abbiamo bisogno di sigarette, etc.

N.B.   In these and subsequent exercises pupils should be drilled in giving the responses without the subject pronouns.

3   Put the verb into Italian:
Lo straniero non (*speaks*) inglese. Antonio (*studies*) con un amico. Antonio e Franco non (*smoke*) sigarette. Questo signore (*wants*) una pipa. Voi inglesi (*help*) gli stranieri. Noi (*are*) sfortunati oggi. Io (*find*) la forchetta in cucina. Le sigarette (*ruin*) la gola. Gli stranieri (*speak*) tedesco. Voi (*remember*) qualche cosa.

4   Change into the *LEI* form of address:
Sei sfortunato oggi. Perché non trovi il tempo? Hai un pacchetto di sigarette? Dove lavori adesso? Dove compri il tabacco? Parli italiano? Hai ragione? Perché non fumi la pipa? Che cosa desideri? Sei un amico.

5   Translate into Italian:

The tobacconist has a shop. I am buying the tobacco for a friend. The Americans smoke two packets of cigarettes. Just a moment, do you want anything else? No thank you, I have everything now. Hello, how goes it? Not so badly, thank you. You have a fork, haven't you? This gentleman speaks Italian, doesn't he? The Italians have a tradition of courtesy towards foreigners, haven't they? You work here, don't you? I'm sorry but I haven't the time now.

Lesson 5

1 Adjectives

Adjectives must agree in number and gender with the noun they qualify. There are two classes of adjectives in Italian.

a) Masculine singular in -o (e.g. *alto* — tall, high).
    Feminine singular in -a.
    > L'albero è alto. — L'albero alto.
    > La ragazza è alta. — La ragazza alta.

    Masculine plural in -i.
    Feminine plural in -e.
    > Gli alberi sono alti. — Gli alberi alti.
    > Le ragazze sono alte. — Le ragazze alte.

b) Masculine singular in -e (e.g. *verde* — green).
    Feminine singular in -e.
    > L'albero è verde. — L'albero verde.
    > La casa è verde. — La casa verde.

    Masculine plural in -i.
    Feminine plural in -i.
    > Gli alberi sono verdi. — Gli alberi verdi.
    > Le case sono verdi. — Le case verdi.

    From now on we shall refer to these two classes as adjectives in -o and adjectives in -e.

c) When an adjective qualifies two or more nouns of different gender it takes a masculine plural ending:
    > La ragazza e il ragazzo sono alti.

d) Adjectives usually, but not always, follow the noun they qualify; several common adjectives normally precede, e.g. *buono, grande, bello*. Adjectives of colour and nationality virtually always follow the noun:
    > una casa verde.
    > un ragazzo inglese.

e) When an adjective precedes a noun it is the adjective that determines the form of the definite article:
    > l'albero *BUT* il grande albero.
    > l'uomo *BUT* il grande uomo.

f) *questo* (this) has forms like an adjective in -o, but it usually elides before a vowel in the singular:
    > quest'albero — quest'automobile
    > *BUT*   questi alberi — queste automobili.

2 Molto

When used as an adjective, *molto* must agree in number and gender with the noun it qualifies, like any other adjective. Note the corresponding English usages:

C'è molta pioggia oggi. — *There is a lot of rain today.*
Non c'è molta pioggia oggi. — *There isn't much rain today.*
Ci sono molti cani. — *There are many (a lot of) dogs.*
Ci sono molte case. — *There are many (a lot of) houses.*

But *molto* is also used as an adverb meaning *very*. In this case its ending never changes:

Giovanni è molto alto. Maria è molto alta.
Giovanni e Maria sono molto alti.

3 Articulated Prepositions

a — *to, at*   da — *from, by*
su — *on*   in — *in*
di — *of*

The above prepositions combine in one word with the definite article. Study this table:

	il	*l'*	*lo*	*la*	*i*	*gli*	*le*
a	al	all'	allo	alla	ai	agli	alle
su	sul	sull'	sullo	sulla	sui	sugli	sulle
di	del	dell'	dello	della	dei	degli	delle
da	dal	dall'	dallo	dalla	dai	dagli	dalle
in	nel	nell'	nello	nella	nei	negli	nelle

The preposition *con* (with) also has articulated forms (*col, coll', collo, colla, coi, cogli, colle*) but in modern Italian the non-articulated forms *con il, con l'*, etc., are becoming more common, though *col* and *coi* are still frequent. Articulated forms of *per* (for) are now rare.

Alla stazione

Noi siamo alla stazione. È ancora presto; non siamo in ritardo per il treno e abbiamo tempo per comprare i biglietti. Compriamo ı biglietti alla biglietteria. C'è una coda allo sportello, ma non è lunga e così non aspettiamo troppo.
'Due biglietti per Firenze, andata e ritorno, seconda classe per favore.'
Compriamo biglietti di andata e ritorno perché siamo in vacanza per due settimane. Alla fine delle due settimane torniamo a Milano. Adesso abbiamo ancora un po' di tempo. C'è la sala d'aspetto ma è buia e fredda. Entriamo nel ristorante della stazione. Il ristorante è caldo. Chiamiamo il cameriere. Io ordino un caffè nero e Gina ordina un cappuccino, cioè un caffè con un po' di latte. Abbiamo anche tempo per fumare una sigaretta.
'Gina, perché hai una faccia così triste? Questo è il primo giorno delle vacanze.'
'Non sono triste. Sono soltanto un po' stanca.'

Ordino un altro cappuccino e così la stanchezza di Gina comincia a passare.

Adesso è quasi l'ora della partenza del treno. Abbiamo soltanto una valigia ma è grossa e pesante. Così io penso: 'Sono in vacanza. Ci sono i facchini per portare queste cose e io non sono un facchino. Non sono ricco, è vero, perché viaggio in seconda classe e non in prima. Ma oggi sono in vacanza.' Quando siamo fuori del ristorante, guardo in giro. Ecco un facchino che è libero. Consegno la valigia al facchino e sono molto felice. Anche Gina è felice adesso, perché non è così stanca. Le vacanze cominciano bene!

Sulla banchina ci sono molte persone che aspettano il treno. Oh, ecco l'altoparlante! 'Il direttissimo per Firenze è in arrivo al binario numero 16.' Il treno arriva. Tutti cercano posti. Noi siamo fortunati; con l'aiuto del facchino troviamo due buoni posti d'angolo. Ecco l'altoparlante di nuovo: 'Il direttissimo per Firenze è in partenza dal binario numero 16.' La locomotiva fischia — e via! Addio Milano!

Vocabulary

la pioggia — *rain*
la stazione — *station*
ancora — *still*
presto — *early*
il treno — *train*
il biglietto — *ticket*
la biglietteria — *ticket-office*
la coda — *queue (tail)*
lo sportello — *ticket-window*
lungo — *long*
così — *so*
aspettare — *to wait (for)*
troppo — *too (long, much)*
Firenze — *Florence*
secondo — *second*
la classe — *class*
la vacanza — *holiday*
la settimana — *week*
la fine — *end*
tornare — *to return*
Milano — *Milan*
la sala d'aspetto — *waiting-room*
buio — *dark*
freddo — *cold*
il ristorante — *restaurant*
caldo — *warm, hot*
chiamare — *to call*
il binario — *railway lines (i.e. platform)*
ordinare (ordino) — *to order*
il caffè — *coffee*

il cappuccino — *white coffee*
nero — *black*
cioè — *that is*
il latte — *milk*
la faccia — *face*
primo — *first*
stanco — *tired*
altro — *other*
la stanchezza — *tiredness*
cominciare (comincio) — *to begin*
passare — *to pass*
quasi — *almost*
l'ora — *hour (time)*
la partenza — *departure*
la valigia — *suitcase*
grosso — *big*
pesante — *heavy*
pensare — *to think*
il facchino — *porter*
portare — *to carry, bring*
ricco — *rich*
viaggiare (viaggio) — *to travel*
fuori di — *out of*
guardare — *to look (at)*
libero — *free*
consegnare — *to hand over*
felice — *happy*
la banchina — *platform*
l'altoparlante (m.) — *loudspeaker*
il direttissimo — *fast train*
l'arrivo — *arrival*

il cameriere — *waiter*
triste — *sad*
addio — *farewell*
il numero — *number*
arrivare — *to arrive*

il posto — *place, seat*
l'angolo — *corner*
la locomotiva — *locomotive*
fischiare (fischio) — *to whistle*
via — *off, away*

essere in vacanza — *to be on holiday*
un biglietto di andata e ritorno — *a return ticket*
guardare in giro — *to look around, about*
il treno è in arrivo — *the train is arriving*
il treno è in partenza — *the train is leaving*
il posto d'angolo — *the corner seat*
di nuovo — *again*

Exercises

1   Answer these questions in Italian:
Dove compriamo i biglietti?
Dove compriamo il caffè?
Chi porta il caffè?
Che cosa è un cappuccino?
È triste Gina?
Chi porta la valigia?
Dove aspettiamo il treno?

2   Oral exercise:
a)   Adjective substitution:

    la stazione è fredda
    le stazioni sono ____
    il ristorante è ____
    i ristoranti sono ____
    la pioggia è ____
    il caffe è ____
    i cappuccini sono ____ , etc.

    io sono felice
    noi siamo ____
    Gina è ____
    i camerieri sono ____
    il facchino non è ____
    io e Maria siamo ____
    tutti sono ____ , etc.

    io sono sfortunato e triste
    noi siamo ____
    Maria e Giovanni sono ____ , etc.

b)   Articulated preposition substitution:

    consegno la valigia al facchino
    consegno la valigia ____ facchini
    consegno il biglietto ____ ragazza
    consegno i biglietti ____ ragazze
    compro il biglietto ____ sportello

compriamo i biglietti ____ sportelli
compro i biglietti ____ altro sportello
compriamo i biglietti ____ altri sportelli, etc.

aspetto l'arrivo del tedesco
aspetto l'arrivo ____ treno
aspettiamo l'arrivo ____ treni
aspettiamo l'arrivo ____ ragazze
aspettiamo l'arrivo ____ zio
aspettiamo l'arrivo ____ scolaro
aspettiamo l'arrivo ____ stranieri, etc.

porto la valigia nel ristorante
porto la valigia ____ sala d'aspetto
porto la valigia ____ appartamento
porto la valigia ____ casa
le sigarette sono ____ pacchetto
le sigarette sono ____ pacchetti
l'uccello è ____ albero
gli uccelli sono ____ alberi, etc.

guardo il facchino dalla banchina
guardo il facchino ____ ristorante
guardo il facchino ____ angolo
guardiamo il facchino ____ posti d'angolo, etc.

il vino è sulla tavola
il vino è ____ altra tavola
il sugo è ____ maccheroni
le foglie sono ____ albero
le foglie sono ____ alberi, etc.

3   Put in the adjective:

La casa è (*cold*). Le case sono (*cold*). Noi siamo molto (*lucky*). Maria è
una ragazza (*rich*). Noi viaggiamo sempre in (*first*) classe. La faccia di
Gina è (*sad*). Oggi il tempo è (*bad*). Ci sono due facchini (*free*). Là coda
non è molto (*long*). Le sigarette sono (*dangerous*). Compriamo i biglietti
al (*second*) sportello.

4   Place the articulated preposition before these words and then form
the plural:

a)   stazione, facchino, italiano.
da) albero, classe, ora.
in) partenza, posto, angolo.
di) vacanza, biglietto, sportello.
su) banchina, numero, automobile.

5   Put in the articulated preposition:

Aspettiamo (*at the*) stazione. Questo è il biglietto (*of the*) signore. Il latte
è (*in the*) caffè. (*In the*) pacchetti ci sono duecento sigarette. (*On the*)
banchina ci sono molte persone. Le case (*of the*) Italiani sono apparta-
menti. Il tetto (*of the*) casa è verde. Il lavoro (*of the*) cameriere è
pesante. (*In the*) ristoranti ci sono molti camerieri.

6   Translate into Italian:

I'm sorry but the train is late. The waiting room is very cold but the restaurant is warm. The waiters bring the coffee. We enter the house. We start the holidays today. A week has seven days. Two weeks have fourteen days. The water is in the glass. The waiter's cigarettes (the cigarettes of the waiter) are English. They always travel in first class. I order another coffee. The suitcase is very heavy and I am very tired. This tree is not very tall. I am looking at these trains.

Lesson 6

1   Numerals

20 — venti		30 — trenta	
21 — ventuno		31 — trentuno	
22 — ventidue		32 — trentadue	
23 — ventitré		33 — trentatré	
24 — ventiquattro		40 — quaranta	
25 — venticinque		50 — cinquanta	
26 — ventisei		60 — sessanta	
27 — ventisette		70 — settanta	
28 — ventotto		80 — ottanta	
29 — ventinove		90 — novanta	

100 — cento	1000 — mille
101 — centouno, centuno	1001 — mille (e) uno
102 — centodue	1002 — milledue
108 — centotto	2000 — duemila
115 — centoquindici	3000 — tremila
157 — centocinquantasette	1.000.000 — un milione
200 — duecento	0 — zero
300 — trecento	
495 — quattrocentonovantacinque	

Points to note

a)   *ventuno, ventotto, trentuno, trentotto*, etc. When *uno* or *otto* is the second part of a 'tens' number the last vowel is dropped.

b)   *ventitré, trentatré*, etc., note the accent. Stress now falls on the last syllable.

c)   *cento* and *mille* are not preceded by *un* — *a hundred* or *one hundred* is just *cento*. But you say *un milione di uomini*.

d)   Note plural of *mille* — *duemila, tremila*, etc.

e)   Numbers are written as one word though larger groups may be split. Hyphens are not used.

f)   All numbers except *uno* are invariable — *una donna, tre donne, cento donne*.

g)   When *ventuno, trentuno*, etc., precede a noun they normally have these forms:

      ventun anni, trentun donne.

h)   Italian uses a point for dividing thousands, etc. (125.347) and a comma to indicate decimals (2,5 — *due virgola cinque*).

Exercises

1   10, 20, 30 … 100

2   15, 25, 35 … 95

3   11, 22, 33 … 99

4   2 × 25; 3 × 25; 4 × 25 (× — *per, moltiplicato*).

5   2 × 12; 3 × 12; 4 × 12; 5 × 12; 6 × 12; 7 × 12; 8 × 12.

6   47; 56; 34; 72; 89; 21; 65.

7   152; 279; 456; 727; 833.

8   1,321; 7,247; 15,942.

9   47 dogs; 23 trees; 21 waiters; 38 trains; 154 cigarettes.

Lesson 7

1 Days of the Week

I giorni della settimana:
lunedì
martedì
mercoledì
giovedì
venerdì
sabato
domenica

They are always written with small letters.
All are masculine except *domenica*.
On Tuesday — martedì
On Tuesdays — il martedì.

2 Months of the Year

I mesi (il mese) dell'anno:

gennaio	maggio	settembre
febbraio	giugno	ottobre
marzo	luglio	novembre
aprile	agosto	dicembre

Always written with small letters.

3 Dates

In Italian, unlike in English, cardinal numbers are used for dates:
the 2nd of March — il due marzo
the 18th of June — il diciotto giugno.
But *primo* is used for 1st:
the 1st of December — il primo (di) dicembre.

N.B. The definite article is equivalent to English *on*:
on the 10th — il dieci.

Che data è oggi?
Che giorno del mese è oggi?   Oggi è il quindici.
What is the date today?   *It's the 15th.*

4 Years

1960 — il millenovecentosessanta.
1652 — il milleseicentocinquantadue.
In 1940 — Nel millenovecentoquaranta.
(*Nel* stands for *nell'anno*.)

5   Seasons
Le stagioni dell'anno:
la primavera, l'estate (f.), l'autunno, l'inverno.

6   Telling the Time
l'ora — *the hour*
il minuto — *the minute*
il secondo — *the second.*
Che ora è? Che ore sono? — *What time is it?*
È l'una. Sono le una. — *It is one o'clock.*
Sono le due. — *It is two o'clock.*
Sono le tre e mezzo(a). — *It is half past three.*
Sono le quattro e un quarto. — *It is quarter past four.*
Sono le quattro e quindici. — *It is four fifteen.*
Sono le sei meno un quarto. — *It is quarter to six.*
Sono le cinque e quarantacinque. — *It is five forty-five.*
Sono le nove e venti. — *It is nine twenty.*
Sono le dieci e trentacinque. — *It is ten thirty-five.*
Sono le dieci meno venti. — *It is twenty to ten.*
È mezzogiorno. — *It is twelve o'clock (noon).*
È mezzanotte. — *It is twelve o'clock (midnight).*

N.B.   *le* in *Sono le due*, etc., stands for *le ore*.

At what time? — A che ora?
At two o'clock — Alle due.

The 24-hour clock is widely used in Italy. All railway timetables, for instance, follow this system and it is not uncommon to hear it in ordinary conversation:

5.30 p.m. — *17.30* — le diciassette e trenta.
7.49 p.m. — *19.49* — le diciannove e quarantanove.

With the 24-hour clock system always use numbers for the minutes, i.e. one says *seventeen thirty* not *half past seventeen*.

Exercises
1   Che giorno è oggi? Oggi è …
Saturday, 3rd August; Monday, 22nd July; Wednesday, 17th March; Friday, 9th September; Sunday, 1st July; Tuesday, 2nd January; Thursday, 30th May; Monday, 12th June.

2   3/6/1964; 19/1/1947; 6/7/1958; 31/12/1789; 14/11/1547; 2/9/1858; 26/4/1915.

3   Che ore sono? Sone le …
3.30; 5.15; 6.20; 1.10; 11.25; 4.40; 5.45; 8.35; 9.50; 7.10; 12.55.

4   A che ora arriva il treno? Arriva alle …
4.56; 9.30; 17.27; 15.50; 5.19; 23.38; 14.47.

Lesson 8

1   Present Tense of Verbs in -ere

2nd conjugation verbs have their infinitive in *-ere*. The present tense is formed by adding endings to the stem:

ridere — *to laugh*

rid-o

rid-i

rid-e

rid-**iamo**

rid-**ete**

rid-ono

In the infinitive of the majority of *-ere* verbs the stress falls on the stem (**ri**dere), but in several verbs the stress comes on the ending (ved**e**re — *to see*). The present stresses are not affected by this. Infinitive stress for these verbs will be indicated in the vocabularies.

2   Present Tense of Verbs in -ire

3rd conjugation verbs have their infinitive in *-ire*. The present tense is formed by adding endings to the stem as usual, but these verbs insert *-isc-* between stem and ending in all singular persons and in 3rd person plural:

finire — *to finish*

fin-**isc**-o

fin-**isc**-i

fin-**isc**-e

fin-**iamo**

fin-**ite**

fin-**isc**-ono

Some *-ire* verbs, mostly common ones, do not insert *-isc*:

dormire — *to sleep*

dorm-o

dorm-i

dorm-e

dorm-**iamo**

dorm-**ite**

dorm-ono

The 1st person singular of verbs like *dormire* will be given in the vocabularies.

All *-ire* verbs have the infinitive stress on the ending — fin**i**re — dorm**i**re.

3   Quello and Bello

Quello (that) and *bello* (beautiful) vary their endings when they precede a noun in a similar way to the definite article and the articulated prepositions, e.g. before a masculine noun beginning with a consonant *quello* becomes *quel* — *quel cane* (that dog). Compare — *il cane, del cane.*

quel cane	quell'albero	quello scolaro
bel cane	bell'albero	bello scolaro
quei cani	quegli alberi	quegli scolari
bei cani	begli alberi	begli scolari
quella ragazza	quell'automobile	
bella ragazza	bell'automobile	
quelle ragazze	quelle automobili	
belle ragazze	belle automobili	

N.B. These forms are only used *in front of* a noun (or an adjective preceding a noun). Otherwise *quello* and *bello* have forms like ordinary adjectives:

Quel cane.	*BUT*	Quello è il cane.
Quei cani.	*BUT*	Quelli sono i cani.
Il bel giardino.	*BUT*	Il giardino è bello.
I begli alberi.	*BUT*	Gli alberi sono belli.

4   Negative Expressions

Italian uses the double negative with verbs. Study these examples:

Non ho niente (nulla). — *I have nothing.*
Non parla mai. — *He never speaks.*
Non guardo nessuno. — *I am looking at no one.*
Non rido più. — *I am no longer laughing. I laugh no more.*
Non parla neanche
　　　　　nemmeno } — *He does not even speak.*
　　　　　neppure
Non ho né il libro né la penna. — *I have neither the book nor the pen.*

But if the negative word precedes the verb (e.g. when it is the subject) the double negative is not used:

Nessuno parla. — *No one speaks.*
Niente è impossibile. — *Nothing is impossible.*
Neanche Carlo è qui. — *Not even Charles is here.*

5   Irregular Gender

N.B.   la mano — le mani
　　　the hand — the hands

Un romanzo giallo (molto breve!)

È sera. Giorgio non è ancora a letto e scrive una lettera ad un amico. Ad un tratto sente un rumore. Che cos'è quel rumore? Non è il gatto: il gatto dorme vicino al fuoco. Anche i bambini dormono e per svegliare quei bambini non basta un terremoto. Giorgio ascolta un poco, ma non sente niente. Prende la penna in mano, ma dopo due minuti ecco di nuovo il rumore. Mette la penna sulla scrivania; stasera evidentemente non finisce la lettera. Cammina in punta di piedi verso la porta. Attraverso il vetro della porta vede un'ombra. Grida 'Chi è?' e l'ombra sparisce. Giorgio non capisce.

Nei romanzi gialli il poliziotto ha sempre una rivoltella ed è pieno di coraggio, ma Giorgio non è un poliziotto e non è neanche molto coraggioso. Però, apre la porta di casa e mette il naso fuori.

Giorgio guarda in giro; c'è un bel chiaro di luna ma Giorgio non vede niente; c'è soltanto un po' di vento e il fruscio delle foglie nel giardino. Ma ora è veramente curioso — quei rumori sospetti, quelle ombre che spariscono, che cosa sono?

Torna in casa per prendere una lampadina tascabile. Apre uno dei cassetti della scrivania per cercare la lampadina quando qualcuno batte alla porta — due colpi molto forti.

Adesso Giorgio ha veramente paura. Corre verso il telefono e comincia a fare il numero della polizia, ma capisce subito che il telefono non funziona: c'è un guasto. È una situazione molto brutta. Giorgio ha le mani che tremano. Ecco di nuovo i colpi alla porta! Coraggio! Bisogna aprire quella porta, bisogna vedere chi c'è! Ma se sono i ladri! Se sono i ladri, pensa Giorgio, e comincia a[1] chiamare 'Aiuto, aiuto!' Apre la porta. Ma non è un ladro, è un uomo molto cortese.

'Scusi, sono qui per riparare il guasto al telefono. Lei ha il telefono che non funziona, non è vero? Io sono il meccanico.'

'Ma lei non è un ladro allora?'

L'uomo ride forte.

'No, non sono un ladro. Lei ha bisogno di un ladro?'

'No, no, grazie. Questa volta preferisco un meccanico!'

Il meccanico entra in casa e Giorgio chiude la porta.

[1] The use of prepositions before the infinitive is dealt with in Lesson 23, but try to remember them as they arise; thus here *cominciare a* + infinitive.

Vocabulary

il romanzo — *novel*
giallo — *yellow*
breve — *short*
la sera — *evening*
il letto — *bed*
scrivere — *to write*
la lettera — *letter*
ad — *to, at (before a vowel)*
sentire (sento) — *to hear (feel)*
il rumore — *noise*
il gatto — *cat*
vicino — *near*
il fuoco — *fire*
svegliare (sveglio) — *to wake up*

bastare — *to be enough*
il terremoto — *earthquake*
ascoltare — *to listen (to)*
un poco — *a little*
prendere — *to take*
la penna — *pen*
dopo — *after*
mettere — *to put*
la scrivania — *desk*
evidentemente — *evidently*
camminare — *to walk*
la punta — *end, point*
il piede — *foot*
attraverso — *through*

il vetro — *glass*
vedere — *to see*
l'ombra — *shadow, shade*
gridare — *to shout*
sparire — *to disappear*
il poliziotto — *policeman*
la rivoltella — *revolver*
pieno — *full*
il coraggio — *courage*
coraggioso — *brave*
aprire (apro) — *to open*
il naso — *nose*
chiaro — *clear, light*
la luna — *moon*
il vento — *wind*
il fruscio — *rustle*
ora — *now*
veramente — *really*
curioso — *curious*
sospetto — *suspicious*
la lampadina tascabile — *pocket torch*
il cassetto — *drawer*
qualcuno — *someone*
battere — *to knock, hit*
il colpo — *blow*
forte — *strong, loud*

la paura — *fear*
correre — *to run*

il telefono — *telephone*
cominciare (comincio) — *to start, begin*
fare — *to make, do (dial)*
la polizia — *police*
funzionare — *to function, work*
capire — *to understand*
subito — *at once*
il guasto — *breakage, fault*
la situazione — *situation*
brutto — *ugly*
tremare — *to tremble*
bisogna — *it is necessary*
il ladro — *robber*
cortese — *polite*
scusi — *excuse me*
riparare — *to repair*
il meccanico — *mechanic*
allora — *then*
il bisogno — *need*
la volta — *time*
preferire — *to prefer*
chiudere — *to shut*

un romanzo giallo — *a thriller*
a letto — *in bed*
ad un tratto — *suddenly*
stasera — *this evening* (also 'questa sera')
in punta di piedi — *on tip-toes*
guardare in giro — *to look about, around*
avere paura — *to be afraid*

Exercises

1   Answer these questions in Italian:
È a letto Giorgio?
Dove dorme il gatto?
Giorgio finisce la lettera?
Come (*how*) cammina verso la porta?
Che cosa vede attraverso la porta?
Che cosa cerca nel cassetto della scrivania?
Perché non funziona il telefono?

2   Oral exercise:

a)   Subject variation: type sentences:
dormo vicino al fuoco
sento un rumore
scrivo una lettera
prendo la penna in mano

non capisco molto bene
corro verso la porta
preferisco il meccanico al ladro
non vedo niente, etc.

b) Change singular into plural and vice-versa: type sentences:
senti il rumore?
apriamo le porte
prendo la penna
chiudete le porte
l'ombra sparisce
non ha mai la lampadina
il poliziotto vede la rivoltella, etc.

3   Insert the correct form of *quello* and *bello*:

C'è un ___ giardino dietro ___ casa. Prendiamo i biglietti a ___ sportello. ___ telefono non funziona. In ___ giardino ci sono tre ___ alberi. ___ Italiani non parlano inglese. ___ non è un cane, è un gatto. ___ giardini sono molto ___ . ___ signora è italiana ed è molto ___ . ___ cameriere è molto cortese.

4   Make up negative sentences with these words:

(e.g. *Giorgio finire mai lettera. — Giorgio non finisce mai la lettera.*)
Maria capire niente. Io essere neanche coraggioso. In questa stanza essere nessuno. Il poliziotto vedere niente. Voi avere più paura. Noi vedere nessuno.

5   a)   567: 94: 856: 121: 19.
     b)   Sono le: 5.15: 7.10: 1.05: 4.30: 8.40.
     c)   Oggi è il: 5/6/1959: 18/4/1947: 10/10/1958.

6   Translate into Italian:

I take the letter which (*che*) is in one of the drawers of that desk. There is a long queue at that ticket-window. In detective stories the policeman is always very brave. Those cats sleep near the fire. He walks on tip-toes and opens the door. The phone is not working because there is a fault. He prefers to write the letter at once. There is nothing in that garden. They never understand when we speak Italian. I wake John up at seven o'clock. They never shut the door of the house.

Lesson 9

1 Spelling Changes in -are Verbs

a) *-iare*.

Verbs like *cominciare* and *studiare* drop the 'i' of the stem when the termination begins with an 'i':

comincio	studio
cominci	*studi*
comincia	studia
cominciamo	*studiamo*
cominciate	studiate
cominciano	studiano

(b) *-care, -gare*.

Verbs like *cercare* and *pagare* insert an 'h' before a termination beginning in 'i' to conserve the sound of the stem:

pago	*paghiamo*
paghi	pagate
paga	pagano

c) 2nd and 3rd conjugation verbs.

2nd and 3rd conjugation verbs (i.e. 3rd conjugation verbs not taking *-isc*) make no modifications to the stem:

conoscere — *to know*	fuggire — *to flee*
conosco	fuggo
conosci	fuggi
conosce	fugge
conosciamo	fuggiamo
conoscete	fuggite
conoscono	fuggono

2 Irregular Verbs in -are

-are verbs are virtually all regular. Here are those which are not:

andare — *to go*	dare — *to give*	stare — *to stand stay, be*	fare — *to do. make*
vado	do	sto	faccio
vai	dai	stai	fai
va	dà	sta	fa
andiamo	diamo	stiamo	facciamo
andate	date	state	fate
vanno	danno	stanno	fanno

N.B. *Fare* really belongs to the 2nd conjugation. Its forms are generally based on a longer infinitive, *facere*, which is no longer used.

3   Masculine Nouns Ending in -a

Some nouns ending in *-a* are masculine. They form their plural in *-i.*

a)   Nouns denoting a male person:
il poeta — i poeti (*poet*)
il patriota — i patrioti (*patriot*).

b)   nouns ending in *-ista* denoting a male person:
l'autista — gli autisti (*driver*)
il pianista — i pianisti (*pianist*).

But if a noun in *-ista* denotes a female person it is feminine and its plural is formed in *-e*:

la violinista — le violiniste (*lady violinist*).

c)   Some nouns ending in *-ma.* These are words derived from Greek. They are often learned or scientific terms, but some everyday words also come in this class:
il problema — i problemi (*problem*)
il sistema — i sistemi (*system*).

N.B.   *Il cinema* is masculine because it is an abbreviation of the masculine word *il cinematografo*: its plural is invariable, *i cinema.*

4   Che

Che is the all-purpose relative pronoun. It can correspond to *who, whom, which, that.*

It is also used as a question word corresponding to English *what?*
It can be used as a pronoun, on its own, and in this case there are also the alternative forms *che cosa* and *cosa*:

Che fai?
Che cosa fai? } *What are you doing?*
Cosa fai?

It can also be used as an adjective, before a noun. In this case only *che* is used:

Che data è oggi? — *What date is it today?*

Una visita al cinema

Oggi tutti vanno al cinema — se non stanno a casa a guardare la televisione. Ma è abbastanza facile trovare le cento o duecento lire per andare al cinema, mentre è spesso un problema difficile mettere insieme il denaro per comprare un televisore. In Italia, d'estate, ci sono molti cinema all'aperto. Quando fa molto caldo è bello stare in un giardino e godere un bel film. Tutta la famiglia va insieme e qualche volta porta perfino il cane. Ecco Pino e Franco che discutono sul programma della sera.

Franco: Ciao, Pino, come stai?
Pino: Sto bene, grazie, e tu?
Franco: Non c'è male. E allora, che cosa facciamo stasera? Fa un caldo tremendo, non è vero? Hai voglia di fare una passeggiata?
Pino: Veramente no. Abbiamo molto lavoro in ufficio in questi giorni e la sera sono proprio stanco. Non ho neanche voglia di mangiare quando torno a casa.

Franco: Ah, non mangi? Questo non va. Se vai avanti così, finisci male. Su,[1] ecco un ristorante; perché non mangiamo qualcosa?

Pino: Grazie, sei veramente gentile: ma non adesso, non ho proprio appetito — forse più tardi.

Franco: Allora, in quel caso, se tu sei così stanco, conosco un cinema all'aperto qui vicino.[2] Perché non andiamo là? E stasera danno un bel film.

Pino: Che film?

Franco: È un film di De Sica. De Sica è il regista ma è anche uno degli attori. Il titolo del film è 'Pane, amore e fantasia.'

Pino: Ah, sì, sì — e c'è anche Gina Lollobrigida, se non sbaglio.

Franco: Sì, hai ragione, c'è anche la famosa Gina.

Pino: Un momento, quanto costa il biglietto? Non ho molti soldi in tasca.

Franco: Costa poco, cento lire, credo, o centoventi. Ma che cosa cerchi?

Pino: Cerco una moneta da cento. Sì, va bene, la moneta è qui. È lontano questo cinema?

Franco: No, è a due passi. Ecco, vedi? È qui all'angolo, e siccome tu hai poco denaro, pago io questa volta.

Pino: No, non sono d'accordo affatto! Sei molto gentile ma ...

Franco: Ma io insisto e sono molto testardo. Pago io e basta.

Pino: Allora, accetto. Ma dopo il film andiamo a prendere qualcosa in un bar e pago io. Cosi siamo pari. Sei d'accordo?

Franco: Sì, sono d'accordo. E adesso basta con le discussioni perché, se no, non vediamo niente.

[1] As an exclamation *Su* means *Come on, Cheer up.*

[2] *Qui vicino* — *near here.* Note word order (*là vicino, qui fuori*, etc.).

Vocabulary

la visita — *visit*	la passeggiata — *walk*
il cinema — *cinema*	il lavoro — *work*
la televisione — *television*	la moneta — *coin*
facile — *easy*	lontano — *far*
spesso — *often*	il passo — *step*
il problema — *problem*	siccome — *since, as*
difficile — *difficult*	l'ufficio — *office*
insieme — *together*	avanti — *forward, on*
il denaro — *money*	gentile — *kind*
il televisore — *TV set*	più — *more*
l'estate (f.) — *summer*	tardi — *late*
aperto — *open*	il caso — *case*
godere — *to enjoy*	conoscere — *to know*
il film — *film*	là — *there*
qualche volta — *sometimes*	il regista — *director*
perfino — *even*	l'attore — *actor*
discutere — *to discuss*	il titolo — *title*
il programma — *programme*	il pane — *bread*
tremendo — *tremendous*	l'amore (m.) — *love*
la voglia — *wish, desire*	la fantasia — *imagination*

sbagliare — *to be mistaken*
famoso — *famous*
quanto — *how much?*
i soldi — *money*
la tasca — *pocket*
credere — *to think, believe*

insistere — *to insist*
testardo — *stubborn*
il bar — *bar*
accettare — *to accept*
qualcosa — *something*
pari — *equals, quits*
la discussione — *discussion*

d'estate — *in summer*
stare a casa — *to stay at home*
un cinema all'aperto — *an open-air cinema*
Come stai? — *How are you?*
fa caldo — *it is hot*
avere voglia — *to feel like*
fare una passeggiata — *to take a walk*
in ufficio — *at the office*
questo non va — *this won't do*
se vai avanti così — *if you go on like this*
finire male — *to end up in a mess, to come to a bad end*
dare un film — *to show a film*
una moneta da cento — *a 100 lire piece*
va bene — *all right*
pago io e basta — *I pay and that's that*
prendere qualcosa — *to have a drink*
essere d'accordo — *to agree*
non ... affatto — *not ... at all*

Exercises

1   Read through the conversation above, changing the familiar form into the polite form of address (i.e. *Lei* instead of *tu*). Remember that *ciao* is a familiar greeting: the polite form for it is *buon giorno, buona sera*, as the case may be.

2   Answer in Italian:

Quanto costa per andare al cinema?
Come sta Lei?
Ha voglia di fare una passeggiata, Pino?
Pino ha voglia di fare una passeggiata?
Perché no?
E perché non ha voglia di mangiare?
Che film danno al cinema?
Che cosa cerca Pino?
È lontano il cinema?
Che cosa fanno dopo il film?

3   Oral exercise:

a)   Subject variation: type sentences:

mangio al ristorante
pago duecento lire
conosco un bel cinema

cerco il biglietto
comincio il lavoro
finisco male
faccio molto lavoro
do il denaro
vado a fare una passeggiata
sto a casa oggi, etc.

b) Change singular into plural and vice-versa: type sentences:

non andiamo mai al cinema
mangiate sempre a mezzogiorno?
date il denaro al cameriere
cercano il biglietto
perché non fai una passeggiata?
oggi non stanno molto bene
non conoscete nessuno?, etc.

c) Join the two sentences by a *che* as in this example:

Questo è Giorgio. È veramente gentile.
Questo è Giorgio che è veramente gentile.
Questa è la famiglia. Porta anche il cane.
Ecco Pino e Franco. Discutono sul programma.
Vado con Pino. È molto stanco.
Conosci De Sica? È il regista del film.
Compriamo un televisore. Costa molto denaro.

d) Ask the question to which the sentence is the answer, as in this example:

Faccio il lavoro. *Che cosa fai?*
Fanno il lavoro.
Franco fa il lavoro.
Maria e Gina fanno il lavoro.
Danno un film di De Sica.
Il biglietto costa cento lire.
Non ho voglia di fare una passeggiata.
Sì, sono d'accordo.

4   Translate into Italian:

There are two programmes at the cinema this week; I prefer the first (one). Those two pianists are making a lot of money. In summer we don't watch the television very often; it is very hot and we prefer to be in the garden. I don't feel like taking a walk now — perhaps later. No, you are mistaken, I don't agree, he is not a famous actor. Near the cinema there is a bar, and not far from the bar there is a restaurant: you see a film, you have a drink and then you eat. I never make a mistake and I am sure (*sicuro*) that he hasn't enough (*abbastanza*) money.

Lesson 10

1   The Perfect Tense

a)   The perfect is formed, as in English, by the verb 'to have' with the past participle. The past participles of regular verbs are:

parlare	battere	finire
parl-ato	batt-uto	fin-ito

ho parlato — *I have spoken*
ho battuto — *I have hit*
ho finito — *I have finished*

ho parlato	abbiamo parlato
hai parlato	avete parlato
ha parlato	hanno parlato

b)   Most intransitive verbs (i.e. verbs that do not take an object), particularly the basic verbs of motion, take *essere* as their auxiliary verb to form the perfect. *With these verbs the past participle must agree, like an adjective, in number and gender, with its subject.*

sono andato -a	siamo andati -e
sei andato -a	siete andati -e
è andato -a	sono andati -e

Maria è andata.
Giovanni è andato.
Maria e Gina sono andate.
Giovanni e Giorgio sono andati.

Verbs requiring *essere* as auxiliary are indicated in the alphabetical vocabulary. See also p. 220 for auxiliaries with verbs of motion.

c)   The past participle of both *essere* and *stare* is *stato*. Both these verbs take *essere* as their auxiliary.

Sono stato — *I have been, stayed*, etc.

d)   The past participle of *avere* is regular:

Ho avuto — *I have had*, etc.

e)   Many verbs have irregular past participles. Here are those of some of the verbs already familiar:

aprire — ho aperto	prendere — ho preso
chiudere — ho chiuso	ridere — ho riso
fare — ho fatto	scrivere — ho scritto
leggere — ho letto	vedere — ho visto / ho veduto
mettere — ho messo	

f)   The perfect tense usually corresponds to the English perfect, but it is also commonly used in conversational Italian where English uses the simple past:

I have finished the letter to John.
Ho finito la lettera a Giovanni.
I finished the letter this morning.
Ho finito la lettera stamattina.

2   Asking Questions

a)   Italian has nothing corresponding to the use of the English 'do' to form questions (*Does he write well?*).

b)   When the subject of the verb is a pronoun which is not expressed a question has the same form as a statement in Italian. The difference is made, in speech, by the inflection of the voice and, in writing, by the question mark.

È qui. — *He (she) is here.*
È qui? — *Is he (she) here?*
Hanno scritto la lettera. — *They have written the letter.*
Hanno scritto la lettera? — *Have they written the letter?*
Scrive bene. — *He (she) writes well.*
Scrive bene? — *Does he (she) write well?*

c)   Generally speaking, questions are indicated in spoken Italian by voice inflection rather than by word order. Hence there are various alternative ways of ordering the words in a question.

Has John written the letter? — Ha scritto la lettera Giovanni?
Giovanni ha scritto la lettera?
Ha scritto Giovanni la lettera?

The last method is the least common.

d)   Inversion is normal, as in English, when an interrogative word is used:

What has John done? — Che cosa ha fatto Giovanni?
Who is Mary? — Chi è Maria?

e)   Note the word order in this type of question:

Is Mary intelligent? — È intelligente Maria?
Is that man rich? — È ricco quell'uomo?

N.B.   Thus, generally, questions in Italian, as in English, start with a verb or an interrogative word.

Due turisti

Ecco due turisti. Sono inglesi, francesi, tedeschi, americani, australiani? Non rispondiamo alla domanda, così non offendiamo nessuno. Sono in Italia, a Firenze: sono marito e moglie. E adesso ascoltiamo la conversazione che riportiamo, naturalmente, in italiano:

Il marito: Cara, sono stanco e ho fame. Abbiamo girato tutto il giorno. Abbiamo visitato tre chiese e due musei; abbiamo visto almeno cento statue e un enorme numero di quadri. Adesso basta: ho bisogno di mangiare, ho bisogno di riposo.

La moglie: Ma, caro, stiamo a Firenze[1] due giorni soltanto. Ci sono tante cose che non abbiamo visto ancora e non abbiamo molto tempo. Io ho portato due panini con il prosciutto e così non abbiamo bisogno di trovare un ristorante.

Il marito: Ma io sono stanco e ho fame, non hai sentito? Abbiamo camminato tanto. Ah, questi poveri piedi!

La moglie: Hai dormito bene stanotte?

Il marito: Sì, perché?

La moglie: Perché quei poveri piedi sono stati a riposo sul letto per otto ore. Se adesso camminano un'ora o due non è un disastro. E poi ho sentito che oggi c'è una festa molto bella.

Il marito: A che ora c'è questa festa? E che festa è? E perché non mangiamo prima?

La moglie: Tu fai sempre tante domande. Perché non parli con questo signore?

Il marito: Va bene. Scusi, signore, ma abbiamo sentito che c'è una festa oggi a Firenze. È vero?

Il signore: Sì, è vero. Non è proprio una festa, cioè non è una festa della chiesa. È il gioco del calcio in costume. È molto interessante, perché è la forma originale del gioco moderno. Somiglia un po' al rugby. Ho giocato anch'io ma quello è stato molti anni fa: adesso non sono più giovane.

La moglie: Grazie tante, signore, lei è stato molto gentile.

Il signore: Di niente, signora. Arrivederla, arrivederla signore.

La moglie: Hai sentito? Ho avuto ragione, no?

Il marito: Sì, cara, tu hai sempre ragione. Ma non abbiamo domandato a quel signore dov'è questo gioco. Forse abbiamo ancora tempo per mangiare.

La moglie: Per mangiare i panini, sì, per andare al ristorante, no! Non vedi che tutti vanno in fretta nella stessa direzione? Vanno verso quella grande piazza, Piazza della Signoria.

Il marito: Ma no, cara, è impossibile. Il gioco del calcio in una piazza! Non ho mai sentito una cosa simile.

La moglie: A Firenze tutto è possibile. Vedi? Siamo arrivati nella piazza; ecco, c'è un cartello. (*Legge il cartello.*) Posti a sedere, 300 e 500 lire. Hai preso il denaro stamattina?

Il marito: Sì, cara. (*Cerca il denaro.*) Ma dov'è? Ho messo il portafogli in questa tasca, sono sicuro, e adesso. .... Ah, come sono stupido[2]! Dov'è andato il portafogli?

La moglie: Ho visto il portafogli sul tavolino nella camera dell'albergo stamattina. Ma non importa. Ho un po' di denaro qui nella mia borsetta. Ecco un biglietto da mille lire.

Il marito: Va bene, cara. (*Va a prendere i biglietti.*) Ho preso due posti da cinquecento lire. Tu hai avuto veramente una buona idea. Sono molto contento di vedere questo gioco.

La moglie: Sì? Perché?

Il marito: È semplice, cara, perché sono posti a sedere!

La moglie: Ah, capisco, sempre i poveri piedi!

---

[1] *a* with towns (*Sono a Firenze; — vado a Firenze*);
   in with countries (*Sono in Italia; — vado in Italia*).

[2] Come sono stupido! — *How stupid I am!* (Note word order.)

Vocabulary

il, la turista — *tourist*
francese — *French*
australiano — *Australian*
rispondere (ho risposto) — *to answer*
offendere (ho offeso) — *to offend*
il marito — *husband*
la moglie — *wife*
la conversazione — *conversation*
naturalmente — *of course*
riportare — *to report, refer*
girare — *to wander round (turn)*
visitare (visito) — *to visit*
la chiesa — *church*
il museo — *museum*
la statua — *statue*
enorme — *enormous*
il numero — *number*
il quadro — *painting, picture*
il riposo — *rest*
tanto — *so much, so many*
il panino — *roll*
il prosciutto — *ham*
stanotte — *last night*
il disastro — *disaster*
la festa — *festival*
il gioco — *game*
il calcio — *football*

il costume — *costume*
interessante — *interesting*
la forma — *form*
moderno — *modern*
somigliare (somiglio) — *to resemble*
giocare — *to play*
giovane — *young*
la fretta — *hurry*
la direzione — *direction*
la piazza — *square*
impossibile — *impossible*
simile — *similar*
possibile — *possible*
il cartello — *poster, notice*
sedere — *to sit*
il portafogli — *wallet*
sicuro — *sure*
stupido — *stupid*
il tavolino — *little table*
la camera — *room, bedroom*
l'albergo — *hotel*
la borsetta — *handbag*
il biglietto — *note*
l'idea — *idea*
contento — *happy*
semplice — *simple*

a riposo — *resting*
in fretta — *in a hurry*
andare in fretta — *to hurry*
arrivederla — *goodbye (polite form)*
una cosa simile — *such a thing*
molti anni fa, tre anni fa — *many years ago, three years ago*
posti a sedere — *seats (as distinct from standing room)*
non importa — *it doesn't matter*
un biglietto da mille lire — *a 1,000 lire note.*

Exercises

1   Answer in Italian:

Dovo sono i due turisti? Quanti giorni stanno a Firenze? Perché non hanno bisogno di trovare un ristorante? Quante ore ha dormito il marito? Chi ha sempre ragione? La moglie dove ha visto il portafogli? Il marito è stato contento di vedere il gioco? Perché è stato contento?

2   Oral exercise:
a)   Subject variation: type sentences:
   ho ascoltato la conversazione
   ho girato tutto il giorno
   ho visto un enorme numero di quadri
   non ho sentito bene
   ho chiuso la porta
   ho preso il portafogli
   ho aperto la finestra
   ho fatto una cosa impossibile
   ho scritto la lettera
   ho messo il denaro sul tavolino
   sono andato a vedere il gioco
   sono arrivato alla stazione
   sono stato fortunato, etc.
b)   Change singular to plural and vice-versa: type sentences:
   abbiamo avuto molto denaro
   perché non siete stati al cinema?
   dov'è andata Maria?
   non hanno risposto alla domanda
   non ho capito il problema
   Giovanni è arrivato con il primo treno, etc.

3   Change the verbs into the perfect:
I turisti visitano tre chiese. Io sono a Firenze quest'anno. La signora ha sempre ragione. Noi dormiamo sempre bene. Sentite che c'è una festa? Il gioco è molto interessante. Quella signora è molto gentile. Perché non domandi dov'è la festa? Dove va Maria? Leggiamo il cartello. Mangia molto. Pino e Franco vanno al cinema. Maria e Elena arrivano alle nove. Tu metti il denaro sul tavolino. Pagate cinquecento lire. Il ragazzo scrive la lettera. Vedo una statua molto bella. Ridiamo quando vediamo quel film. Giorgio apre la porta.

4   Translate into Italian:
He has visited all the churches in Florence. I have never eaten in that restaurant. We went to the festival this morning. Did you sleep well last night? I have bought a roll but I haven't bought the ham. You have walked for two hours. Today has been a disaster. Have you heard that there is a festival today? Why hasn't he done the work? Why hasn't he gone to school? Why doesn't he ask this lady? Have you been to the museum near the church? Where is that notice? Did you see the wallet on the table?

5   Make up questions in the perfect tense, using these words as a scheme:
e.g. Giovanni — vedere — film.
   Ha visto il film Giovanni?
Maria — scrivere — lettera?
Perché voi — non mangiare — mezzogiorno?

Quando — treno — arrivare?
Giorgio — visitare — museo?
Dove tu — mettere — portafogli?
Perché Giorgio — non finire — lezione?
Quando voi — chiudere — porta?
Perché tu — non aprire — porta?
Che cosa voi — andare a fare?

Lesson 11

1 Irregular Verbs

tenere — *to hold, keep*	venire — *to come*
tengo	vengo
tieni	vieni
tiene	viene
teniamo	veniamo
tenete	venite
tengono	vengono
ho tenuto, etc.	sono venuto, -a, etc.
dire — *to say*	sapere — *to know, to know how to*
dico	so
dici	sai
dice	sa
diciamo	sappiamo
dite	sapete
dicono	sanno
ho detto, etc.	ho saputo, etc.

N.B. *tenere* and *venire* have the same irregularities; *dire* (cp. *fare*) is conjugated on the basis of the infinitive *dicere*, itself no longer used.

2 Conjunctive Pronouns, 1st and 2nd Persons

a) Study these sentences:

> Giovanni mi aiuta. — *John helps me.*
> Io ti ho capito. — *I have understood you.*
> Loro ci vedono ogni giorno. — *They see us every day.*
> Noi vi aiutiamo sempre. — *We always help you.*

mi — *me*	ci — *us*
ti — *you* (sing.)	vi — *you* (plu.)

These are direct object pronouns. In Italian they normally go in front of the verb. They are called 'conjunctive' because sometimes they can be joined to the verb (see Lesson 23).

b) The same forms are also used for the indirect objects, i.e. *to me, to you, to us*. Remember that in English the *to* is not always expressed (he gives *me* the book, he gives the book *to me*).

> Giovanni mi dà il libro. — *John gives me the book.*
> Io ti ho scritto una lettera. — *I have written you a letter.*
> Loro ci hanno portato i panini. — *They have brought us the rolls.*
> Noi vi diamo questo denaro. — *We give this money to you.*

3 3rd Person Conjunctive Pronouns

a) Study these sentences:

> Ecco Giovanni!   lo *lo* vedo ogni giorno.

Ecco il libro!	Io *lo* do a Giuseppe.
Ecco Maria!	Io *la* trovo sempre qui.
Ecco la stanza!	Noi *la* mettiamo in ordine.
Ecco i ragazzi!	Io *li* vedo ogni sera.
Ecco i libri!	Io *li* do a Giuseppe.
Ecco le ragazze!	Io *le* trovo sempre qui.
Ecco le stanze!	Noi *le* mettiamo in ordine.

These are the 3rd person direct object pronouns:

lo — *him, it*		li — *them*	
la — *her, it*		le — *them*	

The masculine plural form *li* is used to refer to two or more nouns of different gender.

Prendo la penna e il denaro e *li* metto sulla tavola.

b)   Study these sentences:

Do il libro a Giovanni.	*Gli* do il libro.
Do il libro a Maria.	*Le* do il libro.
Diamo i libri a Giovanni e a Maria.	Diamo *loro* i libri.

These are the 3rd person indirect object pronouns:

gli — *to him*
le — *to her*
loro — *to them*

N.B.   *Loro* is used for both genders. Unlike the other pronouns it follows the verb.

The forms *gli, le* and *loro* are not usually used of things (see Lesson 15). In conversation *gli* is often heard instead of *loro*.

c)   Here is the full list of conjunctive object pronouns:

Singular		*Plural*	
Direct	*Indirect*	*Direct*	*Indirect*
mi (*me*)	mi (*to me*)	ci (*us*)	ci (*to us*)
ti (*you*)	ti (*to you*)	vi (*you*)	vi (*to you*)
lo (*him, it*)	gli (*to him*)	li (*them*)	loro (*to them*)
la (*her, it*)	le (*to her*)	le (*them*)	loro (*to them*)

4   Pronouns — Elision

a)   The forms *mi, ti, ci, vi* (but NOT the indirect objects *gli* and *le*) may elide before a vowel.

Non m'ha visto. — Non t'ha scritto.

But elision is not necessary: it is quite optional.

b)   The forms *lo* and *la* usually elide to *l'* before a vowel. The plural forms *li* and *le* do NOT elide.

Io l'invito. — *I invite him (her).*

Io li invito }
Io le invito } — *I invite them.*

5   Pronouns — Agreement of Past Participle

Study these sentences:

Ecco Maria, non l'ho vista tutto il giorno.

Here's Maria, I haven't seen her all day.
Non ci hanno aiutati (aiutato).
They haven't helped us.
Dove sono le ragazze? Non le ho viste.
Where are the girls? I haven't seen them.

The past participle in compound tenses formed with *avere* must agree in number and gender with the preceding 3rd person direct object pronoun; with 1st and 2nd person pronouns agreement is not always made. But there is no agreement with an *indirect* object:

Loro non ci hanno dato la lettera.
They haven't given us the letter.
Non le ho parlato.
I haven't spoken to her.

6   Construction with essere

Sono io. — *It is I.*
Sei tu. — *It is you, etc.*
Sono stato io. — *It was I.*
Sei stato tu. — *It was you, etc.*

Study these Sentences

1   Oggi abbiamo fatto una visita alla zia, che ci vede sempre con molto piacere.

2   L'autobus ci ha portati in centro e dal centro alla casa della zia sono pochi passi.

3   Ecco la nuova radio che un vecchio amico ci ha venduto. L'abbiamo comprata soltanto ieri.

4   Nessuno dei due sa suonare il pianoforte, ma lo tengono in casa con gli altri mobili. Perché non li vendono tutti? Sono orribili.

5   Piero ha mostrato loro il salotto e poi li ha portati in cucina.

6   O ragazzi, siete voi! Vi ho aspettati tutta la mattina.

7   Ogni tanto ci fanno una visita, come tu sai, e offriamo loro sempre una tazza di tè.

8   Maria ha deciso di comprare una casa in città, ma non l'ha vista ancora.

9   Quando lo zio mi dice di cambiare ogni cosa, io gli spiego invece che non c'è mai niente fuori di posto nella casa.

Vocabulary

altro — *other*
l'autobus (m.) — *bus*
cambiare (cambio) — *to change*
il centro — *centre*
la città — *city, town*
come — *as*
decidere — *to decide*
domani — *tomorrow*

orribile — *horrible*
il piacere — *pleasure*
il pianoforte — *piano*
la radio[1] — *radio*
il salotto — *lounge*
spiegare — *to explain*
lo strumento — *instrument*
suonare — *to ring, play (instrument)*

ieri — *yesterday*
la lezione — *lesson*
il mobile — *piece of furniture*
mostrare — *to show*
nuovo — *new*
offrire (offro, ho offerto) — *to offer*
ogni — *every*

la tazza — *cup*
il tè — *tea*
vecchio — *old*
vendere — *to sell*
la visita — *visit*
la zia — *aunt*
lo zio — *uncle*

in centro — *to, in the centre of town*
fuori di posto — *out of place*
ogni tanto — *now and again*
sono pochi passi — *it's only a few steps*

[1] *la radio* is feminine because it is an abbreviation of *la radiotelefonia.*

Exercises

1 Oral exercise:

a) Subject variation: type sentences:

Tengo il libro nel cassetto.
Vengo in città ogni sabato.
Non dico sempre tutto.
So che lo zio è vecchio.
Vengo perché so che avete finito.
Dico questo perché so che è vero.
Tengo il mobile qui perché so che è bello.

b) Give responses following this pattern:

Io ti do un libro. — *E tu mi dai un altro libro.*
Voi ci date un panino. — *E noi vi diamo un altro panino.*
Io ti do una lettera.
Noi vi portiamo un panino.
Tu mi mostri una radio.
Io ti spiego una lezione.
Voi ci offrite una tazza.
Noi vi spieghiamo una lezione.
Io ti mostro un treno.
Voi ci portate un cappuccino.
Tu mi consegni una valigia.

c) Substitute pronouns for nouns thus:

Io vedo la casa. — *Io la vedo.*

Io vedo Giovanni.
Noi vediamo Maria.
Noi mandiamo i libri.
Il cameriere porta il caffè.
Perché guardate le ragazze?
Perché non guardate i mobili?
Dove aspettiamo il treno?
Non vendo la radio.

Perché non spiegate la lezione?
Io do il libro a Giovanni. — *Io gli do il libro.*
Io do il libro a Maria.
Io do il libro agli amici.
Perché non mostrate i mobili alla zia?
Perché non date il denaro allo zio?
Porto il caffè alle signore.
Mostriamo questo libro a Maria.

d)   Change into the perfect tense:

Ci vede. — *Ci ha visti.*

Ciao Maria, perché non ti vedo?
Ciao amici, perché non vi vedo?
Non le guardo mai.
Ecco i libri! Chi non li capisce?
Ti porto le lettere.
Le porto.
Un amico ci aiuta.
Non cambio i mobili.
Non le parlo di quella casa.

2   Insert the correct form of the present tense:

Lei (*sapere*) che io (*essere*) una persona ordinata. Voi mi (*dire*) sempre
tutto. Noi non (*tenere*) il cane in casa. Io (*venire*) da Roma. Questi
signori (*sapere*) che noi non (*essere*) inglesi. Giuseppe non (*venire*) mai
qui. Che cosa (*sapere*) voi di questo problema? Perché tu (*tenere*) quel
libro in mano? Che cosa (*dire*) tu di questa idea?

3   Insert the personal pronouns and make the agreement of the past
participle where necessary:

Giorgio (*to me*) ha dato un libro. Gli zii (*to us*) hanno offerto un po' di
torta. Gli zii (*us*) hanno portato al cinema. Perché non (*you, plu.*) ho
visto alla stazione? Non (*to you, sing.*) hanno detto che vanno a Firenze?
Io (*you, plu.*) ho aspettato tutto il giorno.

4   Substitute pronouns for nouns in parentheses, making the agreement
of the past participle where necessary:

Leggo (*il libro*). Leggo (*i libri*). Mostro il salotto (*a Maria*). Offro (*agli
zii*) una tazza di caffè. Ho scritto una lettera (*a Enrico*). Ho scritto (*due
lettere*). Abbiamo detto (*alla ragazza*) di venire domani. Dove hai messo
(*la carta*)? Perché non avete offerto (*una tazza di tè*)? L'autobus ha
portato (*i ragazzi*) in centro. Ha venduto (*al vecchio amico*) il pianoforte. Perché non hai venduto (*questi vecchi mobili*)? Ho dato il libro
(*a Maria*). Hai visto (*il gioco di calcio*)? Ho preso (*due biglietti*). Ho
visto (*cento statue*). Ascoltiamo (*la conversazione*).

5   Translate into Italian:

I can't play the piano, so I listen to the radio. Has he brought them? Have
they offered you a cup of tea? I found them in the sitting room. Have
you explained to him where you bought them? Who told them to (*di*)
ring the bell? Was it you, John? He brings her a chair[1] and offers her a
cup of tea. Why didn't you explain to him that you are joking?[2] We bought

a piano and a radio and we arranged[3] them in that room. I saw her yesterday and she told me to (*di*) come today.

[1] chair — *la sedia*
[2] to joke — *scherzare*
[3] to arrange, fix — *sistemare (sistemo)*

Una visita agli zii

Oggi abbiamo fatto una visita alla zia Elena e allo zio Piero. Gli zii stanno in una vecchia casa in una delle vecchie vie della città. Le visite fanno loro sempre molto piacere[1]. Abbiamo preso l'autobus numero 19 che ci ha portati in centro e dal centro sono pochi passi. Gli zii stanno in un appartamento al secondo piano. Abbiamo suonato e siamo saliti. Lo zio Piero ha aperto la porta.

Zio Piero: O ragazzi, siete voi! Elena, sono i ragazzi. Giuseppe e Luisa. Finalmente li vediamo!

Zia Elena: Cari, siete venuti al momento giusto. Abbiamo finito di mettere in ordine la casa.

Luisa: Ma tu, zia, sei sempre così ordinata: non c'è mai niente fuori di posto in questa casa.

Zia Elena: Non capisci, Luisa. Abbiamo comprato molti mobili nuovi e abbiamo lavorato tutto ieri e tutta questa mattina per sistemare ogni cosa.

Giuseppe: Ma perché avete comprato i mobili nuovi?

Zio Piero: Non so, Giuseppe. Sono misteri delle donne. Ogni tanto hanno l'idea che bisogna cambiare tutto.

Zia Elena: (*ride*) Lo zio scherza, Giuseppe. Ora ti spiego tutto. Come tu sai, in questa casa abbiamo sempre tenuto quel vecchio pianoforte, ma nessuno di noi due sa suonare. Allora, finalmente abbiamo deciso di vendere il piano e di comprare invece una radio.

Zio Piero: E quando abbiamo comprato la radio, la zia mi ha detto: 'Piero, sai che con questa radio nuova i mobili vecchi non vanno più bene.' Io ho protestato un po', le ho detto ...

Luisa: Ma avete comprato i mobili lo stesso!

Zia Elena: E adesso vi mostro il salotto. Ecco la famosa radio! E qui c'è la scrivania; l'abbiamo comprata nel negozio di un amico dello zio: non è veramente nuova ma è fatta molto bene. Poi ci sono le sedie e il tavolino per prendere il tè. E abbiamo anche messo nuove tende alla finestra.

Luisa: È una stanza molto bella, zia.

Zia Elena: Sì, sono molto contenta. E ora, per festeggiare la prima visita al salotto nuovo, vi offro una tazza di tè ... e forse c'è ancora un po' di torta. ... Ma Giuseppe, dove vai?

Giuseppe: Dove vado? Mi domandi dove vado? Ti spiego subito. Prima vado in cucina, poi vado nella dispensa. ...

Luisa: E nella dispensa c'è la torta, e tu la mangi. Abbiamo capito; Giuseppe, sei un ghiottone.

Zia Elena: Non importa. Quando venite qui ho piacere se mangiate con appetito.

Giuseppe: L'hai sentita, Luisa? La zia ci ha detto che le fa piacere[1] se mangiamo bene. Allora arrivederci tutti, ho un appuntamento molto importante ... nella dispensa, con una torta!

[1] fare piacere — *to give pleasure*.

Lesson 12

1 Pronoun Combinations

When two conjunctive pronouns are used the following rules apply:

a)   the indirect object comes first.

b)   The pronouns *mi, ti, ci, vi* change to *me, te, ce, ve* when they precede *lo, la, li, le*:

Lui mi dà il libro.	Lui me lo dà.
Lui ti dà i libri.	Lui te li dà.
Lui ci dà la penna.	Lui ce la dà.
Lui vi dà le penne.	Lui ve le dà.

c)   *Loro* (to them) always follows the verb:

Lui dà le penne agli amici.   Lui le dà loro.

N.B.   Although *loro* itself means *to them* it is often preceded by the preposition *a*:

Lui dà le penne agli amici.   Lui le dà (a) loro.

2 Pronoun Combinations: Gli and Le

(a)   When *gli* (to him) is the first element in a pronoun combination an *e* is added and the combination is written as one word, the stress coming on the *e*:

Io gli do il libro.	Io glielo do.
Io gli mando la lettera.	Io gliela mando.
Io gli do i libri.	Io glieli do.
Io gli mando le lettere.	Io gliele mando.

b)   When *le* (to her) is the first element, it has, in combination with the other pronoun, the same form as *gli*:

Io le do il libro.	Io glielo do.
Io le mando la lettera.	Io gliela mando, etc.

3 Polite Form Object Pronouns

As we have seen earlier the polite form of address *Lei* (and *Loro*) is grammatically 3rd person and verbs must be in this person. This principle also extends to pronoun objects. We shall write these forms with a capital letter for clarity (but see paragraph 5 at the end of this section).

a)   In the singular, polite form object pronouns, both direct and indirect, are feminine even if a man is being addressed:

Signor Bianchi, La ringrazio della lettera.
> *I thank you for the letter.*

Signora, La prego di venire.
> *I beg you to come.*

Signor Bianchi, Le parlo di una cosa importante.
> *I am speaking to you of an important matter.*

Signora, Le ho mandato un mazzo di fiori.
I have sent you a bunch of flowers.

b)   In the plural, polite form direct objects are *Li* or *Le* according to sex. The indirect plural is *Loro* in both cases:

Signori, Li ringrazio della lettera.
Gentlemen, I thank you for the letter.
Signore, Le prego di venire.
Ladies, I beg you to come.
Signori (Signore), desidero scrivere Loro una lunga lettera.
Gentlemen (Ladies), I wish to write you a long letter.

c)   Note also that *Le* combines with other pronouns according to the rules above:

Signor Bianchi, io Le do il libro.
    io Glielo do.
Signora Bianchi, io Le mando le lettere.
    io Gliele mando.

4   Past Participle Agreement with Polite Form

Agreement of the past participle is made according to the sex of the person(s) addressed:

Signor Bianchi, perché non L'ho *visto* ieri?
Signora Bianchi, perché non L'ho *vista* ieri?
Signori, perché non Li ho *visti* ieri?
Signore, perché non Le ho *viste* ieri?

And similarly with verbs taking *essere* as auxiliary:

Signor Bianchi, perché non è *venuto*?
Signora Bianchi, perché non è *venuta*?

And also with adjectives:

Signor Bianchi, Lei è molto *buono*.
Signora Bianchi, Lei è molto *buona*.

5   Capital with Polite Form

A capital letter is used by Italians for the polite form as a mark of courtesy, when they are writing a fairly formal letter, e.g. to a person they do not know well or to one to whom they wish, for some particular reason, to pay respect. It is perfectly possible however, and indeed preferable, to use a small letter when one is on more friendly terms. The difference is somewhat, though not exactly, akin to that between our 'Yours faithfully' and 'Yours sincerely' endings in English. Obviously writers such as novelists transcribing conversation will not write *lei* with a capital, for they do not wish to show their respect towards anyone. From now on we shall use capitals only where an Italian would do so, except for purposes of clarification.

Study these Sentences

1   Te l'ho già spiegato almeno cento volte, ma tu non mi capisci perché non desideri capire.

2   'Signor Bianchi, quando l'ho visto stamattina non le ho raccontato il magnifico sogno che ho fatto stanotte.' — 'Davvero? Ma i sogni sono sempre così noiosi. Perché non me lo racconta domani?'

3   Signora, perché mi domanda ogni volta quando parte la nave? Gliel'ho già detto — parte da Genova alle cinque di sera.

4   Papà è tornato a casa con tre pezzi di carta in mano, ma non ce li ha mostrati. Ci ha detto invece di indovinare. Nessuno ha saputo indovinare e poi papà ci ha detto, 'Sono i biglietti per andare in crociera.' Sono corsa da papà, l'ho abbracciato, l'ho baciato e gli ho detto, 'Papà, se ci porti in crociera, sei proprio una meraviglia.'

5   Giovanni racconta sempre le stesse cose e se qualcuno glielo dice e lo prega di essere meno noioso, rifiuta di ascoltare.

6   L'anno passato sono andati in montagna per le vacanze, ma quest'anno qualcuno ha raccontato loro di una pensione al mare che non costa molto.

Vocabulary

abbracciare — *to embrace*	la nave — *ship*
baciare — *to kiss*	noioso — *boring*
la carta — *paper*	ogni[1] — *every*
correre (sono corso) — *to run*	partire (parto) — *to leave*
costare — *to cost*	la pensione — *boarding house*
la crociera — *cruise*	il pezzo — *piece*
davvero — *really*	pregare — *to beg, ask*
Genova — *Genoa*	il professore — *professor, teacher*
il giornale — *newspaper*	qualcuno — *someone*
indovinare — *to guess*	il sogno — *dream*
magnifico — *magnificent*	raccontare — *to tell*
la meraviglia — *wonder, marvel*	ringraziare (ringrazio) — *to thank*
il mare — *sea*	rifiutare — *to refuse*
il mazzo — *bunch*	stamattina — *this morning*
la montagna — *mountain*	la storia — *story*

andare in montagna — *to go to the mountains*
andare in crociera — *to go on a cruise*

[1] *Ogni* is an invariable adjective. The noun following must be in the singular:

ogni donna — *every woman*   ogni uomo — *every man*.

Exercises

1   Oral exercise:

a)   In these sentences substitute a conjunctive pronoun for the direct object, making other necessary changes, as in this example:

Io gli mando la lettera.   *Io gliela mando.*

Ti mostro la casa.

Ti ho mostrato la casa.

Le diamo i libri.

Le abbiamo dato i libri.
Ci scrivono la lettera.
Ci hanno scritto la lettera.
Gli vendo l'automobile.
Gli ho venduto l'automobile.
Vi racconto il sogno.
Vi ho raccontato il sogno.
Do loro i romanzi.
Ho dato loro i romanzi.

b) In these sentences change the pronoun objects into the polite form
(*tu — Lei; voi — Loro*).

Ti scrivo la lettera.
Ti ho visto ieri sera.
Non vi vedo molto spesso.
Perché non vi abbiamo viste ieri?
Vi ho spiegato perché non siamo venuti.
Non ti ho ancora mandato il libro.

2   In the following sentences substitute conjunctive pronouns for the
words in parentheses:

a) Ha raccontato (*a noi*) (*il sogno*). Io ho sempre raccontato (*a voi*)
(*i sogni che faccio*). Perché non hai mostrato (*a noi*) (*il pezzo di
carta*)? Danno (*cento lire*) (*ai poveri*). Perché non hanno detto (*a
voi*) (*dove vanno per le vacanze*). Egli manda (*a noi*) (*i libri*). Il
professore ha letto (*i romanzi*) (*agli studenti*). Ho venduto (*la
casa*) (*a quelle persone*).

b) Abbiamo dato (*il denaro*) (*al povero*). Ho domandato (*il denaro*)
(*alla mamma*). Racconto (*la storia*) (*a Carlo*). Ho venduto (*la
casa*) (*a Giovanni*). Abbiamo mandato (*i giornali*) (*a Maria*). Ho
raccontato (*il sogno*) (*alla signora*). Il professore ha spiegato (*la
lezione*) (*allo studente*). Ho dato (*le sigarette*) (*al ragazzo*). Avete
mostrato (*il giardino*) (*al bambino*)? Non ho ancora scritto (*la
lettera*) (*a Giovanna*).

c) Signora, ho visto (*Lei*) al cinema ieri. Signora B., abbiamo telefonato
(*a Lei*) la settimana passata. Signor B., mando (*a Lei*) (*il biglietto*)
subito. Professore, ho spiegato (*a Lei*) perché non ho studiato (*le
parole*). Signorina, chi ha dato (*a Lei*) (*quella bella borsetta*)?
Signora B., ho mandato (*a Lei e al Signor B.*) i biglietti per il
cinema. Signorina, non ha ancora avuto la lettera che ho mandato
(*a Lei*) tre giorni fa? Signor B, chi ha raccontato (*a Lei*) (*quelle
cose*)?

3   Translate into Italian:
Every month we write him a long letter. This year he is going on a cruise:
he told me (*it*) yesterday. This lesson is very difficult: the professor has
explained it to us, but I don't understand it. He came into the room with
three books in his hand, but he didn't show them to her. Mrs B., Carlo
has three tickets for the cinema; he is sending them to you tomorrow.

I have asked her many times when the train is leaving, but she says that
she doesn't know (*it*). This novel is really magnificent; it is Giovanni's[1]:
he lent[2] it to me.

[1] Translate *of Giovanni*. (The English possessive form is normally
rendered this way in Italian.)
[2] To lend — *prestare*.

La commedia

L'altra sera sono andato a vedere una commedia a un teatro in città. Per
dire proprio la verità, preferisco andare al cinema perché è molto meno
complicato: non c'è bisogno di prenotare i posti o di fare la coda per avere
i biglietti. Comunque, l'altro giorno Bruno mi ha invitato. 'Ho due biglietti
per la prima[1] della nuova commedia al Quirino. Uno degli attori che recita
nella commedia me li ha dati,' mi ha detto Bruno al telefono. 'Secondo
lui questa commedia è un capolavoro.' 'Quanto c'è da pagare?' gli ho
domandato, perché sono sospettoso di natura[2]. 'Ma te l'ho già detto!' ha
gridato Bruno, 'me li ha regalati, gratis.'
Così siamo andati insieme. C'è stato un momento imbarazzante quando
siamo entrati nell'atrio. Bruno ha cercato i biglietti ma non li ha trovati:
ha cominciato a sudare e quasi a piangere. Ho preso il mio fazzoletto e
gliel'ho offerto. 'Ma dove li ho lasciati?' ha gridato. 'La cosa è semplice,'
gli ho detto. 'Hai un vestito nuovo e certamente hai lasciato i biglietti in
una delle tasche di un altro vestito.' 'Hai ragione,' Bruno ha detto, 'e ho
lasciato anche il denaro. Adesso non ho neanche una lira. Come
facciamo?' 'Anche questo è semplice,' gli ho risposto, 'pago io.'
Abbiamo visto la commedia dalla galleria. L'ho trovata molto noiosa. Alla
fine dell'ultimo atto Bruno mi ha domandato, 'Allora, come l'hai trovata?'
'L'ho trovata un po' troppo costosa,' gli ho detto. Bruno non mi ha
risposto.

[1] *la prima* — i.e. the first performance, the opening night.
[2] *di natura* — by nature.

Lesson 13

1 The Imperfect

The imperfect is a past tense which often corresponds to the English continuous past (*I was going*).

portare (*to bring*)	credere (*to believe*)	finire (to finish)
portavo	credevo	finivo
portavi	credevi	finivi
portava	credeva	finiva
portavamo	credevamo	finivamo
portavate	credevate	finivate
portavano	credevano	finivano

Note that the endings are the same for all conjugations. The only difference is in the stem vowel.

The only verb irregular in the imperfect is:

essere

ero	eravamo
eri	eravate
era	erano

Verbs like *fare* and *dire* form the imperfect regularly, but on the basis of the longer infinitive which is no longer used:

fare (facere) — facevo, facevi, etc.
dire (dicere) — dicevo, dicevi, etc.

2 Use of the Imperfect

a) As its name implies, the imperfect indicates an action or state in the past which is not seen as completed. Study these examples:

Il signor Bianchi parlava con un amico.
Mr Bianchi was talking to a friend.
Andavo in centro e guardavo le automobili.
I was going to the town centre and was looking at the cars.
Era una bella giornata ed io ero molto felice.
It was a lovely day and I was very happy.
La casa aveva un bel giardino.
The house had a lovely garden.

None of the actions represented by these verbs is seen as starting or stopping at a definite point in past time. In English we use either the continuous past (*was talking*) or the simple past (*had*).

b) The imperfect is also used to indicate habitual or repeated actions in the past. Note the English equivalents:

Ogni sera leggeva un libro e poi suonava il pianoforte.

Every evening he { *read a book and then* { *played   the piano.*
                   { *used to read*   { *used to play*
                   { *would read*   { *would play*

c)   Compare the use of the imperfect and of the perfect. Study these examples:

> Mentre andavo in città ho visto un amico e abbiamo parlato per cinque minuti.
> *While I was going to town I saw a friend and we talked for five minutes.*

> Era una bella giornata e abbiamo preso l'autobus per andare in campagna.
> *It was a lovely day and we took the bus to go to the country.*

> Arrivava a casa sempre alle cinque ma oggi è arrivato alle sette.
> *He always used to arrive home at five but today he arrived at seven.*

The imperfect *describes* a state of affairs; the perfect *narrates* an action. Note, however, as in the first example above, that the action may last for a certain time (*abbiamo parlato per cinque minuti*) but the perfect is still used if the action is seen as completed.

3   The Pluperfect

The pluperfect tense corresponds to the English tense *I had believed, I had gone.* In Italian it is formed by the imperfect of *avere* or *essere* with the past participle:

avevo parlato — *I had spoken, etc.*   ero andato, -a — *I had gone, etc.*
avevi parlato   eri andato, -a
aveva parlato   era andato, -a
avevamo parlato   eravamo andati, -e
avevate parlato   eravate andati, -e
avevano parlato   erano andati, -e

4   Nouns, Genders and Plurals

In addition to the basic rules for genders and plurals given in Lesson 1, the following indications will cover most other cases:

a)   Nouns ending in a consonant are usually masculine and are invariable in the plural:

> il film — i film; lo sport — gli sport.

However a plural in -s is occasionally found with words derived from English (*i films, gli sports*).

b)   Nouns ending in a stressed vowel are invariable in the plural (this includes also one syllable words). The most frequent stressed vowel endings are -*à* and -*ù* and such nouns are normally feminine:

> la città — le città; la virtù — le virtù; il caffè — i caffè
> *city*   *virtue*   *café (coffee)*

c)   Nouns ending in -*i* are invariable in the plural. They may be of either gender but are most frequently feminine:

la crisi — le crisi: il brindisi — i brindisi
crisis *toast (to someone's health)*

d) Nouns ending in *-ie* are feminine and are invariable in the plural:

la serie — le serie; la specie — le specie
series *kind (species)*

N.B. but *la moglie* (wife) becomes *le mogli* in the plural.

Study these Sentences

1 Quando io studiavo all'università, passavo molto tempo in biblioteca, perché mi avevano detto che leggere libri di tutte le specie era una cosa essenziale.

2 Aspettavo alla fermata del tram per andare in centro, ma ho visto un vecchio amico e abbiamo cominciato a chiacchierare. Abbiamo parlato per un'ora almeno.

3 Quando noi viaggiavamo su una nave italiana, ogni sera c'era o un ballo o un film.

4 Ci avevano consigliato di arrivare presto ma, per diversi motivi, siamo usciti di casa alle otto soltanto e quando siamo arrivati tutti ballavano già.

5 Non ero molto felice quando abitavamo in quella vecchia casa; ogni giorno c'erano nuove difficoltà. Ma adesso che siamo andati a stare in un bell'appartamento vicino al mare non invidio nessuno.

Vocabulary

abitare (**a**bito) — *to live*
almeno — *at least*
ballare — *to dance*
il ballo — *dance*
la biblioteca — *library*
il brindisi — *toast*
la campagna — *country(side)*
il centro — *centre*
chiacchierare (chia**c**chiero) — *to chat, chatter*
consigliare — *to advise*
la crisi — *crisis*
la difficoltà — *difficulty*
diverso — *different* (plu. *various*)
felice — *happy*
la fermata — *stop*
la giornata — *day*[1]

insieme — *together*
invidiare (inv**i**dio) — *to envy*
il mare — *sea*
mentre — *while*
il motivo — *motive, reason*
la nave — *ship*
o .. o — *either .. or*
passare — *to pass*
presto — *soon, early*
lo sport — *sport*
studiare — *to study*
il tram — *tram*
l'università — *university*
uscire[2] — *to go out*
vicino a — *near*
la virtù — *virtue*

uscire di casa — *to leave the house*

[1] *giornata* is used instead of *giorno* when referring to the weather (*È una bella giornata*) or to how the day is spent (*Abbiamo passato una bella giornata al mare*). Similarly also *mattinata, serata, nottata*.

[2] *uscire* is irregular in the present tense:
esco, esci, esce, usciamo, uscite, **e**scono.

Exercises

1   Oral exercise:

a)   Subject variation: type sentences:

Non avevo molto tempo.
Abitavo in campagna.
Studiavo tutto il giorno.
Uscivo ogni sera.
Dicevo molto ma non facevo niente.
Ero molto felice perché sapevo ballare.

b)   As above:

Ero arrivato presto perché avevo molto da fare.
Non avevo capito la lettera.
Avevo aspettato per due ore ed ero stanco.
Ero andato a vedere un film.

c)   Put the definite article in front of these nouns and then give the
plural of them with the article:

uomo, moglie, serie, crisi, film, specie, difficoltà, virtù, città, caffè,
brindisi, nave, sport.

2   Change the verb in the present tense to the imperfect:

Siamo molto felici perché andiamo al mare. Io non faccio mai errori.
Balliamo ogni sera. Giovanni parla con Luisa. I ragazzi ascoltano la radio.
Giovanni non ha voglia di leggere un libro perché preferisce andare al
cinema. Non ridono mai. Ogni mattina vanno a scuola alle otto. Leggono
il giornale e ascoltano la radio nello stesso tempo. Fate sempre conversazione d'italiano?

3   Change the verbs into the pluperfect:

Ho viaggiato su una nave italiana e ho ballato ogni sera. Sono andati per
tre giorni. Abbiamo fatto due errori in quell'esercizio. Gli avete telefonato? Le nostre vacanze sono state molto belle. Non ha visto quel nuovo
film italiano?

4   In the following sentences one verb is imperfect and the other
perfect. Substitute the appropriate tense for the infinitive in parentheses:

Siccome il tempo (*essere*) bello, Giovanni (*andare*) in campagna. Mentre
io (*ascoltare*) la radio, egli (*uscire*) dalla stanza. Quel giorno (*fare*)
molto caldo, perciò noi (*andare*) in giardino. Quando Carlo (*arrivare*),
Pino (*lavorare*) in biblioteca. Quando egli (*cominciare*) ad andare a
scuola, (*avere*) quasi sette anni.

5   Translate into Italian:

Every evening, when I had the time, I used to read a book. John, the
tickets which were on the table are Mary's: have you given them to her?
No, I haven't even touched[1] them. When father used to come home at
seven, he would always be hungry. I had never danced before[2] but on the
ship I used to dance every evening. Mary had arrived, but we hadn't yet
seen her. While mother was getting[3] the lunch, I listened to the new
record[4] that I had bought the day before. We always used to spend our

holidays at the sea, but this year we are going to the mountains. He used to leave the house very early every morning.

[1] to touch — *toccare.*
[2] before — *prima.*
[3] to get (i.e. to prepare) — *preparare.*
[4] record — *il disco.*

La crociera. Una conversazione telefonica

Giovanna: Pronto, chi parla? Ah Luisa, sei tu. Avevi telefonato prima? No? Bene! Dunque, adesso desidero sentire ogni cosa della crociera. So soltanto che siete partiti da Genova il 14.

Luisa: Sì, siamo partiti il 14 su una nave italiana, l'Atlantide, per una crociera nel Mediterraneo. Papà era già stato su una nave ma per noi era la prima volta. Abbiamo viaggiato in prima classe; papà e mamma avevano una bella cabina sul ponte 'A', e io stavo con un'altra ragazza sul ponte 'B'. La nave era come un albergo di lusso. Se avevi bisogno di qualche cosa, bastava premere un bottone e subito arrivava il cameriere. Il servizio era perfetto.

Giovanna: Ma a parte il divertimento di premere i bottoni, che cosa facevate tutto il giorno?

Luisa: C'erano, per esempio, i varia sport e c'era anche una bella piscina. Siccome faceva abbastanza caldo, io andavo spesso a fare un tuffo nell'acqua[1]. Ma forse la maggior parte del tempo l'abbiamo passata in conversazione[2]. La sera, dopo pranzo, generalmente ballavamo. Però, qualche volta, c'era il cinema; erano films un po' vecchi ma divertenti lo stesso[3].

Giovanna: Ma non mi hai ancora detto dove siete stati. Siete anche scesi[4] a terra?

Luisa: Sì, certo, abbiamo fatto il giro del Mediterraneo. Ecco, ti dico in ordine i porti dove siamo scesi. Prima a Marsiglia in Francia, poi a Gibilterra, la fortezza britannica, poi a Tunisi nell'Africa settentrionale e infine abbiamo visitato Napoli. Io la[5] vedevo per la prima volta ed era così bella, con il famoso golfo e il Vesuvio.

Giovanna: Sei stata fortunata davvero. Ti invidio tanto. Ciao.

[1] *fare un tuffo nell'acqua* — to take a dip (*tuffo* — dive).
[2] In conversational Italian this construction that puts the object before the verb and then repeats it as a pronoun is very common (e.g. *Quella ragazza non l'ho mai vista*).
[3] *lo stesso* — just the same.
[4] *sceso* — past participle of *scendere.*
[5] Cities are usually feminine.

Lesson 14

1 Tenses with DA

Study these sentences:

> Sono in Italia da quattro anni.
> *I have been in Italy for four years.*
> Lavoro qui da due mesi.
> *I have been working here for two months.*
> L'aspettavano da due ore.
> *They had been waiting for him for two hours.*

In this type of construction *da* corresponds to *for* and the tense of the verb is shifted forward in Italian: English perfect = Italian present and English pluperfect = Italian imperfect.

2 Other Usages of DA

The basic meaning of *da* is *by* or *from*. Other usages are:

a) To indicate a characteristic quality (*with*):

> La ragazza dai capelli biondi. — *The girl with fair hair.*

b) To indicate manner (*like a*):

> Mi ha parlato da padre. — *He talked to me like a father.*

c) To indicate the purpose or use of an object:

> Una tazza da caffè. — *A coffee cup.*
> Carte da gioco. — *Playing cards.*
> Una macchina da scrivere. — *A typewriter.*

N.B. una tazza di caffè — *a cup of coffee*.

d) To indicate 'at the house, shop, place of' (cp. French *chez*):

> Perché non venite da noi stasera? — *Why don't you come to our place this evening?*
> Sono andato dal macellaio. — *I went to the butcher's.*

N.B. *da* is not used when the subject of the verb is the same as the 'owner' of the place. Thus you say, *Lui va da loro* (He is going to their place) but *Loro vanno a casa* (They are going to their place, home).

e) With expressions of value or measurement:

> Un biglietto da 1.000 lire. — *A 1,000 lire note.*
> Un televisore da 23 pollici. — *A 23 inch television set.*

f) With the infinitive with the meaning of 'so as to, enough to' (for other uses of *da* with the infinitive see Lesson 23):

> Faceva un freddo da morire.
> *It was cold enough to die (i.e. freezing cold).*

3 Piacere

Study these sentences:

Roma mi piace. — *I like Rome.*
Perché non ti piace quel film? — *Why don't you like that film?*
Questi giardini gli piacciono. — *He likes these gardens.*
Non Le piacciono quei libri? — *Don't you like those books?*
Non mi piace (di) andare al cinema. — *I don't like going to the cinema.*

The verb *piacere* means *to please, to be pleasing.* Thus the phrase *I like Rome* is rendered in Italian as if it were *Rome is pleasing to me* and so on.

The present tense of *piacere* is irregular:

piaccio	piacciamo
piaci	piacete
piace	pia**c**ciono

In the perfect *piacere* is conjugated with *essere*:

Non mi sono piaciuti quei film.   *I didn't like those films.*
Quei film non mi sono piaciuti.

4 Disjunctive Pronouns

a)   So far we have been concerned with the conjunctive object pronouns, used as objects of a verb and placed in front of it (*Giovanni mi vede, io gli scrivo*, etc.).

Italian has another set of pronoun objects called disjunctive pronouns. They are called disjunctive because they always stand alone and are never attached to the verb. Their forms are:

me — *me*	noi — *us*
te — *you*	voi — *you*
lui — *him*	loro — *them*
lei — *her*	essi, esse — *them*
esso, essa — *him, her, it*	

Of the 3rd person forms, *lui, lei* and *loro* are normally used of people; *esso, essa, essi* are used of things (but may be used of people also).

b)   These disjunctive pronouns are used in the following cases:

i) For emphasis or contrast:

Perché guardi sempre me? — *Why are you always looking at me?*
Desidera vedere te non lui. — *He wants to see you not him.*

N.B.   English indicates emphasis by stressing the pronoun in speech. Italian does so by using the disjunctive rather than the conjunctive form:

Ti cercavo. — *I was looking for you.*
Cercavo te. — *I was looking for you.*

ii) When a verb has more than one object:

Ha visto te e lui. — *He has seen you and him.*

Hanno scritto a me e a Giovanni. — *They have written to me and to John.*

iii) After prepositions:

Desidera parlare con me? — *Does he want to speak with me?*
L'ho fatto per lui. — *I did it for him.*
Sono venuti con noi. — *They came with us.*

N.B. The indirect object is normally expressed by the conjunctive forms (I write to him — *io gli scrivo*); if the disjunctive form is used this gives more emphasis to the pronoun:

Gli parlo. — *I am speaking to him.*
Parlo a lui. — *I am speaking to him.*

iv) After *come* (as, like):

Non lavora come te. — *He doesn't work like you.*

5   Prepositions with Disjunctive Pronouns

There are some common prepositions which require to be followed by *di* when they precede a disjunctive pronoun:

contro — *against*	sopra — *on, above, over*
dentro — *in, inside*	sotto — *under(neath), below*
dietro — *behind*	dopo — *after*
Stava contro il muro.	Parlava contro di voi.
He was standing against the wall.	*He was speaking against you.*

With some other prepositions the *di* is optional:

senza — *without*; tra, fra — *among, between*; verso — *towards*.
È andato via senza (di) loro. — *He went away without them.*

6   Forms of Grande and Santo

a) The adjective *grande* (big, large, great) can shorten to *gran* before a noun beginning with a consonant, singular or plural (except an impure *s* or *z*):

Una gran montagna: due gran cani: un gran muro.

Before a noun beginning with a vowel, singular or plural, the form *grand'* may be used:

un grand'albero: un grand'aiuto.

However the full forms *grande, grandi* are also quite correct and must always be used, in any case, when the adjective follows the noun:

una montagna grande: un albero grande.

b) The adjective *Santo*, when used in the sense of *Saint* before proper names, has these forms:

Masculine
Before a consonant — San Pietro
Before impure *s* or *z* — Santo Stefano
Before a vowel — Sant'Antonio

Feminine
Before a consonant — Santa Caterina
Before a vowel — Sant'Anna.

Study these Sentences

1   Abbiamo comprato un nuovo televisore; è piccolo, da diciassette pollici soltanto, ma a noi piace perché riceve tutti i canali.

2   'Da quanti giorni sei qui a Firenze?' 'Da due giorni soltanto ma ho già visto molte cose belle e interessanti. Ho portato con me un'amica e anche a lei Firenze piace molto. Ho una gran voglia di stare qua per un mese almeno.'

3   'Vedi quella casa dalle imposte verdi? In quella casa abita una vecchia signora che ha una macchina da cucire. Vado sempre da lei quando ho bisogno di un vestito nuovo'.

4   Gli ho detto che quel modo di fare non mi piaceva, ma lui non mi ascoltava; ho deciso di non insistere perché è impossibile ragionare con una persona come lui.

5   Sotto di noi vedevamo tutto il golfo di Napoli con le isole di Ischia e di Capri. Per noi è stata un'esperienza unica volare sopra Napoli in aereo.

6   Il comandante era un uomo molto coraggioso, dallo sguardo penetrante. Camminava davanti ai soldati che non dormivano da ventiquattro ore.

Vocabulary

l'aereo — *aeroplane*
biondo —*fair*
camminare — *to walk*
il canale — *channel*
i capelli — *hair*
il comandante — *commander*
contro — *against*
*cucire — *to sew*
dentro — *inside*
dietro — *behind*
dopo — *after*
l'esperienza — *experience*
il gioco — *game*
il golfo — *gulf, bay*
imposta — *shutter*
*insistere — *to insist*
l'isola — *island*
il macellaio — *butcher*

la macchina — *machine, car*
il muro — *wall*
Napoli — *Naples*
piacere — *to please*
penetrante — *penetrating*
il pollice — *inch*
ragionare — *to reason*
ricevere — *to receive*
lo sguardo — *look, glance*
il soldato — *soldier*
sopra — *above, on, over*
sotto — *under(neath), below*
la tazza — *cup*
unico — *unique, only*
verso — *towards*
il vestito — *dress*
volare — *to fly*

la macchina da scrivere — *typewriter*
la macchina da cucire — *sewing machine*

* *cucire* has an irregular present tense:
cucio, cuci, cuce, cuciamo, cucite, cuciono.
insistere has an irregular past participle:
ho insistito.

Exercises

1 Oral exercise:

a) Make up sentences using the words given, as in this example:

Noi ascoltare la radio — due ore. *Noi ascoltiamo la radio da due ore.*

Lui venire qui ogni giorno — tre settimane.

Io essere in Australia — cinque anni.

Loro studiare l'italiano — due mesi.

Noi non vedere Maria — molto tempo.

I ragazzi essere qui — tre quarti d'ora.

Io non andare da lui — mesi.

b) Insert the appropriate form of *piacere* in the following phrases, first in the present and then in the perfect, as in this example:

Il film ... a Giovanni.   *Il film piace a Giovanni.*

Il film è piaciuto a Giovanni.

Questo lavoro non ... a me.

Questo libro ... a Maria.

Questi libri ... a Maria.

Quella casa non ... a loro.

Quelle case non ... a loro.

Perché non ti ... quella ragazza?

Perché non ti ... quelle ragazze?

c) Translate into Italian: use conjunctive pronouns:

I don't like this book.

He doesn't like this book.

We don't like this book.

We don't like these books.

We didn't like these books.

We didn't like these houses.

We didn't like this house.

I don't like Mary.

Mary doesn't like me.

He doesn't like John.

John doesn't like him.

We don't like that woman.

That woman doesn't like us.

d) Substitute disjunctive pronouns for conjunctives, e.g.

Io ti parlo — *Io parlo a te.*

Noi gli scriviamo.

Noi le scriviamo.

Quando lo vedete?

Quando la vedete?

Quando li vedete?

Chi ci ha scritto?

Chi vi ha scritto?

Non le ho mandato la lettera.

Non lo vedo da mesi.
Chi ti ha detto quella cosa?
Non le vediamo da settimane.

2   Translate into Italian:

a)   at his place: a wine glass: a ten pound[1] note: the girl with the green
dress: the lady with the beautiful hands: a glass of wine: a kitchen
table: a sewing machine: the boy with the black hair: at John's place:
at the grocer's[2].

[1] pound — *la sterlina.*
[2] grocer — *il droghiere.*

b)   a large book: St. Joseph: St. Mary: two big birds: Saint Peter: Saint
George: a great problem: a great pianist: Saint Anthony.

3   Replace the words in parentheses by disjunctive pronouns:

Aiuti sempre (*Carlo*); perché non aiuti anche (*Gina*)? Perché non vai
al cinema con (*gli amici*)? C'era una lunga coda vicino (*allo sportello*)
e in quella coda Giovanni era dopo (*Maria*). I turisti stavano sotto (*gli
alberi*). Franco è partito senza (*Giovanni*). (*Mi*) piacciono i romanzi
gialli. Vi ho visti ieri: eravate in centro con (*Maria e Giovanni*). Ho
portato un regalo per (*papà*). Hanno detto molte cose contro
(*Giuseppe*).

4   Translate into Italian:

They have been waiting for him here for almost an hour. I had decided
to give a ticket to Mary, because I knew that she liked the play. We used
to go to their place often: they would invite us every Sunday. He likes
going to that restaurant because the food[1] is good, and they have a
wonderful table wine. Mrs Bianchi, I have heard that you have been to
Naples; did Mr Bianchi and the children go with you? He was a handsome
boy with blue[2] eyes and fair hair. Why don't you walk behind me? With
him or without him, I am leaving tomorrow. We have nothing against her.

[1] food — *il mangiare.*
[2] blue — *azzurro.*

L'insonnia e i sogni

Da qualche tempo dormo soltanto due o tre ore la notte. È un bel guaio
per me, ma non so come rimediare. Non mi piacciono i vari sonniferi
perché, anche se[1] dormo, mi danno un atroce mal di testa. Per me l'unico
compenso è quello dei sogni. Quando uno dorme male sogna molto,
almeno così capita a me. E spesso questi sogni sono interessanti e
divertenti. Per esempio stanotte ho fatto un sogno molto curioso. Ero in
campagna; dietro di me c'era un muro molto alto e sopra il muro c'era
un soldato che faceva da[2] sentinella[3]. Io sapevo che, dall'altra parte[4] del
muro, c'erano molti animali feroci e affamati, ma sapevo anche che io ero
fuori di ogni pericolo. Avevo, cioè, la sensazione di un gran benessere.
Camminavo per la campagna, guardavo gli alberi e i fiori, ero senza

pensieri, assolutamente in pace. Ad un certo momento ho visto una bella ragazza dai capelli biondi che veniva verso di me. Era vestita da princi-pessa. La ragazza mi parlava in una lingua strana che riuscivo però a capire. Lei mi spiegava che mi avevano invitato a una festa nel palazzo del re. Siccome le feste mi piacciono e mi piaceva anche la ragazza, ho deciso di andare con lei. Infatti andavamo insieme verso il palazzo quando, ad un tratto[5], ho capito che non camminavo più … invece volavo. Vedevo sotto di me la ragazza che mi faceva un segno con la mano e gridava qualche cosa, ma tra lei e me c'era già troppa distanza e non sentivo le parole. La sensazione del volo era molto piacevole ma, nello stesso tempo, non mi piaceva l'idea di perdere la ragazza. Perciò, cercavo di cambiare direzione. Ma c'era una forza misteriosa che mi tirava sempre più in alto[6] verso una gran luce nel cielo. Volavo e volavo, la luce diventava sempre più brillante e faceva sempre più caldo. Avevo paura, cominciavo a gridare e poi, come al solito, trovavo che ero già sveglio. Il sole entrava per la finestra e mi batteva sulla faccia[7].

[1] *anche se* — even if.
[2] *fare da* — to act as.
[3] *la sentinella* — sentry. (There are a few words, *la guida* (guide) is another example, that end in -*a* and are feminine, although they often refer to a masculine person.)
[4] *dall'altra parte* — on the other side.
[5] *ad un tratto* — suddenly.
[6] *in alto* — upwards.
[7] *mi batteva sulla faccia* — was beating on my face (note the Italian construction).

Lesson 15

1 The Partitive Article

a) One of the Italian forms corresponding to English *some* or *any* is the partitive article, i.e. *di* with the definite article:

del pane — *some bread*	della carta — *some paper*
dei libri — *some books*	delle mele — *some apples*

Broadly speaking, Italian (unlike French) uses the partitive article when *some* or *any* would be expressed in English:

Ho comprato del pane. — *I have bought some bread.*
Ho mangiato delle mele. — *I have eaten some apples.*

BUT Ho comprato pane e formaggio. — *I have bought bread and cheese.*

b) When a sentence is negative (e.g. *I haven't any book(s), I have no book(s))*, the partitive it not usually used. There are two possible constructions:

i) *Nessuno* (inflected like the indefinite article) with the noun always in the singular:

Non ho nessun libro. —	*I haven't any book(s).*
	I have no book(s).
Non c'è nessuna penna qui. —	*There is no pen here.*
	There are no pens here.
	There isn't any pen here.
	There aren't any pens here.

(*Alcuno* is an alternative to *nessuno*, but less common.)

ii) The plural with no article:

Non ho libri. —	*I have no books.*
	I haven't any books.
Non ci sono penne qui. —	*There are no pens here.*
	There aren't any pens here.

N.B. With uncountable words (i.e. words not normally used in the plural) *nessuno* cannot be used:

Non ho denaro. — *I haven't any money.*
Non c'è zucchero. — *There isn't any sugar.*

2 Other Words Corresponding to SOME

a) *Alcuni, -e* is used in the plural; it corresponds to *some* in the sense of 'a certain number', i.e. it is more definite than the partitive article:

Alcuni ragazzi, ma non molti, hanno portato un amico.
Some boys, but not many, brought a friend.

In the sentence above one could not use *dei ragazzi* — the sense is too definite.

Alcuni is commonly used in conjunction with *altri*, in the sense of *some ... others*:

> Alcune signore sono venute, ma altre sono andate via.
> *Some ladies came, but others went away.*

N.B. Remember that *alcuno* (singular) has a negative sense.

b)   *Qualche* corresponds to *some* in the sense of 'a few', 'just a few'. It is also used in the sense of 'some ... or other'.

Qualche is invariable and the noun is always in the singular:

> C'era qualche ragazzo che non aveva capito.
> *There were some (a few) boys who had not understood.*
> Qualche signora è arrivata in ritardo.
> *Some (a few) ladies arrived late.*
> L'ho lasciato in qualche cassetto.
> *I have left it in some drawer (or other).*

c)   *Un po' di (un poco di)* corresponds to *some* in the sense of 'a little', 'a bit of'. It is used particularly with uncountable words (with which *qualche* cannot be used):

> Ho comprato un po' di caffè. — *I bought a little coffee.*
> C'è soltanto un po' di zucchero. — *There is only a bit of sugar.*

3   Ci and Vi

a)   We are already familiar with *ci* in the expressions *c'è, ci sono*, etc. (there is, there are). There is also an alternative form *vi*. There is no difference in meaning between *ci* and *vi*, but *ci* is the form normally used in spoken Italian.

Ci (vi) is used like a conjunctive pronoun. It can correspond to *there* when *there* refers to a place already mentioned:

> Roma mi piace molto e ci vado ogni anno.
> *I like Rome very much and I go there every year.*
> Entra nella stanza e vi rimane per due ore.
> *He enters the room and stays there for two hours.*

b)   *Ci (vi)* is also used to stand for a pronoun preceded by the preposition *a* (i.e. usually *to it, to them* in English), but it may only be used referring to things, not to people:

> Ecco il documento: adesso ci aggiungo anche la firma.
> *Here is the document: now I add my signature to it also.*

4   Ne

a)   *Ne* is also used like a pronoun. It can correspond to *from there* (i.e. a place already mentioned):

> È stato a Milano e ne arriva oggi.
> *He has been in Milan and he is arriving from there today.*

b)   *Ne* is also used to stand for a pronoun preceded by *di* (i.e. usually *of him, of her, of it, of them* in English). It can be used both of persons and things:

> Ecco Giovanni: ne parlavamo ieri.
> *Here is John: we were speaking of him yesterday.*

Leggevo i libri e poi ne parlavamo.
I used to read the books and then we used to talk of them.

Ne is used in Italian with numerals and expressions of quantity when, in English, the corresponding words are often not expressed:

Gli ho offerto le mele e ne ha prese due.
I offered him the apples and he took two (of them).

c)   Since, as we have seen, *ne* can stand for *di* + pronoun, it acts as the pronoun equivalent of the partitive article, i.e. corresponds to *some* or *any*:

Ho del pane.	Ne ho.
I have some bread.	*I have some.*
Ho dei fiori.	Ne ho.
I have some flowers.	*I have some.*
Avete dei libri?	Ne avete?
Have you any books?	*Have you any?*

d)   When *ne (some, any)* is used in a partitive sense like a direct object, the following past participle agrees with it (this rule is not invariably followed):

Lui ha ricevuto due regali ma io non ne ho ricevuti.
He has received two presents but I haven't received any.

And also when a number or 'quantity word' follows:

Ha preso le mele e ne ha mangiate due.
He took the apples and ate two of them.
Mi piacciono quelle caramelle ma ne ho già mangiate troppe.
I like those sweets but I have already eaten too many of them.

But no agreement is made when *ne* is not used partitively:

Abbiamo letto i libri e poi ne abbiamo parlato.
We read the books and then we talked about them.

5   Ci (Vi) and Ne in Combination with Conjunctive Pronouns

a)   *Ci (vi)* follows 1st and 2nd person conjunctive pronouns:

Ha dato un ricevimento e mi ci ha invitato.
He gave a reception and invited me to it.

But it precedes 3rd person pronouns, becoming *ce (ve)*:

Dice che era in chiesa ieri ma io non ce l'ho visto.
He says that he was in church yesterday but I didn't see him there.

b)   *Ne* follows all conjunctive pronouns (including *ci (vi)*) and changes the form of the preceding pronoun:

Giovanni me ne parla sempre.
John is always talking to me about it.
Maria me ne ha dati tre.
Mary gave me three of them.
Cerco delle mele ma non ce ne sono.
I am looking for some apples but there aren't any (of them).

It joins, like the 3rd person pronouns, with *gli*:

Io gliene parlo sempre.
I am always talking to him about it.
Ho portato le rose e gliene ho date tre.
I brought the roses and I gave her three (of them).

Study these Sentences

1   Qualche volta, quando vedo alcuni dei ragazzi di quella famiglia così povera, mi viene la voglia di comprare per loro dei giocattoli.

2   Siamo venuti a Roma per qualche giorno soltanto, ma la città ci è tanto piaciuta che adesso ci rimaniamo per un mese.

3   Avevo offerto loro tutti quei libri, ma ne hanno accettati soltanto due perché non hanno tempo di leggere.

4   'Ha delle matite, per favore?' 'No, mi dispiace, non ne ho, non ce ne sono qui. Forse ne hanno nell'altro ufficio.'

5   'Se il direttore ha rifiutato la richiesta ieri, perché tu non gliene parli un'altra volta? I direttori hanno sempre dei giorni quando sono un po' di cattivo umore.'

6   'So che tu desideri andare in Italia, ma se la mamma non ti ci manda con un po' di denaro, non c'è niente da fare.'

7   'Signora, ha un po' di zucchero, per piacere?' 'Sì, c'è dello zucchero, ne sono sicura. L'ho messo in qualche barattolo. Ah, ecco, è qui, vicino a questa bottiglia di latte.'

8   È pieno di buone intenzioni ma finora non ha dato nessuna prova della intelligenza necessaria per eseguire un lavoro così difficile.

Vocabulary

accettare — *to accept*
*aggiungere — *to add*
il barattolo — *jar*
la bottiglia — *bottle*
la caramella — *sweet*
la carta — *paper*
il cassetto — *drawer*
cattivo — *bad*
la chiesa — *church*
il direttore — *director, manager*
il documento — *document*
eseguire — *to carry out*
finora — *until now*
la firma — *signature*
il formaggio — *cheese*
il giocattolo — *toy*
l'intelligenza — *intelligence*
l'intenzione (f.) — *intention*

il latte — *milk*
la matita — *pencil*
la mela — *apple*
necessario — *necessary*
il pane — *bread*
la penna — *pen*
il regalo — *gift, present*
ricevere — *to receive*
la richiesta — *request*
il ricevimento — *reception*
rifiutare — *to refuse*
*rimanere — *to remain, stay*
la rosa — *rose*
la stanza — *room*
l'ufficio — *office*
l'umore (m.) — *humour, mood*
lo zucchero — *sugar*

mi viene la voglia — *I get the desire, the urge*
di cattivo (buon) umore — *in a bad (good) mood, temper*

non c'è niente da fare — *there's nothing to be done, it's no use*
per piacere, per favore — *please*

* aggiungere — *irregular past participle* — ho aggiunto.
rimanere — *irregular past participle* — sono rimasto;
present tense —
rimango, rimani, rimane, rimaniamo, rimanete, rimangono.

Exercises

1   Oral exercise:
a)   Substitute the partitive article for the definite article, e.g.:
Ho le rose. — *Ho delle rose.*
Perché non hai portato i libri?
Noi abbiamo i barattoli.
Gli ho dato le penne.
Ho già mandato il denaro.
Hanno mangiato il formaggio.
Gli ho portato la carta.
Abbiamo accettato le caramelle.

b)   Turn these sentences into the negative, giving both forms where
both forms can be used, e.g.:
Ho portato delle rose. —
Non ho portato rose. Non ho portato nessuna rosa.
Ho mangiato delle caramelle.
Gli abbiamo dato del denaro.
C'era del latte.
C'erano delle penne.
Hanno ricevuto dei regali.
Avevano dei giocattoli.

c)   Substitute the partitive article by *alcuni, -e* and *qualche*, e.g.:
Ho dei documenti. — *Ho alcuni documenti. Ho qualche
documento.*
Aveva delle rose.
Ci sono delle chiese.
Ho portato dei barattoli.
Avete delle bottiglie?
C'erano delle richieste.
Avevo delle matite.

d)   Answer these questions, in the affirmative or negative as indicated,
using *ne* and making the past participle agree if necessary, e.g.:
Hai portato dei libri? -- *Sì, ne ho portati.*
Hai del pane? No ...
Hai portato delle rose? Sì ...
Hai portato delle caramelle? No ...
Hai mangiato del pane? No ...
Hai letto dei libri? Sì ...
Hai ricevuto dei regali? Sì ...
C'è dello zucchero? Sì ...

C'è del pane? No ...
Ci sono dei libri? Sì ...
Ci sono delle caramelle? No ...

2   Translate into Italian:

I have ... some bread; some friends; no pencil; some toys; no bottles; a
few requests; a little cheese; a certain number of apples; no jars; a few
friends; some wine; no car; some books; no time; no money.

3   Replace the words in parentheses by conjunctive pronouns, *ci* or *ne*,
changing the past participle if necessary:

Giovanni compra (*delle sigarette*) alla tabaccheria[1]. Giovanni compra
delle sigarette (*alla tabaccheria*). Giovanni compra (*delle sigarette*)
(*alla tabaccheria*). Sono andato (*a Milano*) due mesi fa. Non ho più
(*pane*). Perché non parli (*di questa cosa*) a Maria? Perché non parli
(*di questa cosa*) (*a Maria*)? Avevo dodici mele, ma ho dato tre (*di esse*)
alla bambina. Cosa pensa (*di questo vestito*)? Mi ha dato (*delle mele*).
Ci ha scritto (*di quei problemi*). Non hanno ancora parlato (*a me*) del
direttore. Non hanno ancora parlato (*a me*) (*del direttore*). Abbiamo
portato (*dei fiori*) (*alla signora*). Perché non hai invitato Carlo (*a
casa*)? Perché non hai invitato (*Carlo*) (*a casa*)? La mamma ha mandato
(*la bambina*) (*a scuola*).

4   Translate to Italian:

I had four tickets for the play, but I gave two of them to George. She liked
Naples so much that she stayed there for two months. When they had
some problem, they used to talk about it to him. This year a friend gave
him some books for Christmas[2]: he is very proud[3] of them. He was not
telling me the truth, I am certain of it. Some children like the television,
others prefer the cinema. I had a lot of flowers in the garden and, a few
days ago, I sent her some. I was afraid to (*di*) ask the manager for a new
pencil[4] because I knew that he was in a bad mood.

[1] *la tabaccheria* — the tobacconist's
[2] *il Natale* — Christmas
[3] *orgoglioso* — proud
[4] *domandare (chiedere, una cosa a una persona* — to ask a person for
a thing.

Est, Est, Est

Quando un'osteria di Roma ha del vino di Montefiascone l'oste mette sulla
porta un cartello con le parole latine, 'Est, Est, Est', che in italiano
possiamo tradurre: 'Ce n'è, ce n'è, ce n'è.'
Ci sono varie versioni dell'origine di questa usanza. Noi ne raccontiamo
una.
Un gentiluomo tedesco, alla fine del Cinquecento[1], fa un viaggio in Italia.
A questo signore piace molto il buon vino, e manda avanti il servitore con
l'ordine di visitare tutte le osterie di ogni città e di scrivere con il gesso
sulla porta la parola 'Est' quando ne trova una buona[2]. Così il padrone,
quando vi arriva il giorno dopo, sa subito se ci sono delle osterie degne
di una visita.

A Montefiascone il fedele servitore trova del vino che gli pare eccellente.
Ne è così incantato che scrive la parola non una ma tre volte. La mattina
dopo arriva il padrone. Legge 'Est, Est, Est' sulla porta dell'osteria, vi
entra subito e chiede del vino. Questo vino è veramente squisito. Il
tedesco ne beve[3] tanto e poi tanto che durante la notte muore. Il servitore lo aspetta invano a Roma. Torna a Montefiascone e vi trova il
padrone, ma già sepolto[4] in una chiesa. Allora il servitore gli fa una lapide
con la seguente iscrizione:

Est est est
Propter nimium est
Hic Johannes
Dominus meus
Mortuus est.

Questo significa: 'Per il troppo 'est' il mio[5] padrone Giovanni è morto qui.
Alcuni dicono che questo tedesco era un vescovo: altri raccontano la
storia in un modo diverso. Rimane il fatto che il vino di Montefiascone
è veramente eccellente. Quelli che ne bevono non lo dimenticano mai,
specialmente quelli che ne bevono troppo.

[1] *il Cinquecento* — the 16th century (see Lesson 16).
[2] *una buona* — a good one. (Italian does not translate the word *one*
used as a pronoun in conjunction with an adjective, e.g. *Gli ho dato
quello rosso.* — I gave him that red one).
[3] *bere* — to drink. Present tense: *bevo, bevi, beve, beviamo, bevete,
bevono.*
[4] *sepolto* — irregular past participle of *seppellire* — to bury.
[5] *il mio* — my (see Lesson 19).

Lesson 16

1 Ordinal Numbers

a) The ordinals from 1st to 10th have special forms:

1st	primo	6th	sesto
2nd	secondo	7th	settimo
3rd	terzo	8th	ottavo
4th	quarto	9th	nono
5th	quinto	10th	decimo

b) Above 10th the ordinal is formed by adding the ending *-esimo* to the cardinal number. The final vowel of the cardinal is dropped except in the case of *tre*:

11th	undicesimo
12th	dodicesimo
18th	diciottesimo
20th	ventesimo
21st	ventunesimo
22nd	ventiduesimo
23rd	ventitreesimo
100th	centesimo
412th	quattrocentododicesimo
1,000th	millesimo

c) An alternative way of forming the ordinals above 10th is to separate the two parts of the number, thus:

11th	decimo primo	21st	ventesimo primo
12th	decimo secondo	27th	ventesimo settimo

This form is commonly used for centuries:

> The 18th century — Il secolo decimo ottavo.

Another form, commonly used for centuries from the 13th to the 20th, is:

> The 13th century — il Duecento.
> The 16th century — il Cinquecento.
> The 20th century — il Novecento.

d) Ordinals are declined like ordinary adjectives:

> la seconda donna, la decima parte

When they are written as numbers a small *o* (or *a* if the noun is feminine) follows the number:

> The 20th chapter — Il 20° capitolo

e) As in English ordinals are used for fractions:

> $\frac{2}{3}$ — due terzi; $\frac{5}{8}$ — cinque ottavi.

N.B. $\frac{1}{2}$ — la metà.

f) With numbers of kings, etc., the article is omitted before the ordinal:

> Henry VIII — Henry the Eighth
> Enrico VIII — Enrico ottavo.

2 Usages of DI

The basic meaning of *di* is *of*. Here are some other usages:

a) to indicate the material of which something is made:

> Una calza di nailon — a nylon stocking
> Un cancello di ferro — an iron gate

b) to indicate an author, composer, etc.:

> Un libro di Moravia — a book by Moravia
> Una sinfonia di Beethoven — a Beethoven symphony

c) corresponds to *with* after some verbs and adjectives:

> Ha riempito il fiasco di vino — He filled the flask with wine
> Sono contento di questo lavoro — I am happy with this work
> Che cosa ha fatto di quel libro? — What have you done with that book?

d) is used after *niente (nulla)* and *qualcosa* before an adjective:

> Mangio qualcosa di buono — I eat something good
> Non c'è niente di interessante — There is nothing interesting

e) indicates possession and thus translates the English possessive forms in -'s and -s':

> Il libro del ragazzo — the boy's book
> Le calze delle ragazze — the girls' stockings.

3 Usages of A

The basic meaning of *a* is *to, at*. Some other usages are:

a) to indicate type or pattern:

> La stoffa a quadrettini — the check material
> Un armadio a specchio — a wardrobe with a mirror

b) to indicate how something works:

> Una macchina a vapore — a steam engine
> Una barca a vela — a sailing boat

c) corresponds to *on* when *on* means *attached to*:

> Un cane al guinzaglio — a dog on the lead
> Un quadro alla parete — a picture on the wall

d) corresponds to *from* when *from* indicates deprivation:

> L'ho preso a Giovanni — I took it from John
> L'hanno rubato al re — They stole it from the king.

N.B. But *from* is translated by *da* when it indicates place:

> L'ho preso dal cassetto — I took it from the drawer.

Study these Sentences

1   Abitano in una casa a sei piani; loro stanno al quinto piano ma, per fortuna, c'è l'ascensore e non hanno bisogno di fare sempre le scale.

2   La signorina era molto elegante. Portava un bel cappellino verde e il barboncino che teneva al guinzaglio aveva anche lui un collare verde.

3   Oggigiorno le signore portano sempre calze di nailon e le calze di seta sono diventate molto rare.

4   Ho degli amici che hanno un motoscafo e mi piace molto andare con loro ma, per dire proprio la verità, preferisco una barca a remi. È più divertente.

5   Adesso hanno comprato un'automobile a quattro posti e a sei cilindri, perché con i due bambini la piccola automobile che avevano prima non bastava più.

6   L'ho preso a lui perché l'ultima volta che l'ho visto mi ha detto che non ne aveva più bisogno.

Vocabulary

l'armadio — *wardrobe, cupboard*
l'ascensore (m.) — *lift*
il barboncino — *poodle (small)*
la barca — *boat*
la calza — *stocking*
il cancello — *gate*
il capitolo — *chapter*
il cappellino — *hat (lady's)*
il cilindro — *cylinder*
il collare — *collar (dog's)*
il ferro — *iron*
il fiasco — *straw-covered bottle*
guidare — *to drive*
il guinzaglio — *lead*
la macchina — *machine, engine, car*
la metà — *half*
il motoscafo — *motor boat*
il nailon — *nylon*
oggigiorno — *nowadays*
l'opera — *opera (work)*
   fare le scale — *to climb the stairs*

il paio — *pair*[1]
la parete — *wall (internal)*
il piano — *floor, storey*
prima — *before*
il quadrettino — *check, little square*
raro — *rare*
il re — *king*[2]
il remo — *oar*
riempire — *to fill*
rubare — *to rob, steal*
la scala — *staircase (plu. stairs)*
il secolo — *century*
la seta — *silk*
la sinfonia — *symphony*
lo specchio — *mirror*
la stoffa — *material (cloth)*
ultimo — *last*
il vapore — *steam*
la vela — *sail*

[1] *il paio* — irregular plu. — *le paia.*
[2] *il re* — plural — *i re.* Monosyllables are invariable in the plural.

Exercises

1   Give first the cardinal form and then the ordinal of these numbers:
   3, 23, 73, 7, 17, 47, 4, 44, 94, 8, 18, 108, 2, 12, 32, 9, 69, 99, 5, 75, 125, 1, 21, 11, 10, 6, 36, 156.

2   $\frac{3}{8}, \frac{1}{4}, \frac{7}{10}, \frac{1}{2}, \frac{3}{4}, \frac{4}{7}.$

3   Give the two forms for:

the 19th century, the 14th, the 17th, the 20th, the 16th.

4   Translate into Italian:

A rowing boat; a novel by Pratolini; an opera by Verdi; a two-seater car; a two-storey house; some silk material; an iron bed.

Like a mother; the girl with the green hat; a five-hundred lira note; I've been working here for two months; at Mary's uncle's home.

The children like the motor boat; he doesn't like this; do you (*polite sing.*) like that car?; he likes you (*polite sing.*); don't you (*familiar plu.*) like this dog?; he doesn't like those animals; they used to like the boat.

5   Substitute conjunctive pronouns for the words in parentheses:

Ha detto (*a Carlo*) di venire presto. Portava (*dei libri*) (*a Maria*) ogni settimana. Siamo andati (*a Roma*) per qualche giorno. Hanno scritto (*a me e a Carlo*) molte (*lettere*). Elena ha veduto (*te e Maria*) (*al cinema*) ieri. I film gialli piacciono molto (*a Pino e a Franco*). Ho detto (*ai ragazzi*) (*di leggere quei libri*). Hanno portato (*i bambini*) (*al cinema*). Carlo ha raccontato (*questa storia*) (*al bambino*).

6   Change from the familiar to the polite form:

Carlo, ti ho visto ieri in centro. Non vi ha ancora scritto? Maria, perché Giovanni non ti ha aiutata? Ecco il libro; te lo mando domani. Abbiamo molti fiori: ve ne diamo un mazzo. Non ti ci mando più.

Una lettera

Pensione Bonfigli,
Via Cavour, 23,
Alassio
(Savona)
9 agosto 1988

Gentile signora Binetti,

scrivo questa lettera perché Nicola mi ha parlato così spesso di Lei e di tutte le gentilezze che Lei ha avuto[1] per lui in questi ultimi mesi. Per un giovane[2] come Nicola, che lascia la propria casa e va per la prima volta in una città nuova, la vita presenta spesso delle difficoltà. Soprattutto gli manca la famiglia[3], gli manca l'affetto delle persone care. Ma ho capito che in Lei Nicola ha avuto la fortuna di trovare un'altra persona che gli è diventata cara come la mamma, appunto perché Lei lo ha sempre trattato come un figlio. Con Lei ha trovato quella pace e serenità che sono così necessarie allo studente. Se quest'anno ha avuto la promozione[4] in tutte le materie all'università, lo attribuisce in gran parte a Lei. Se mi permette di scherzare un momento, dice che Lei è superiore a tutti i professori dell'università, ne è convinto.

Come Le dice l'intestazione di questa lettera, noi siamo adesso in vacanza al mare. Nicola ha trovato un amico che ha un motoscafo e fanno tante gite meravigliose. Io sto sdraiata sulla spiaggia e non faccio niente tutto il giorno. È un'esistenza beata dopo quell'incessante lavoro della vita normale.

Nicola La ricordo sempre ed io La ringrazio di cuore[5] e La saluto tanto.

Alessandra Venturi

[1] *avere una gentilezza* — to show a kindness
[2] *giovane* — note the use of an adjective for a noun (cp. *un ricco* — a rich man, etc.)
[3] *mancare* — to lack; *gli manca la famiglia* — he misses his family
[4] *avere la promozione* — to pass (examinations)
[5] *ringraziare di cuore* — to thank from the heart, sincerely.

Notes on Letter Writing

1   The first word of a letter does not have a capital.

2   Note the use of capitals for the polite form.

3   Italians put the house number after the name of the street.

4   The word *Savona* indicates the province (*provincia*). It is not really necessary on the heading but should go on the envelope.

5   Italian has various words corresponding to 'Dear'. The commonest are: *Egregio*, used in more formal letters to a man; *Gentile*, the corresponding form for a lady. For more intimate letters *Caro, -a* is used.

6   There are many different ways of ending a letter. The following are simple and will meet most cases:

Con distinti saluti — *Yours faithfully*
Con cordiali saluti — *Yours sincerely*
Con affettuosi saluti — *With love.*

Lesson 17

1 Modal Verbs

a) Here are three very important irregular verbs:

potere	volere	dovere
posso	voglio	devo (debbo)
puoi	vuoi	devi
può	vuole	deve
possiamo	vogliamo	dobbiamo
potete	volete	dovete
possono	vogliono	devono (debbono)

They are regular in the imperfect and the perfect:

potevo, volevo, dovevo, etc.
ho potuto, ho voluto, ho dovuto, etc.

They may be translated in various ways in English. Their basic meanings are:

potere — *ability, capacity*
volere — *wish, desire*
dovere — *obligation*

Study the sentences below.

b) *Potere*

Posso finire il lavoro oggi.
I can (am able to) finish the work today.

Non posso finire il lavoro oggi.
I cannot (am not able to) finish the work today.

Posso entrare?
May (can) I come in?

Potevo vedere che Giovanni non stava bene.
I could (was able to) see that John was not well.

Ho potuto finire tutto il lavoro.
I have been able to (was able to, managed to) finish all the work.

c) *Volere*

Voglio vedere la nuova casa.
I want (wish) to see the new house.

Noi andiamo al cinema ma Maria non vuole.
We are going to the cinema but Mary doesn't want to (will not).

Vuoi scrivere il nome qui?
Will you write the name here?

Noi leggevamo il giornale ma Giorgio non voleva.
We were reading the paper but George didn't want to.

Noi siamo andati al cinema ma Roberto non ha voluto.
We went to the cinema but Robert would not.

d) *Dovere*

Devo finire il lavoro oggi.
I must (have to) finish the work today.

Doveva andare a scuola ogni giorno.
He had to (used to have to) go to school every day.

La mamma mi diceva sempre che non dovevo fare quello.
Mother always told me that I must not (was not to) do that.

Ho dovuto rispondere subito alla lettera.
I had to (have had to) reply to the letter at once.

N.B.   *dovere* also means *to owe* — Mi deve 100 lire.
He owes me 100 lire.

e)   Note the following points:

i)   All three verbs take no preposition before a following infinitive —
voglio andare, devo lavorare, posso finire.

ii)   Remember that the imperfect describes a state of affairs while the perfect indicates a definite action:

> Volevo leggere — *I was wanting to read* (i.e. the state of affairs in my mind).

> Ho voluto leggere — *I made up my mind to read, I insisted on reading* (i.e. an action in the mind).

2   Plural of Masculine Nouns and Adjectives

a)   *Nouns and adjectives ending in* **-io**

i)   When the stress falls on the 'i' of the ending the plural is in *-ii*:

> lo z**i**o — gli z**i**i
> il frusc**i**o — i frusc**i**i.

ii)   When the stress does not fall on the 'i' the plural is in *-i*:

> il neg**o**zio — i neg**o**zi
> v**e**cchio — v**e**cchi.

N.B.   Italian writers do not invariably observe this last rule. Plurals in *-ii*, *-ij*, *-j*, *-i* will sometimes be found.

b)   *Nouns and adjectives ending in* **-co**

i)   When the stress falls on the second last syllable the plural is in *-chi*:

> il ted**e**sco — i ted**e**schi
> st**a**nco — st**a**nchi.

Exceptions are:

> l'am**i**co — gli am**i**ci
> il nem**i**co — i nem**i**ci
> il gr**e**co — i gr**e**ci
> il p**o**rco — i p**o**rci.

ii)   When the stress falls earlier in the word the plural is in *-ci*.

> il mecc**a**nico — i mecc**a**nici
> magn**i**fico — magn**i**fici.

N.B. To this last group belong many words corresponding to English words ending in *-ic* or *-ical* — **pra**tico, cri**t**ico, etc.

c) *Nouns and adjectives ending in* **-go**.

The plural is normally in *-ghi*:

l'albergo — gli alberghi
lungo — lunghi.

There are no very common words among the few exceptions.

3 Auxiliaries with Modal Verbs

When a modal verb in the perfect tense precedes a verb that takes *essere* as its auxiliary, then the perfect of the modal verb may be formed with *essere* although the use of *avere* is also quite correct:

> *I was not able to go to the cinema.*
> Io non *sono* potuto andare al cinema.

OR Io non *ho* potuto andare al cinema.

When *essere* is used the past participle must agree with the subject:

> *We had to go out.*
> Noi *siamo dovuti* uscire.

OR Noi *abbiamo dovuto* uscire.

Study these Sentences

1   È un vecchio amico, lo so, e non voglio rompere con lui, ma come posso fare finta di non sapere che dice sempre le bugie?

2   Ti dicono che in quei negozi puoi trovare ogni cosa immaginabile, ma io volevo delle calze di nailon e non hanno nemmeno potuto trovare un paio della misura giusta per me. È una vergogna!

3   Generalmente a me i tedeschi non piacciono, ma su quella nave c'erano tanti tedeschi simpatici che ho dovuto cambiare idea.

4   'Allora, signor Rossi, quanto le devo?' 'Lei mi deve dare ancora duemila lire, ma se me ne dà mille adesso, possiamo aspettare un'altra settimana.'

5   'Posso andar via ora?' 'Sì, puoi andare quando vuoi. Sei pratico della città adesso? Devi ricordare che la strada passa davanti a quei grandi alberghi.'

6   Maria è potuta andare alla conferenza ma non è riuscita a capire molto perché non stava bene; ha dovuto lasciare la sala prima della fine e andare a casa.

Vocabulary

l'arte (f.) — *art*
la bug**i**a — *lie*
cambiare (**c**ambio) — *to change*
la conferenza — *public lecture*
il greco — *Greek*
l'id**e**a — *idea*
immagin**a**bile — *imaginable*
la misura — *measure, size*

il neg**o**zio — *shop*
il nemico — *enemy*
il porco — *pig*
cri**t**ico — *critical, critic*
davanti a — *in front of, before (place)*
giusto — *right, just*
pra**t**ico — *practical, familiar*

prima di — *before (time)*
riuscire — *to succeed, manage*
rompere — *to break*
fare finta — *to pretend*
cambiare idea — *to change one's mind*
essere pratico di — *to be familiar with.*

la sala — *hall, large room*
simpatico — *likeable*
la vergogna — *shame, disgrace*

Exercises

1 Oral exercise:

a) Subject variation: type sentences:

non posso dire una bugia
devo partire subito
voglio vedere se tutto è pronto
volevo venire ma non ho potuto
sono dovuto tornare a casa
sapevo che non dovevo dire quelle cose
possono venire se vogliono
perché non potevi capire?, etc.

b) Change singular into plural and vice-versa:

quel signore è molto ricco
quel negozio è molto vecchio
lo zio non è stanco
noi non siamo pratici
i greci sono sempre simpatici
quel meccanico non è simpatico
il tedesco e il greco sono amici
quell'albergo è magnifico
il tabaccaio non è molto vecchio
il ristorante è buio, etc.

2 Re-write in the plural:

L'amico greco di Giovanni è molto pratico della città. L'albergo era veramente sporco. Lo zio di Carlo è molto ricco. D'estate il giorno è più lungo della (*than the*) notte. Il meccanico ha riparato il guasto al telefono. È un gioco vecchio e molto semplice. Quello è un magnifico esempio. Questo formaggio tedesco è veramente buono. Il signore che tu trovi simpatico è un famoso critico d'arte.

3 Substitute the correct form of the present tense for the infinitive in parentheses, then translate the sentence into English:

Giovanni non (*volere*) studiare l'inglese. Maria non (*potere*) finire il compito. Noi (*dovere*) andare in centro, ma non (*potere*) rimanere lontano da casa più di (*than*) due ore. Tu non (*volere*) mangiare da me. Loro (*potere*) camminare, ma io (*dovere*) prendere il tram. I bambini (*volere*) dei libri come regalo di Natale.

4 Repeat Exercise 3, using first the imperfect and then the perfect of the verbs in parentheses.

5 Translate into Italian:

I was unable to finish the exercises* last night, because I had to help (*the*) mother. He wanted to watch television but she wanted to see a film, so he had to go with her to the cinema. We really must go on a cruise next year; we wanted to go two years ago, but we weren't able to. If you can't (*riuscire a*) understand this lesson, you must do all the exercises again. But how can I do the exercises again, if I don't understand the grammar†? Those two hotels were very old, but very pleasant. May he come with us if he wants to?

* exercise — *l'esercizio*; † grammar — *la grammatica*.

Chichibio e la gru
Adattato dal Boccaccio

Currado Gianfigliazzi va fuori un giorno a caccia con un falcone e ammazza una gru. La trova grassa e giovane e la manda al cuoco, che deve cucinare la gru per la cena. Il nome del cuoco è Chichibio.
Chichibio prepara l'uccello e lo mette ad arrostire, ma arriva in cucina una contadina che Chichibio ama molto. La ragazza sente il buon odore della gru e ne vuole avere almeno la coscia. Il cuoco dice che lui non può, che lui non deve, ma la ragazza insiste e dice:
'Se tu non mi vuoi dare questa coscia, non ti amo più.'
Alla fine Chichibio, che non vuole perdere l'amore della ragazza, prende la coscia e gliela dà. Così il cuoco deve portare la gru in tavola senza una delle gambe. Il signor Currado domanda al cuoco perché manca una gamba e Chichibio gli risponde subito:
'Signore, le gru hanno una gamba soltanto.'
Currado, arrabbiato, protesta che questo non può essere vero e dice:
'Tu mi racconti delle storie. Domani andiamo insieme ai laghi e così vediamo se hai ragione o no.'
La mattina dopo partono insieme a cavallo[1] e Chichibio ha molta paura. Ma, a un certo momento, vedono non meno di dodici gru che dormono, come fanno le gru, sopra una gamba sola.
'Adesso ti voglio mostrare se hanno una gamba o no,' dice Currado, e comincia a gridare forte: 'Oh! Oh!' Tutte le gru mettono giù l'altra gamba, fanno alcuni passi, e volano via. Currado dice:
'E che cosa te ne pare adesso, stupido?'
Chichibio, con la prontezza di spirito che viene dalla paura, gli risponde:
'Signore, lei ha ragione, ma lei non ha gridato "Oh! Oh!" alla gru di ieri sera.'
La risposta piace a Currado e ne ride molto.

[1] *il cavallo* — horse; *a cavallo* — on horse-back.

Lesson 18

1 Plural of Feminine Nouns and Adjectives

a) Nouns and adjectives ending in **-cia** and **-gia**

i) When the 'i' of the ending is stressed, the plural is formed in *-cie*, *-gie*:

la farmac**i**a — le farmac**i**e
la bug**i**a — le bug**i**e.

ii) When the 'i' is not stressed the plural is in *-ce*, *-ge*:

la fa**cci**a — le fa**cc**e
la val**i**gia — le val**i**ge.

N.B. However some nouns in class ii (1) when the *-cia* or *-gia* ending is preceded by a vowel, often have the plural written as *-cie*, *-gie* (*camicia — camicie*). Italian spelling tends to be uncertain with these words.

b) Nouns and adjectives ending in **-ca** and **-ga**
The plural is formed in *-che*, *-ghe*:

l'ami**c**a — le ami**ch**e
lun**g**a — lun**gh**e.

2 The Passato Remoto

This past tense is also called the Past Definite or the Past Absolute:

portare	credere	finire
port**ai**	cred**ei**	fin**ii**
port**asti**	cred**esti**	fin**isti**
port**ò**	cred**é**	fin**ì**
port**ammo**	cred**emmo**	fin**immo**
port**aste**	cred**este**	fin**iste**
port**arono**	cred**erono**	fin**irono**

3 Use of the Passato Remoto

Like the perfect, the *passato remoto* is used to indicate a completed action in the past. In practice it may be said that the *passato remoto* is used in written narration, whereas the perfect is the tense used in conversation or in writing letters, which is written conversation.

The distinction given above between the two tenses is based on the usage of most Northern Italians. Grammarians and Italians from the centre (particularly Tuscany) make a finer distinction. The perfect is the tense used for actions which, although completed, are thought of as still connected with the present moment in their effects or their emotional connotations, whereas the *passato remoto* is used for actions seen as completely past, without any connection with the present.

Thus, in answer to a query as to when you had been in Italy, you would use the *passato remoto* to state merely the plain fact:

Andai in Italia due anni fa

but you would use the perfect if the memory was still present and exciting:

Sono andato in Italia due anni fa e ho fatto un magnifico viaggio

thus implying that the memory of the enjoyment of the trip is still present in the mind.

This is a distinction of some subtlety. If one follows the more simple rule given above one may, occasionally, not follow the best usage, but one will hardly make mistakes or use the tenses in a way quite unacceptable.

Both the perfect and the *passato remoto* contrast with the imperfect which is used for an uncompleted action.

Study the distinction between the imperfect and the *passato remoto* in the following passages which we imagine to be taken from some story.

Giorgio *andava* a vedere lo zio, ed *era* una magnifica giornata. Gli uccelli *cantavano* e *faceva* molto caldo. A un certo momento Giorgio *sentì* una voce che *chiamava*: 'Aiuto, aiuto! *Cominciò* a correre e *trovò* un uomo ferito sulla strada.

It will be observed that the imperfects describe the state of affairs whereas the *passato remoto's* indicate actions which carry the story forward.

If Giorgio had been telling the story himself in conversation he would most likely have used the perfect instead of the *passato remoto*:

'L'altra mattina andavo a vedere lo zio, ed era una magnifica giornata. Gli uccelli cantavano e faceva molto caldo. A un certo momento *ho sentito* una voce che chiamava: 'Aiuto, aiuto!' *Ho cominciato* a correre e *ho trovato* un uomo ferito sulla strada.'

4   Forms of Buono

Buono varies its form before nouns in the singular in a way similar to the indefinite article:

buon ragazzo, buon amico, buono scolaro.
buoni ragazzi, amici, scolari.
buona ragazza, buon'amica.
buone ragazze, amiche.

N.B.   When *buono* does not precede the noun it has the ordinary forms: il ragazzo è buono.

Una favola

C'era una volta una povera donna che andò nel bosco a prendere legna per il fuoco. Mentre tornava a casa, trovò, dietro una siepe, un gatto ammalato che gemeva e che piangeva. La donna aveva buon cuore, e, piena di compassione, portò il gatto a casa.

Per la strada incontrò due bambini che domandarono: 'Che cosa hai nel grembiule? O, è un gatto! Possiamo giocare con il gatto?'

Ma la donna voleva proteggere l'animale ammalato e non lo lasciò ai bambini. Quando arrivò a casa, preparò un letto per il gatto su un mucchio di vestiti logori e portò un po' di latte. Il gatto finì il latte e dormì fino alla mattina dopo. Poi sparì, e non tornò più in quella casa. Qualche tempo dopo questo fatto, la donna andò di nuovo nel bosco per prendere un po' di legna e, mentre tornava a casa, trovò allo stesso posto, invece del gatto, una bella ragazza, molto elegante, che la chiamò per nome. La bella ragazza gettò cinque ferri da calza nel grembiule della donna e poi sparì.

La donna non sapeva che cosa pensare: e quella sera lasciò i ferri da calza sul tavolo e andò a dormire. La mattina dopo trovò sul tavolo un bel paio di calze già pronte. Molto meravigliata la donna, la sera seguente, lasciò di nuovo i ferri sul tavolo ed ecco, il giorno dopo, trovò un altro paio di calze.

Allora capì che quei ferri magici erano il premio della compassione per il gatto. Con l'aiuto di essi, vestì tutta la famiglia e poi cominciò a vendere le calze e diventò molto ricca.

Vocabulary

ammalato, malato — *ill, sick*	lasciare — *to leave*
il bosco — *wood*	la legna — *firewood*
la bugia — *lie*	logoro — *worn*
la calza — *stocking*	magico — *magic*
la camicia — *shirt*	mentre — *while*
la compassione — *pity*	meravigliato — *surprised*
domandare — *to ask*	il mucchio — *heap, pile*
dopo — *after*	il nome — *name*
elegante — *elegant*	piangere — *to cry*
la faccia — *face*	il premio — *prize, reward*
la farmacia — *chemist's*	preparare — *to prepare*
il fatto — *happening, fact*	proteggere — *to protect*
la favola — *fairy story, fable*	ricco — *rich*
ferire — *to wound*	seguente —*following*
il ferro — *iron*	la siepe — *hedge*
fino a — *until (prep.)*	il tavolo — *table*
gemere — *to groan, whine*	vestire (vesto) — *to dress, clothe*
il grembiule — *apron*	il vestito — *suit, dress*
incontrare — *to meet*	
invece di — *instead of*	

il ferro da calza — *knitting needle*
i vestiti — *clothes*

Exercises

1   Answer in Italian:

Dove andò la donna a prendere la legna?
Che cosa faceva il gatto ammalato quando la donna lo trovò?
Che cosa volevano fare i bambini?
Che cosa preparò la donna per il gatto?
Fino a quando dormì il gatto?
Che cosa trovò la donna la seconda volta che andò nel bosco?
Che cosa trovò sul tavolo la mattina dopo?
Come l'aiutarono i ferri magici?

2   Oral exercise:

a)   Subject variation: type sentences:
andai nel bosco
tornai a casa
non credei a ciò
finii il latte
dormii fino alla mattina
trovai il gatto
non diventai ricco, etc.

b)   Change singular into plural and vice-versa: type sentences:
portasti il gatto a casa
andammo a dormire
entrò in quel negozio
dove trovarono le calze?
la donna diventò ricca
la ragazza lasciò la valigia
mentre tornavo a casa, trovai un gatto, etc.

3   Insert the correct form of the *passato remoto*:
Io (*arrivare*) alla stazione in ritardo. Lei non (*credere*) a quello che Giovanni (*raccontare*). Loro (*sentire*) una voce che chiamava. Noi (*cominciare*) a cantare. Voi non (*capire*) quella lezione. Tu (*dormire*) fino alle dieci. Il padre (*portare*) la legna a casa. I ragazzi (*domandare*) se potevano andare al cinema. Tu (*lasciare*) le calze sul tavolo. Io (*andare*) a letto tardi.

4   Change singular into plural and vice-versa:
Accompagnai l'amica di Giovanni al cinema. La donna gettò i ferri sul tavolo. Portasti la valigia alla stazione. Quella strada è molto lunga. Quella ragazza era molto simpatica. Quel ragazzo era molto simpatico.

5   Substitute the correct tense of the verb (imperfect, perfect or *passato remoto*) for the infinitive in parentheses. Imagine this to be an extract from a novel:
Quella sera (*fare*) molto freddo, e Giovanni (*volere*) passare la serata in casa. Però alle sette e mezzo (*arrivare*) Antonio che (*volere*) andare al cinema. 'In quale cinema vuoi andare?' (*domandare*) Giovanni. '(*Essere*) al Fulgor mercoledì con la mamma, e (*vedere*) già il film che danno all'Odeon. Perché non vuoi stare qui a guardare la televisione?' Ma l'amico (*avere*) già un appuntamento per andare al cinema. Mentre (*spiegare*) questo a Giovanni, la mamma (*andare*) in cucina e (*cominciare*) a preparare il caffè.

6   Insert the correct form of *buono*:
_____ giorno! _____ sera! Maria è una _____ amica. Giuseppe e Giovanni sono _____ amici. Il piano è un _____ strumento. Franco è un _____ ragazzo. _____ notte! L'Atlantide è una _____ nave. Quella donna è molto _____ . Questo caffè è molto _____ .

7   Translate into Italian:
I slept until late this morning and then I went to visit a friend, but he was not at home and I did not know what to do. We always used to go

to the mountains every year, but this year we went on a cruise. We wanted to find a good hotel but they were all full and so we slept in the waiting room at the station. They finished the exercises and then went to bed. John always used to disappear when he didn't want to work, but yesterday he didn't disappear because he knew that we were going to the cinema.

Lesson 19

1 Possessives

my	il mio	la mia	i miei	le mie
your	il tuo	la tua	i tuoi	le tue
his *her*	il suo	la sua	i suoi	le sue
our	il nostro	la nostra	i nostri	le nostre
your	il vostro	la vostra	i vostri	le vostre
their	il loro	la loro	i loro	le loro

2 Observations on the Possessives

a) They agree with the noun like ordinary adjectives.

b) They require the definite article:

> Il mio cane. — *My dog.*
> La nostra amica. — *Our girl friend*
> (For exceptions to this see para. 3)

c) Note particularly the forms *miei, tuoi, suoi.*

d) *Loro* is invariable:

> Il loro cane. — *Their dog.*
> I loro cani. — *Their dogs.*
> La loro casa. — *Their house.*
> Le loro case. — *Their houses.*

e) *Suo*, etc., means both *his* and *hers* (and also *its*). The context almost always removes any ambiguity:

> Maria ha portato il suo cane — *her dog.*
> Franco ha portato il suo cane — *his dog.*

f) The possessives are also used as pronouns corresponding to English: *mine, yours, his, hers, ours, theirs.*

> Questo è il mio libro e quello è il tuo.
> *This is my book and that one is yours.*

> Questi sono i nostri amici e quelli sono i vostri.
> *These are our friends and those are yours.*

> Questa è la nostra casa e quella è la loro.
> *This is our house and that one is theirs.*

> Queste sono le tue amiche e quelle sono le sue.
> *These are your friends and those are hers.*

3 Omission of Article with Possessives

The definite article is omitted before possessive pronouns and adjectives in the following cases:

a)   Before nouns of close relationship, i.e.,

   madre, padre; figlio, figlia;

   marito, moglie; fratello, sorella.

   Mio padre, tua sorella, suo figlio, etc.

With other relationship words usage varies — *mio cugino* (cousin) or
il mio cugino, etc. The words *mamma* and *babbo* normally require the
article, except when used in direct address. *Papà* is commonly used
without the article.

But the nouns given above do *not* omit the article when —

i)   They are in the plural:

   i miei fratelli, le sue figlie.

ii)   They are modified by an adjective:

   il mio caro padre, la sua giovane moglie.

iii)   They have a suffix:

   il mio fratellino.

iv)   The possessive is *loro*:

   il loro padre, la loro sorella.

b)   The article is also omitted before possessives used as pronouns after
the verb *essere* when asking or answering the question (directly stated
or implied) *whose*?

Di chi è questo libro?	È mio.
Whose book is this?	*It's mine.*
Sono tue queste calze?	Sì, sono mie.
Are these stockings yours?	*Yes, they are mine.*

c)   The article is omitted in some adverbial phrases when the possessive
follows the noun, and in direct address:

   A casa mia — *at my house*

   In camera sua — *in his bedroom*

   Amico mio, perché non sei venuto prima? — *My friend, why
   didn't you come before?*

Note also this type of phrase:

   Con mia meraviglia — *to my surprise.*

4   Of Mine, etc.

A friend of mine. — Un mio amico.

Two friends of mine. — Due miei amici.

That friend of his. — Quel suo amico.

Those friends of hers. — Quelle sue amiche.

5   Polite Form Possessives

The 3rd person principle extends also to the polite form possessives:

   Signor Bianchi, vuole portare il *Suo* amico domani per piacere?
   Mr B., will you bring your friend tomorrow, please?

   Signora Bianchi, Le ho portato il *Suo* libro.
   Mrs B., I have brought you your book.

Signori, Li ringrazio della *Loro* presenza qui stasera.
Gentlemen, I thank you for your presence here this evening.

Study these Sentences

1   Mia sorella arriva sempre in ritardo. Ieri doveva fare una gita con i suoi amici, ma hanno dovuto partire senza di lei perché non è mai puntuale. A scuola la professoressa la sgridava sempre per questo suo difetto.

2   Maria ha lasciato i suoi guanti nella biblioteca. Quando lei è là pensa soltanto ai suoi studi.

3   Se hai dimenticato il tuo impermeabile puoi prendere il mio, perché piove forte.

4   Signora, perché non porta anche suo marito domani sera, se è libero? Abbiamo preparato una piccola cena e invitiamo alcuni amici che anche lei e suo marito conoscono.

5   'Signora Bianchi, è suo questo libro?' 'Sì, grazie tante, è mio; lo cercavo dappertutto. L'avevo smarrito ieri insieme con la mia nuova borsetta.'

Vocabulary

l'anello — *ring*
il babbo — *father, dad*
la biblioteca — *library*
la cena — *supper, evening meal*
dappertutto — *everywhere*
il difetto — *defect, fault*
la figlia — *daughter*
forte — *hard, strong*
la gita — *trip*
il guanto — *glove*
l'impermeabile (m.) — *raincoat*

insieme con — *together with*
libero — *free*
pensare — *to think*
piovere — *to rain*
prezioso — *precious*
la professoressa — *school mistress*
puntuale — *punctual*
sgridare — *to scold*
smarrire — *to mislay*
il sogno — *dream*

Exercises

1   Oral exercise:

Possessives: substitution:

a)   non ho portato il mio libro
non hai portato ____ libro
non ha portato ____ libro
non abbiamo portato ____ libri
non avete portato ____ libri
non hanno portato ____ libri
non hai portato ____ libro
non abbiamo portato ____ libri
non ho portato ____ libro
non avete portato ____ libri
non ha portato ____ libro, etc.

b)   Subject variation and possessive substitution:
io non ho portato il mio libro

tu	.... libro
lui	.... libro
lei	.... libro
noi	.... libri
voi	.... libri
loro	.... libri
io e Maria	.... libri
tu e Giovanni	.... libri
le ragazze	.... libri, etc.

Other type sentences to be used as in a) and b) above:

sono venuto con mia figlia
ho portato anche il mio amico
ho portato anche un mio amico
trovai il mio anello
lasciai il mio impermeabile a casa, etc.

2   Translate the English words in parentheses:

a)   Non ho portato (*my*) libro. (*Our*) amici non sono venuti. Hanno lasciato (*their*) guanti. Maria viene con (*her*) macchina. Giovanni e (*his*) amici vanno al cinema, ma Maria e (*her*) amiche restano a casa. Ho portato via (*my*) libri, ma Giuseppe ha lasciato qui (*his*). Posso prendere (*your*) borsetta, mamma, se non trovo (*mine*). (*My*) guanti sono rossi — di che colore sono (*yours, 2nd sing.*)?

b)   (*My*) fratello e (*my*) sorella non vanno più a scuola. (*Their*) figlio arriva domani. (*His*) figli sono in Italia. È stata qui (*my*) figlia? Perché (*his*) madre non viene mai a casa nostra? (*Your, 2nd plu.*) sorelle hanno finito (*their*) compiti. (*My*) caro fratello mi scriveva ogni giorno.

c)   Siccome faceva cattivo tempo e non riusciva a trovare (*his*) impermeabile, Carlo ha preso (*yours, 2nd sing.*). Ragazzi, perché non avete voluto uscire con (*your*) padre? (*My*) moglie ha invitato alcuni amici (*of hers*) a cena domani sera. (*Their*) nuova casa è molto bella e molto grande. Uno zio (*of mine*) mi ha regalato tutti (*his*) libri, e (*his*) moglie, (*our*) zia, ha regalato un anello prezioso (*of hers*) a (*my*) sorella.

3   Change to the polite form:

Dove hai lasciato la tua borsetta? Perché non è venuto anche vostro fratello? Perché vuoi raccontare i tuoi sogni agli altri? Se i tuoi bambini hanno bisogno di un po' di aria fresca di montagna, perché tu e tua moglie non avete accettato l'invito dei vostri amici a passare le vacanze d'estate a Cortina? Posso venire con te nella tua macchina? Vostra zia mi ha raccontato che voi siete andati a Roma qualche settimana fa.

4   Translate into Italian:

Since it was raining hard and she didn't have her raincoat, I lent her yours, Joan. Cortina is a lovely place: my brother and his friends have gone there for their holidays. Mrs B., can you and your husband come to dinner at our place next Sunday? Some of his students always arrive late at the lesson; some even forget* sometimes to do their exercises. Children, you must not disturb your father when he's talking with his friends. Mr B., your proposal* is very interesting; what do your colleagues* think about it? I have found these books on my desk: are they yours (2nd sing.) or his?

* to forget — *dimenticare (una cosa* or *di fare una cosa)*
  proposal — *la proposta*
  colleague — *il (la) collega.*

Una scena di vita domestica

Anna: Mamma, dove hai messo i miei guanti? Li avevo lasciati qui nell'armadio ma adesso ci sono soltanto quelli di Giacomo, e non posso mettere i suoi, sono troppo grandi. E poi, non riesco a trovare nemmeno il mio impermeabile e piove forte. Posso prendere il tuo, se non trovo il mio?

La mamma: O Anna, mi dispiace.. Sai che cosa ho fatto? Stamattina ho dato il tuo impermeabile a Maria. Le hanno detto che doveva essere a scuola per le nove precise: la professoressa l'ha sgridata ieri perché arrivava sempre in ritardo.

Anna: Va bene, so benissimo che Maria ha il difetto di arrivare a scuola sempre in ritardo. Ma non capisco perché le hai dato il mio impermeabile: non poteva prendere il suo?

La mamma: Oh, santo cielo, che confusione! Adesso ti spiego. Maria non poteva prendere il suo impermeabile perché è ancora tutto bagnato dopo quella pioggia di ieri. E siccome pioveva di nuovo stamattina le ho dato il tuo. Tu eri ancora a letto e non sapevo che volevi uscire. Però, se vuoi, ti do il mio, e puoi prendere i miei guanti e anche la mia borsetta — la borsetta e i guanti sono verdi — li ho comprati perché stavano bene con il mio impermeabile. Ma dov'è che devi andare?

Anna: Vado a fare una gita in macchina con i Roberti[1]. Ho detto loro che ero libera oggi, e mi hanno invitata. Volevano invitare anche Giacomo, ma quando lui ha saputo di questa gita mi ha spiegato che aveva bisogno di andare a studiare in biblioteca tutto il giorno. Sai com'è Giacomo: quando comincia a pensare ai suoi studi, non c'è niente da fare. E così vado io sola.

La mamma: Ma vuoi andare con questa pioggia? Perché non telefoni prima ai Roberti? Forse hanno già deciso di rimandare la gita a un altro giorno.

Anna: No mamma, abbiamo già pensato alla possibilità della pioggia. Anche se piove, andiamo lo stesso, perché i Roberti conoscono un ristorante dove possiamo mangiare veramente bene.

La mamma: Capisco, in quel caso vale la pena andare, anche con questo brutto tempo. E adesso devi correre, se non vuoi essere in ritardo.

[1] Surnames are invariable in the plural:

      The Roberti's — *I Roberti*
      The De Marchi's — *I De Marchi*

N.B.   The Bìanchi sisters — *Le sorelle Bianchi.*

Lesson 20

1 Irregular *Passato Remoto*

a) Most verbs in -*ere* and a good number in -*ire* have irregular forms in the *passato remoto*. The conjugation of such verbs follows a pattern. Here are two examples (note the stress):

vedere	venire
vidi	**ven**ni
ved**es**ti	ve**ni**sti
vide	**ven**ne
ved**em**mo	ve**nim**mo
ved**es**te	ve**nis**te
videro	**ven**nero

The 1st person singular must be learnt. Once this is known the conjugation follows a set pattern, i.e.:

i) 1st singular, 3rd singular and 3rd plural have the irregular stem with the endings -*i*, -*e*, -*ero*.

ii) The other three parts of the verb are formed regularly (see lesson 18).

b) "Longer infinitive" verbs follow the pattern, but the conjugation is based on the "longer infinitive":

fare (*facere*)	dire (*dicere*)
feci	dissi
facesti	dicesti
fece	disse
facemmo	dicemmo
faceste	diceste
fecero	dissero

c) *Essere* does not conform to the pattern but *avere* does:

essere	avere
fui	ebbi
fosti	avesti
fu	ebbe
fummo	avemmo
foste	aveste
furono	ebbero

d) Apart from *essere* the only two verbs which depart from this pattern are *dare* and *stare*:

dare	stare
diedi (detti)	stetti
desti	stesti

diede (dette)	stette
demmo	stemmo
deste	steste
diedero (dettero)	stettero

N.B. *andare* is regular.

e)   Here are the 1st person singular forms of some of the more common irregular verbs already met with. As the past participle is often irregular this is also given and from now on irregular verbs in the vocabularies will be indicated by an asterisk and the irregular forms given below. For a full treatment see the irregular verb list.

ridere, risi, riso
prendere, presi, preso
chiudere, chiusi, chiuso
offendere, offesi, offeso
decidere, decisi, deciso

rispondere, risposi, risposto
piangere, piansi, pianto
convincere, convinsi, convinto
rimanere, rimasi, rimasto

scrivere, scrissi, scritto
proteggere, protessi, protetto
dire, dissi, detto
discutere, discussi, discusso

tenere, tenni, tenuto
venire, venni, venuto
piovere, piovve (*3rd person only used*), piovuto
volere, volli, voluto

conoscere, conobbi, conosciuto
sapere, seppi, saputo

fare, feci, fatto

mettere, misi, messo

vedere, vidi, visto (veduto)

rompere, ruppi, rotto

f)   Most verbs in -*ere* which have regular forms in the *passato remoto* also have an alternative irregular form in -*etti*:

credere

credei (credetti)	credemmo
credesti	credeste
credè (credette)	crederono (credettero)

2   Past Anterior

It will be recalled that the Italian pluperfect is equivalent to the English tense, 'I had believed, spoken', etc. (see lesson 13).

But this same English tense must sometimes be translated by a different tense in Italian, the past anterior, which is formed by the *passato remoto* of *avere* or *essere* with the past participle:

parlare	andare
ebbi parlato (*I had spoken, etc.*)	fui andato, -a (*I had gone, etc.*)
avesti parlato	fosti andato, -a
ebbe parlato	fu andato, -a
avemmo parlato	fummo andati, -e
aveste parlato	foste andati, -e
ebbero parlato	furono andati, -e

This tense is used, instead of the pluperfect, in a clause introduced by a conjunction of time (e.g. *quando* (when), *appena* (as soon as), *dopo che* (after)), when the tense of the verb in the main clause is *passato remoto*:

> *When he had finished his work he went home.*
> Quando *ebbe finito* il suo lavoro, andò a casa.
> *After they had gone away, Mary started to cry.*
> Dopo che *furono andati* via, Maria cominciò a piangere.

N.B. The past anterior is only used when the main clause verb is *passato remoto*; if it is not, the pluperfect is used:

> *When the professor had already started the lecture, some students were still looking for a seat.*
> Quando il professore *aveva già cominciato* la lezione, alcuni studenti cercavano ancora un posto.

3   *Fare* Expressing Causation

a) The verb *fare* is used in a causative sense, corresponding to English 'to make someone do something', 'to have someone do something':

> Lo faccio cantare. — *I make him sing.*
> Mi fanno studiare. — *They make me study.*

b) When the infinitive has an object, the object of person becomes indirect. All pronoun objects precede *fare*. Note the word order:

> Feci cantare Giovanni. — *I made John sing.*
> Feci cantare una canzone a Giovanni. — *I made John sing a song.*
> Gli feci cantare una canzone. — *I made him sing a song.*
> Gliela feci cantare. — *I made him sing it.*

c) The Italian equivalent for an expression like 'to have something done' uses an infinitive in the place of the English past participle. Note the word order:

> *They have had a house built in Florence.*
> Hanno fatto costruire una casa a Firenze.

Study these Sentences

1   Il prete decise di partire: perciò prese la roba che aveva lasciato in terra, la mise nella valigia, chiuse la porta e andò a prendere l'autobus.

2   Appena l'ebbi riconosciuto, gli dissi il mio nome, e lui mi rispose in modo molto gentile. Eravamo stati compagni di scuola dieci anni prima.

3   I due ragazzi non videro subito l'uomo che li seguiva, ma dopo che ebbero capito che erano in una situazione pericolosa, corsero per due chilometri e arrivarono a casa sani e salvi.

4   Gli facemmo portare dei panini, perché volevamo fare una gita in macchina e stare fuori tutto il giorno.

5   Ci fecero rimanere in piedi per due ore, perché non c'erano abbastanza sedie: noi, per dire la verità, fummo un po' offesi.

6   Mia sorella mi aiutò a scrivere la lettera ma dopo io gliela feci ricopiare perché avevo fatto molti errori di ortografia.

Vocabulary

abbastanza — *enough*
appena — *as soon as*
cantare — *to sing*
la canzone — *song*
il chilometro — *kilometre*
il compagno — *companion, friend*
costruire — *to build*
dopo che — *after (conjunction)*
gentile — *kind, nice*
la lezione — *lesson*
il modo — *way*
l'ortografia — *spelling*

perciò — *therefore, so*
pericoloso — *dangerous*
il prete — *priest*
*riconoscere — *to recognise*
la roba — *stuff, goods*
ricopiare — *to copy*
salvo — *safe*
sano — *healthy*
la sedia — *chair*
seguire (seguo) — *to follow*
lo studente — *student*
la terra — *ground, land, earth*

* riconoscere — *like* conoscere.

in terra — *on the ground*
prendere l'autobus — *to catch the bus*
in modo gentile — *in a nice way*
compagno di scuola — *school friend*
sano e salvo — *safe and sound*
rimanere in piedi — *to stay standing.*

Exercises

1   Oral exercise:
a)   Subject variation: type sentences:
chiusi la porta
scrissi la lettera
decisi di tornare a casa
lo misi sulla tavola
non dissi la verità
per un momento ebbi paura
rimasi a casa
feci due errori
fui molto triste
vidi i miei amici
venni molto tardi, etc.

b) Change singular into plural and vice-versa: type sentences:
    presi la valigia e corsi fuori della casa
    rimanemmo a guardare la televisione
    perché rompesti quel bicchiere?
    perché non risposero alla domanda?
    pianse quando seppe la verità
    non lo riconobbi subito, etc.

c) Subject variation: type sentences:
    appena ebbi finito, presi la valigia
    dopo che fui arrivato, vidi che non c'era nessuno
    quando ebbi detto tutto, tornai a casa, etc.

d) Substitute pronouns as in this example:
    feci cantare una canzone a Giovanni
    gli feci cantare una canzone
    gliela feci cantare

    feci chiudere la porta a Giovanni
    feci chiudere la porta a Maria
    feci vedere le lettere al mio amico
    feci vedere le lettere ai miei amici
    ha fatto scrivere la lettera a me
    ha fatto scrivere la lettera a lui, etc.

2   Rewrite the following sentences using
a) the *passato remoto*
b) the perfect:

Viene anche mio fratello. Decidono di partire subito. Prende il cappello e corre fuori nella strada. Non voglio vedere quel film. Gli scrivo una lunga lettera. Giovanni chiude la porta e rimane solo con suo padre. La ragazza vede il vestito e le piace subito. È felice di ritrovare tutti i suoi amici. Giovanni mi fa un grande piacere.

3   Translate into Italian:

They make me work all day. They make him work all day. Why didn't you make them come? I made him study the lesson. I made him study it. They have had all their letters sent to Rome.

4   Translate into Italian (using *passato remoto* where appropriate):

She took her shoes and ran to catch the bus. He saw that all his friends had come, so he stayed for another hour. They told me to (*di*) look for the book in the library, but I couldn't find the book that they wanted. He kept the letter in a drawer for two months. I discussed the problem with my wife, but we decided to (*di*) do nothing.

L'osservanza della regola

In certi periodi dell'anno i frati non possono mangiare carne nel loro convento, ma quando sono in viaggio[1] hanno il permesso di mangiare quello che è offerto a loro.
In uno di questi viaggi due frati incontrarono un mercante in un'osteria e il mercante disse che voleva mangiare con loro. L'oste, però, aveva

soltanto un pollo che doveva bastare per tutti e tre i viaggiatori[2]. Il mercante fece portare il pollo in tavola e poi disse ai due frati:
'Se non sbaglio, in questo periodo dell'anno la vostra regola non vi permette di mangiare carne di nessuna qualità.'
I frati dovettero riconoscere che era vero e così il mercante mangiò tutto il pollo, mentre i frati mangiarono un po' di pane e formaggio. Dopo che ebbero finito il pasto, i tre viaggiatori ripresero[3] la loro via: andavano a piedi. Vennero così a un fiume, non molto profondo ma abbastanza largo. I frati erano scalzi e uno di essi offrì di portare il mercante sulle sue spalle. Quando furono in mezzo al fiume il frate ricordò la regola del convento e chiese[4] al mercante:
'Voi mi dovete dire una cosa; avete forse del denaro?'
'Ne ho certamente. Nessun mercante può viaggiare senza denaro,' rispose il mercante.
'In quel caso mi dispiace molto,' disse il frate, 'ma la nostra regola ci vieta di portare denaro con noi.'
E lo buttò nel fiume.
Il mercante riconobbe che la lezione era meritata e dopo ne risero insieme.

[1] *essere in viaggio* — to be on a journey.
[2] Note the construction, cp. *tutti e due i ragazzi* (both boys), *tutti e cinque i cani* (all five dogs), etc.
[3] *riprendere* — to take up again. Most Italian verbs can take the prefix *ri-* to express repetition.
[4] *chiedere, chiesi, chiesto* — to ask.

Lesson 21

1   Reflexive Verbs, Conjugation

a)   A verb is reflexive when the subject is the same as the object (i.e. the action is 'reflected' back on the subject). In English *I wash myself*, *I dress myself* are reflexive verbs.

In Italian such verbs are conjugated with the conjunctive pronouns we have already learnt, except that for the 3rd persons, both singular and plural, *si* is used (*si* is also used for the infinitive, joining on to the end of the infinitive which drops its final *-e*):[1]

lavarsi — *to wash oneself*

mi lavo — *I wash myself*	ci laviamo — *we wash ourselves*
ti lavi — *you wash yourself*	vi lavate — *you wash yourselves*
si lava — *he washes himself*	si lavano — *they wash themselves*
she washes herself	

b)   All reflexive verbs are conjugated with *essere* in the compound tenses:

> *Perfect* — mi sono lavato, -a — *I have washed myself, etc.*
> ti sei lavato, -a
> si è lavato, -a
> ci siamo lavati, -e
> vi siete lavati, -e
> si sono lavati, -e
>
> *Pluperfect* — mi ero lavato, -a — *I had washed myself, etc.*
> *Past Anterior* — mi fui lavato, -a — *I had washed myself, etc.*

2   Reflexive Verbs, Usage

Italian reflexive verbs can be divided into various groups:

a)   Verbs which exist only in a reflexive form, even though the meaning is not obviously reflexive, e.g.

> accorgersi di — *to realise, notice*
> pentirsi di — *to repent*
> vergognarsi di — *to be ashamed.*

b)   Verbs which may be used reflexively or non-reflexively. In English we often omit the reflexive object with verbs of this type (*I wash every morning* means *I wash myself every morning*). In Italian the reflexive object must never be omitted when the sense is reflexive. Study the following examples:

> fermare: Fermo il tram.
> *I stop the tram.*

[1] The other reflexive pronouns also join with the infinitive: Io devo vestirmi — *I must dress (myself).*

fermarsi:	Mi fermo quando entro nella stanza.
	I stop when I enter the room.
lavare:	Lavo i piatti dopo cena.
	I wash the dishes after supper.
lavarsi:	Mi lavo ogni mattina.
	I wash every morning.
vestire:	La mamma vestiva il bambino.
	The mother was dressing the child.
vestirsi:	La signora si vestiva in fretta.
	The lady was dressing in a hurry.
svegliare:	Lo svegliamo molto presto.
	We wake him very early.
svegliarsi:	Giovanni si sveglia alle sette.
	John wakes at seven.

Sometimes the reflexive form has a special meaning, as with these two common verbs:

alzare:	Alzo la mano.
	I raise my hand.
alzarsi:	Mi alzo molto tardi.
	I get up very late.
chiamare:	Ho chiamato il ragazzo.
	I have called the boy.
chiamarsi:	Il ragazzo si chiama Giovanni.
	The boy is called John.

c)   A few verbs may be used reflexively or non-reflexively with little or no difference of meaning:

ricordare *or* ricordarsi di — *to remember*
dimenticare *or* dimenticarsi di — *to forget*
decidere — *to decide*
decidersi — *to make up one's mind.*

d)   A verb may be used reflexively with an *indirect* reflexive pronoun. Compare:

Direct object: Mi preparo per l'esame.
I prepare (myself) for the exam.
Indirect object: Mi preparo un caffè.
I prepare myself (for myself) a coffee.

This kind of construction is normally used with parts of the body and clothing, etc., where English has a possessive:

Mi lavo le mani. — *I wash my hands.*
Si mette il cappello. — *He puts on his hat.*

3   Reciprocal Use of Reflexive Pronouns

The reflexive pronouns can also have a reciprocal meaning, i.e. corresponding to *each other, one another:*

Noi ci amiamo. — *We love one another.*
Si scrivono ogni giorno. — *They write to each other every day.*

4   Impersonal Use of Si

a)   *Si* is used to form an impersonal expression with verbs. In English we have several ways in which we can render this. For instance, the Italian *Si dice che ...* may correspond to:

One says that ...	You say that ...
They say that ...	People say that ...
We say that ...	It is said that ...

Se si viaggia con il treno, si arriva sempre presto.
If one travels by train, one always arrives early.

Se si vuole capire, si deve studiare molto.
If you wish to understand, you must study a lot.

b)   Reflexive verbs used impersonally take *ci si*:

Se ci si alza presto, si ha tempo per fare tutto.
If one gets up early, one has time to do everything.

c)   An adjective referring to the *si* goes in the plural:

Quando si è giovani, non si è sempre felici.
When one is young, one is not always happy.
Si deve essere cortesi.
One must be polite.

d)   Study these sentences in which the impersonal expression is followed by a noun, functioning as a direct object:[1]

Si dà un bel film al cinema.
They are showing a good film at the cinema.
Si danno due bei film al cinema.
They are showing two good films at the cinema.

When the 'object' is plural the verb is also plural.
This also applies when a modal auxiliary (*potere, volere, dovere*) is used, e.g.

Si devono imparare molte cose.
One has to learn many things.

e)   Compound tenses, as with all reflexive verbs, are conjugated with *essere* and the past participle must agree:

Non si è detta ancora la verità.
The truth has not yet been told.

5   Reflexive Pronouns, Combinations

a)   When the reflexive pronoun is indirect and is used in combination with a direct object pronoun the normal rules apply (see lesson 12):

Mi faccio un caffè — Me lo faccio.
Si mette il vestito — Se lo mette.
Si lavano le mani — Se le lavano.

b)   Only *si*, the 3rd person reflexive, is commonly used as direct object

[1] Although the noun in these examples appears to be an object it is, grammatically, a subject in Italian.

in combination with other pronouns; it does not alter the form of the other pronoun:

Si avvicinò a Giovanni. — Gli si avvicinò.
He approached John. — He approached him.

Although combinations with other reflexive pronouns as direct object will be found, they tend to be avoided:

Mi avvicinai a Giovanni — Mi avvicinai a lui.

c)   When the impersonal *si* construction has a pronoun object, whether direct or indirect, the *si* always follows the other pronoun (except with *ne* — see below) and does not alter its form:

Non si dice una cosa simile. — Non la si dice.
One does not say a thing like that. — One does not say it.

Quando si vedono le rondini, si sa che la primavera è arrivata.
When one sees the swallows, one knows that spring has arrived.

Quando le si vedono ...
When one sees them ...

Se mi si parla così, io non rispondo.
If I am spoken to like that, I do not reply.

d)   In combination with *ne* the impersonal *si* precedes and changes to *se*:

Si parla molto bene di Giovanni. — Se ne parla molto bene.
They speak very well of John. — They speak very well of him.

Study these Sentences

1   Quando si fa una gita in macchina, si debbono sempre portare dei panini. Se, quando si ha fame, non si trova un ristorante, non si muore di fame.

2   Si vendono giornali italiani in quel negozio. Se si legge un giornale italiano si impara più presto la lingua e si capiscono meglio le lezioni.

3   Quando ci si lava la mattina, bisogna lavarsi molto bene, con acqua calda e sapone, perché soltanto così si diventa veramente puliti.

4   'A che ora ti alzi tu?' 'Io mi sveglio alle sette precise; mi alzo subito, mi faccio la barba, mi vesto e mi sento preparato a tutto.'

5   Ci conoscevamo molto bene e ci scrivevamo ogni giorno. Ma adesso è molto tempo che non ci scriviamo più perché lui è andato a vivere in Francia.

6   Mi sono fermato subito quando mi sono accorto che c'era pericolo. Mi sono messo a gridare perché avevo paura.

Vocabulary

*accorgersi — *to realise, notice*
alzare — *to raise, lift*
alzarsi — *to get up*
avvicinare — *to bring near*
avvicinarsi — *to approach*

la barba — *beard*
il cappello — *hat*
cortese — *polite*
dimenticare (dim**e**ntico) — *to forget*

dimenticarsi di — *to forget*
l'esame (m.) — *examination*
fermare — *to stop*
fermarsi — *to stop (oneself)*
il giornale — *newspaper*
la gita — *trip*
imparare — *to learn*
lavare — *to wash*
lavarsi — *to wash (oneself)*
mettersi a — *to start (before an infinitive)*
*morire — *to die*
il pensiero — *thought, worry*
pentirsi (mi pento) — *to repent, be sorry*

la primavera — *spring*
pulito — *clean*
ricordare — *to remember*
ricordarsi di — *to remember*
la rondine — *swallow*
il sapone — *soap*
svegliare — *to wake*
svegliarsi — *to wake (oneself)*
vergognarsi di — *to be ashamed of*
la verità — *the truth*
vestire (vesto) — *to dress*
vestirsi — *to dress (oneself)*
*vivere — *to live*

      fare una gita — *to take a trip*
      farsi la barba — *to shave.*

*accorgersi, mi accorsi, mi sono accorto.
morire, morii (*regular*), sono morto.
Present is irregular: mu**o**io, muori, muore, moriamo, morite, mu**o**iono.
vivere, vissi, ho (*or* sono) vissuto.

Exercises

1   Oral exercise:

a)   Subject variation: type sentences:
    mi pento dell'errore
    mi sveglio molto presto
    mi vergogno della mia paura
    non mi ricordo di lui
    mi sono accorto del pericolo
    mi sono dimenticato di portare il libro, etc.

b)   Change singular into plural and vice-versa: type sentences:
    mi fermai per un momento
    ci siamo alzati alle sei
    si vestono sempre in fretta
    non ci siamo ancora lavati
    si sono messi a cantare, etc.

c)   Change these sentences using impersonal *si* as in the following example (*la gente* = people):
    la gente non legge il giornale
    non si legge il giornale

    la gente non va al cinema
    la gente guarda la televisione
    la gente non legge i giornali
    la gente arriva col primo treno
    la gente deve dire la verità
    la gente non può leggere tutti i giornali

la gente non ha detto la verità
la gente ferma i tram alle fermate
la gente ha fermato i tram alle fermate
la gente non si alza molto presto
la gente non si ricorda di niente.

2   Translate into Italian:

People think; one is never sure; when one wakes up; English is spoken here; one repents too late; one hears many things; one must be kind; it is believed; one may, if one wants (to).

3   Substitute conjunctive pronouns for the words in parentheses:

Non si parla così (*a me*). Non si parla così (*alla signora*). Non si raccontano bugie (*al bambino*). Non si raccontano bugie (*ai bambini*). Il signore sì è avvicinato (*a Giovanni*). Maria sì metteva (*le scarpe*). Si vedono molte (*persone*) in centro.

4   Translate into Italian:

When one is ill, one stays in bed. Has Mary woken up yet? Yes and she has already washed. English, French and Italian are spoken in this shop. If one telephones, one is sure to get (*avere*) a seat. If one meets a friend, one invites him to have a coffee.

5   Rewrite this passage using either the *passato remoto* or the imperfect of the verbs in parentheses as the story requires:

Una sera Carlo, che (*trovarsi*) solo in casa, (*decidere*) di scrivere una lettera al suo amico Franco, che (*abitare*) in un'altra città. (*Prendere*) un foglio di carta e una penna e (*scrivere*) l'indirizzo e la data. Mentre (*cominciare*) a scrivere 'Caro Franco', (*sentire*) un rumore. (*Essere*) molto meravigliato: (*mettere*) giù la penna. Il rumore (*venire*) dalla cucina. Subito Carlo (*aprire*) il cassetto della scrivania e (*prendere*) la rivoltella che egli (*tenere*) sempre pronta, perché ci (*essere*) molti ladri in giro. Ma una voce dalla cucina (*gridare*): 'Carlo, sono io! (*Volere*) fare una sorpresa, ma non (*riuscire*) a trovare la luce.' Carlo (*riconoscere*) subito la voce: (*essere*) quella di Franco. 'Vengo, Franco,' (*dire*) e (*ridere*) della sua paura.

6   Write short sentences in Italian using the following reflexive verbs:

fermarsi, alzarsi, accorgersi, pentirsi, chiamarsi, avvicinarsi.

La visita del medico

Il marito: Ciao, cara! Uh, è stata una lunga giornata, lunga e pesante! Sono così contento di essere a casa. Ma, sai, non mi sento[1] bene: oggi non mi sono sentito bene tutto il giorno.

La moglie: Che cos'hai[2], caro, dove ti senti male?

Il marito: Non so proprio ... un po' dappertutto. Ho un po' di febbre, credo, e si parla tanto sui giornali di quell'influenza asiatica.

La moglie: Se ti senti così, devi andare a letto e io vado a telefonare al dottore.

Il marito: Ma come puoi telefonare? Non ti ricordi che il dottor Girardi si è trasferito a Genova alcuni mesi fa?

La moglie: Sì, lo so, ma c'è quello nuovo[3] — come si chiama? Ah, ho dimenticato il suo nome. Dov'è l'elenco telefonico? Se si sa l'indirizzo dell'ambulatorio, si può anche trovare il nome: basta guardare in quella sezione dove ci sono tutti i nomi secondo le strade dove le persone abitano. Ecco, Via Tebaldi, 46 ... sì, Bigliotti, ora mi ricordo, si chiama proprio dottor Bigliotti e il numero è 34 05 78.[4]

Un'ora dopo

Il dottore: Sì signora, si sa che c'è molta asiatica[5] in giro. Lei ha fatto molto bene a chiamare un medico. Non si può mai essere abbastanza prudenti. Suo marito ha già preso qualche cosa?
La moglie: Gli ho detto di prendere due aspirine.
Il dottore: Molto bene: e adesso, dov'è il paziente?
La moglie: È qui, dottore, nella camera da letto.

Entrano nella camera da letto

Il dottore: Buona sera! Come si sente adesso?
Il marito: Non ho grandi dolori. Un po' di mal di testa[6], un po' di tosse, niente di straordinario. Ma non mi sento bene, ecco!
Il dottore: Spesso si può cominiciare con l'influenza proprio così. Ma prima dobbiamo vedere se ha febbre o no.

Tira fuori il termometro e lo mette sotto l'ascella del marito. Aspetta un po', poi guarda il termometro.

Sì, un po' di febbre c'è. Trentotto gradi.
La moglie: È l'asiatica, dottore?
Il dottore: Non so ancora, signora, ma non credo. Suo marito deve rimanere a letto per il momento e mangiare solo roba molto leggera. Ecco una ricetta per il farmacista. Sono delle compresse: suo marito deve prendere due compresse prima di addormentarsi e altre due domani mattina. E lei, signora, non deve preoccuparsi troppo: si è parlato tanto dell'asiatica, ma finora in questa città non ci sono stati molti casi. Probabilmente suo marito ha soltanto il solito raffreddore. Buona notte! Torno domani.

[1] Note use of reflexive *sentirsi* — to feel ill, well, etc.
[2] *Che cos'hai?* — What's the matter?
[3] *quello nuovo* — that new one; 'the one' is not translated.
[4] Italians usually read telephone numbers in pairs. Thus this number would be read out — *trentaquattro/zero cinque/settantotto.*
[5] i.e. *influenza asiatica.*
[6] *mal di testa* — headache (cp. *mal di gola* (sore throat), *mal di stomaco* (stomach ache), etc.)

Lesson 22

1 Longer Infinitive Verbs

We have already seen that the conjugation of *fare* and *dire* is influenced by a 'longer infinitive' itself no longer used (*facere, dicere*). Thus, the present tense of *dire* is based on *dicere*:

dico	diciamo
dici	dite (**N.B.**)
dice	dicono

There are also a few verbs whose infinitive ends in *-rre* (*-arre, -orre, -urre*) which follow a similar pattern, for example:

condurre (conducere) — to lead

conduco	conduciamo
conduci	conducete
conduce	conducono

For the conjugation of all the tenses of *condurre* and other *-urre* verbs and also of *trarre* (to pull, to draw) and *porre* (to place) together with verbs derived from them see entries 7, 8 and 9 of the Irregular Verb list (pages 212–213).

2 The Future Tense

a)   The English future is a compound tense (*I shall find, you will find, I'll find, etc.*). The Italian future is formed by adding endings to the infinitive minus the final *-e*. However the *-are* verbs change the *a* of the infinitive ending to an *e*.

trovare	credere	finire
trover-ò	creder-ò	finir-ò
trover-ai	creder-ai	finir-ai
trover-à	creder-à	finir-à
trover-emo	creder-emo	finir-emo
trover-ete	creder-ete	finir-ete
trover-anno	creder-anno	finir-anno

Note the accents on 1st and 3rd persons singular. The stress always falls on the endings. These endings were in origin the present tense of *avere*.

b)   The future tense of *essere* is:

sarò	saremo
sarai	sarete
sarà	saranno

c)   Some verbs drop the vowel of the infinitive:

avere: avrò, etc.
andare: andrò etc.

cadere: cadrò, etc.
dovere: dovrò, etc.
morire: morrò, etc. (*or* morirò, etc.)
parere: parrò, etc.
potere: potrò, etc.
sapere: saprò, etc.
vedere: vedrò, etc.
vivere: vivrò, etc.

d)   Some verbs drop the vowel of the infinitive and also change the preceding consonant:

> rimanere: rimarrò, etc.
> tenere: terrò, etc.
> valere: varrò, etc.
> venire: verrò, etc.
> volere: vorrò, etc.

e)   Note these future forms:

> dare: darò, etc.
> fare: farò, etc.

f)   'Longer infinitive' verbs form their future regularly, i.e. by adding the ending to the normal infinitive minus the final -*e*:

> dire: dirò, etc.
> fare: farò, etc.
> condurre: condurrò, etc.
> tradurre: tradurrò, etc.
> porre: porrò, etc.

g)   Spelling modifications, similar to those in the present tense (see lesson 9) take place in the future of some verbs:

i)   Verbs in -*ciare* and -*giare* drop the *i* of the infinitive:

> cominciare: comincerò, etc.
> mangiare: mangerò, etc.

ii)   Verbs in -*care* and -*gare* insert an *h*:

> cercare: cercherò, etc.
> pagare: pagherò, etc.

3   The Future Perfect

This tense corresponds to the English *I shall have found, you will have found, I'll have found*, etc. It is formed by the future of *avere* or *essere* with the past participle:

avrò trovato	sarò andato, -a
avrai trovato	sarai andato, -a
avrà trovato	sarà andato, -a
avremo trovato	saremo andati, -e
avrete trovato	sarete andati, -e
avranno trovato	saranno andati, -e

4   Use of the Future Tenses

Apart from their ordinary use to express a future action or state, corresponding to the English tenses, note also the following:

a)   After conjunctions of time such as *quando* or *appena* the Italian future or future perfect must be used when the sense is future:

> *When he comes I shall be ready.*
> Quando verrà io sarò pronto.
> *As soon as he has finished we shall go home.*
> Appena avrà finito noi andremo a casa.

After *se* the future is commonly used but the present is also correct:

> *If they arrive tomorrow it will be too late.*
> Se arriveranno (arrivano) domani sarà troppo tardi.

b)   The future tenses are much used in Italian to express probability (cp. English "I expect the book *will be* on the table").

> Dov'è Giovanni? Forse sarà a casa.
> *Where is John? Perhaps he is at home.*
> Dove pensi che Maria sarà andata?
> *Where do you think that Mary has gone?*

Thus the Italian future can correspond to various ways of expressing probability in English:

> Sarà a casa — *I expect he's at home.*
> *I suppose he's at home.*
> *He's probably at home.*
> *He'll be at home.*
> *He must be at home.*
> *He may be at home, etc.*

The shade of probability can be indicated by the use of adverbs, e.g. *forse* (perhaps), *certamente* (certainly), *probabilmente* (probably), etc.

c)   Italian has no forms corresponding to the English continuous future (*I shall be coming*, etc.). The ordinary future is used:

> *He will be arriving tomorrow.* — Arriverà domani.

5   Fra (tra) with the Future

The preposition *fra (tra)* — the two forms are alternative — normally means *among, between*. But it is also the preposition that corresponds to English *in* used with the future tense in expressions of time:

> Arriverà fra due ore. — *He will arrive in two hours (time).*
> Avrà finito fra tre settimane. — *He will have finished in three weeks (time).*

6   Present Tense Used in Future Sense

a)   The present is commonly used, particularly in conversation, in a future sense. This corresponds closely to the use of the English continuous present to express the future:

> *I'm coming tomorrow.*
> Vengo domani.
> *He's arriving next week.*
> Arriva la settimana prossima.

In such cases it is, of course, also quite correct to use the future and it is more proper to do so in written Italian.

b) Unlike in English, the Italian present is commonly used in conversation, in a future sense, to express an action that is just about to take place:

> Adesso ti spiego tutto. — *Now I'll explain everything to you.*
> Un momento e vengo con te. — *Just a moment and I'll come with you.*

Study these Sentences

1 Fra una settimana dovrò partire per l'Italia. Non sarà uno scherzo fare tutti i preparativi necessari.

2 Quando avrai ottenuto la dichiarazione dall'ufficio delle tasse, potrai ritirare i biglietti dalla compagnia di navigazione.

3 Dove sarà andata mia moglie? Non lo so. Forse avrà incontrato un'amica e si saranno messe a chiacchierare come fanno le donne. Quando la troverò, lei comincerà a brontolare e a protestare e dirà che è stata colpa mia.

4 'Vorranno lasciare la responsabilità a noi?' 'Soltanto se riusciremo a dimostrare che in queste circostanze noi saremo in grado di trovare la soluzione giusta.'

5 Appena saranno arrivati, bisognerà trovare per loro un buon albergo e poi dopo vedremo se varrà la pena di prenotare i biglietti per il teatro domani sera.

6 Se Giovanni verrà domani, andremo insieme dal professore e gli chiederemo se vorrà spiegare di nuovo tutta questa lezione così difficile.

Vocabulary

brontolare (br**o**ntolo) — *to grumble*
*cad**e**re — *to fall*
chiacchierare (chi**a**cchiero) — *to chatter*
la circostanza — *circumstance*
la colpa — *fault*
la compagnia — *company*
*cond**u**rre — *to lead*
la dichiarazione — *declaration*
dimostrare — *to demonstrate, prove*
giusto — *correct, just*
*imp**o**rre — *to impose*
incontrare — *to meet*
lasciare — *to leave*
la navigazione — *navigation*
*otten**e**re — *to obtain, get*

*parere — *to seem*
la pena — *trouble*
*porre — *to put, place*
prenotare — *to book*
i preparativi — *preparations*
*produrre — *to produce*
*proporre — *to propose*
protestare — *to protest*
la responsabilità — *responsibility*
ritirare — *to withdraw, collect*
lo scherzo — *joke*
la soluzione — *solution*
la tassa — *tax*
*tradurre — *to translate*
*valere — *to be worth*

è colpa mia — *it's my fault*
essere in grado di — *to be capable of*
valere la pena — *to be worth the trouble*

* cadere, caddi, sono caduto
condurre, condussi, ho condotto (*similarly* produrre, tradurre)

porre, posi, posto (*similarly* imporre, proporre)
ottenere, ottenni, ho ottenuto (*like* tenere)
parere, parvi, sono parso (*present*: paio, pari, pare, paiamo, parete, paiono)
valere, valsi, sono valso (*present*: valgo, vali, vale, valiamo, valete, valgono)

Exercises

1   Oral exercise:

a)   Subject variation: type sentences:

lo troverò domani
non lo finirò oggi
metterò il denaro nella borsetta
sarò a Roma fra due giorni
forse rimarrò a casa
dovrò finire oggi
non avrò mai finito, etc.

b)   Change singular to plural and vice-versa: type sentences:

andremo a letto presto stasera
quando lo vedrete?
ti diranno tutto domani
sarai molto contento
dove lascerò la mia valigia?
non gli daranno niente, etc.

c)   Complete these sentences using the future tense as in the following example:

io lo faccio oggi e lui ...
io lo faccio oggi e lui lo farà domani

noi veniamo oggi ma loro non ...
io vi porto al cinema oggi e lei ...
voi l'avete finito oggi e io ...
io lo so adesso e tu ...
lui me l'ha detto oggi e io te lo ...
loro devono cominciare oggi ma voi ..., etc.

2   Put the verbs in parentheses in the future or future perfect as the sense requires:

Fra qualche mese (*essere*) estate e (*fare*) caldo. Franco (*andare*) a ritirare i biglietti e li (*pagare*). I miei amici (*venire*) a Melbourne la settimana prossima e (*rimanere*) con noi almeno un mese. Voi bambini (*mangiare*) quando (*finire*) i grandi. Noi (*condurre*) i nostri amici a vedere la città. La nostra amica ci (*tenere*) i bambini quando io e mia moglie (*andare*) al cinema. Questa casa (*valere*) forse cinque milioni, ma Carlo la (*potere*) comprare per meno. Appena (*arrivare*) il professore, la lezione (*cominciare*). Quando Gianni (*fare*) il suo lavoro, io lo (*aiutare*) e così (*finire*) prima di cena.

3   Use pronouns instead of the direct and indirect objects and replace the verbs in parentheses by the appropriate forms of the *passato remoto*:

Mio fratello (*vendere*) i suoi libri. Essi (*mettere*) il denaro sulla tavola.

lo (*ottenere*) la dichiarazione. Noi (*condurre*) te e tua moglie al ristorante. Egli (*chiedere*) il denaro ai suoi amici. Quando (*entrare*) la
signora, Giovanni (*rimanere*) seduto: non (*essere*) molto cortese.

4   Translate into Italian:
I think that he will want to know many things. I'll wait for him; if he
doesn't arrive before eleven, however, I shall have to leave and he won't
find anyone at home. When you've read the letter, you must write a reply.
To collect the tickets from the shipping company, you will have to obtain
the declaration first. Franco can't (use *riuscire*) find his wallet; he's
probably lost it again. If he takes the children to the cinema, his wife will
be very pleased. He's coming in five days' time, so we shall know then
when school will be starting.

Preparativi per un viaggio
Un monologo

Fra una settimana partirò, con la mia famiglia, per l'Italia. Per gli inglesi
o i francesi è un viaggio abbastanza breve e facile, ma per noi australiani
non è uno scherzo fare tutti i preparativi necessari per andare in Europa.
   Che cosa dovrò fare questa settimana? Prima andrò all'ufficio delle
tasse per avere la dichiarazione che ho pagato al governo tutto quello che
devo pagare. Quando avrò ottenuto questa dichiarazione, potrò andare
all'ufficio della compagnia di navigazione per ritirare i biglietti. Ah no,
dimenticavo! Per poter avere i biglietti, avrò bisogno anche di quel
certificato medico che dice che tutti abbiamo avuto la vaccinazione
contro il vaiolo e che ci hanno fatto iniezioni in ogni parte del corpo
contro varie orribili malattie. Ma se vado all'ufficio delle tasse domani, non
avrò tempo per andare anche dal medico. Come potrò fare? Sì, manderò
mia moglie dal medico. Lei protesterà e brontolerà un po'; dirà che ha
tanto da fare per preparare tutta la nostra roba, ma sarà l'unica soluzione
possibile. E mi dirà certamente che, se lei va dal medico, i ragazzi
dovranno rimanere con la vicina di casa[1] e che lei non avrà tempo per
fare la spesa[2]. Questo vorrà dire che la spesa la dovrò fare io. Ma non so
se potrò, se vado all'ufficio delle tasse. Comunque, vedremo domani, ma
è tutto così orribilmente complicato.
Se riusciremo alla fine ad avere i biglietti della nave, bisognerà poi
pensare sul serio[3] alla preparazione del nostro bagaglio. Durante questo
periodo io cercherò di stare fuori di casa il più possibile[4]: lascerò questo
lavoro a mia moglie, che lo farà molto meglio se non dovrà badare anche
al marito. In queste·circostanze i mariti valgono poco e i ragazzi valgono
ancora meno. Perciò porterò i ragazzi al cinema e in questo modo
aiuteremo mia moglie a fare le valigie in pace mentre guarderemo un bel
film.
Poi tornerò al lavoro! Mercoledì verranno i signori che prenderanno in
affitto[5] la nostra casa mentre saremo via. Giovedì dovrò parlare con un mio
amico che forse comprerà la mia automobile. Venerdì ... che cosa dovrò
fare venerdì? Non ricordo più. Sono già stanco, sono già stufo. Forse, alla
fine, riusciremo a salire a bordo, se saremo ancora tra i vivi.

[1] *la vicina di casa* — neighbour
[2] *fare la spesa* — to do the household shopping
[3] *sul serio* — seriously
[4] *il più possible* — as much as possible
[5] *prendere in affitto* — to rent.

Lesson 23

1 Prepositions with the Infinitive

In English an infinitive is normally preceded by the preposition *to* (*I want to go*), although in some cases the *to* is not used (*I can go*). In Italian the preposition used varies according to the verb preceding. In some cases no preposition is required.

Here are some general indications for guidance. In the end vocabulary the preposition required by a verb will be indicated thus: *cominciare (a)*.

a) The following verbs take no preposition before an infinitive:

i) *potere, volere, dovere, sapere* (to know how to), *fare* (causal sense), *lasciare, preferire*.

> So suonare il violino. — *I know how to play the violin.*
> L'ho lasciato andare. — *I let him go.*
> Preferisco rimanere a casa. — *I prefer to stay at home.*

ii) Verbs of perception: *vedere, sentire, udire*, etc.

> L'ho sentito cantare. — *I heard him sing.*
> Non mi hanno visto arrivare. — *They didn't see me arrive.*

iii) Impersonal verbs: *bisogna, basta*, etc.

> Bisogna partire subito. — *It is necessary to leave at once.*
> Basta studiare, se si vuole imparare. — *It is sufficient to study if one wants to learn.*

But *mi pare, mi sembra*, etc. usually require *di*.

> Mi sembra di conoscere quella persona. — *I think (it seems to me) I know that person.*

b) Several verbs require *a* before an infinitive:

i) Verbs of compelling, persuading: *costringere, forzare, obbligare, persuadere*.

> Mi hanno obbligato a rimanere. — *They obliged me to remain.*

ii) Verbs of beginning, continuing: *cominciare, mettersi, continuare*.

> Si sono messi a cantare. — *They started to sing.*

iii) Verbs of motion and rest: *andare, venire, rimanere*, etc.

> Sono andato a vedere il film. — *I went to see the film.*

N.B. *a* is also used with these verbs where English has *and* followed by a finite verb:

> *If you go and ask John, he will tell you the truth.*
> Se vai a domandare a Giovanni, lui ti dirà la verità.

iv) The following common verbs: *aiutare, imparare, insegnare, invitare, riuscire*.

Ho imparato a nuotare. — *I have learned to swim.*
Sono riuscito a finire. — *I succeeded in finishing.*

c)   The majority of Italian verbs require *di* before the following infinitive. It may be assumed that a verb takes *di* if it does not take *a* or a preposition: e.g.

Non mi ha permesso di andare. — *He did not permit me to go.*
Speravo di partire presto. — *I was hoping to leave soon.*

N.B.   There are a few verbs (e.g. *desiderare*) that vary between taking *di* and no preposition. This is also the case with many impersonal expressions:

Desidero (di) andare in Italia. — *I desire to go to Italy.*
È impossibile (di) capire. — *It is impossible to understand.*

d)   Note the word order if the following infinitive is negative:

Mi hanno detto di non cantare. — *They told me not to sing.*

2   Per with the Infinitive

Before an infinitive *per* expresses purpose, i.e. it corresponds to *to* in English when *to* means *in order to*:

Ci siamo alzati presto per prendere il primo treno.
We got up early to catch the first train.

3   Da with the Infinitive

Before an infinitive *da* expresses obligation:

Ho molto lavoro da fare.
I have a lot of work to do (which I must do).
È una cosa da prendere in considerazione.
It is a thing to take (to be taken) into consideration.

It will be noted that one can usually substitute a clause (*which I must do*) or a passive infinitive (*to be taken*) in English, when a *da* is required in Italian.

Note also the use of *da* with *mangiare* and *bere*:

Mi danno molto da mangiare. — *They give me a lot to eat.*
Che cosa c'è da bere? — *What is there to drink?*

4   Adjectives and Prepositions before the Infinitive

Most adjectives require a *di* before an infinitive:

Sono contento di essere qui. — *I am happy to be here.*
Sono ansioso di arrivare in tempo. — *I am anxious to arrive in time.*

Others require *a*:

Sono pronto a partire — *I am ready to leave.*

And note particularly the use of *a* with *primo*, *ultimo* and other ordinal numbers:

Fu il primo a cominciare. — *He was the first to start.*

Prepositions required by adjectives will be indicated in the end vocabulary.

5 The Gerundio

The *gerundio* is one of the verbal forms that can correspond to the English participle in *-ing* (*finding, believing*, etc.).

a) The *gerundio* is formed by adding *-ando* to the stem of *-are* verbs and *-endo* to the stem of *-ere* and *-ire* verbs:

trovare	credere	finire
trov-ando	cred-endo	fin-endo

There are no irregularities:

essere — ess-endo
avere — av-endo

'Longer infinitive' verbs form the *gerundio* from the longer stem:

fare (facere)	dire (dicere)	condurre (conducere)
fac-endo	dic-endo	conduc-endo

b) The *gerundio* is adverbial (i.e. it answers the questions *why? when? where? how?*).

È andato via cantando.
He went away singing.

Fumo molto studiando.
I smoke a lot studying.

In English the *-ing* form is often preceded by a preposition or conjunction (*I smoke a lot (while) studying*). In Italian the preposition or conjunction must *never* be used:

Aprendo la porta, vidi Giovanni.
(*On*) opening the door, I saw John.

Working rule: the *gerundio* can be used to translate an *-ing* form in English:

i) when it is adverbial,
ii) when a preposition or conjunction preceding the *-ing* form can be omitted in English without changing the sense,
iii) when the understood subject of the *-ing* form is the same as that of the main verb.

For other ways of rendering *-ing* forms see Lesson 33.

c) The *gerundio* is invariable:

È andato via cantando.
Sono andati via cantando.

d) The *gerundio* is used in conjunction with *stare* in a construction similar to the English continuous tenses:

Che cosa stai facendo?	Sto lavorando.
What are you doing?	*I am working.*
Che cosa stavano leggendo.	Stavano leggendo il giornale.
What were they reading?	*They were reading the newspaper.*

This construction can only be used with the *present* and *imperfect*. Italian has no equivalent for the other English continuous tenses which are normally translated by the simple tense in Italian:

I shall be going. — Andrò.
I have been looking. — Ho guardato.

The construction of *stare + gerundio* conveys the idea of an action being in process (*I am in the process, in the middle of reading*, etc.). If this aspect of the action is not insisted upon the English continuous tense will be rendered by the ordinary *present* or *imperfect*:

Dove vai?   Vado in città.
Where are you going?   *I'm going to town.*

The construction cannot be used, therefore, to translate the English continuous present used in a future sense (see Lesson 22):

I am coming tomorrow.
Verrò (vengo) domani.

6   Conjunctive Pronouns, etc., Word Order

Up till now we have seen the conjunctive pronouns, *ci (vi)* and *ne*, always preceding the verb. In some cases, however, they are joined on to the end of the verb, being written as one word with it. These cases are:

a)   When they are objects of an infinitive:

Ho promesso di mandargli la lettera.
I have promised to send him the letter.

Ho promesso di mandargliela.
I have promised to send it to him.

Spero di vederti domani.
I hope to see you tomorrow.

Non ho ancora cominciato a farlo.
I haven't yet started to do it.

Voleva darmelo.
He wanted to give it to me.

Devo mandarne a Giovanni.
I must send some to John.

It will be noted that the final -*e* of the infinitive drops. When the infinitive ends in -*rre* the final -*re* drops:

Non sono riuscito a tradurlo.
I didn't manage to translate it.

N.B.   With the modal auxiliaries (*potere, dovere, volere*) the pronoun, etc. may either precede the auxiliary or be attached to the infinitive:

Lo voglio fare *or*   Voglio farlo
Gli devo parlare *or*   Devo parlargli

b)   When they are objects of a *gerundio*:

Guardandomi, capì che non stavo bene.
Looking at me, he understood that I wasn't well.

Vedendoci così allegri, Luisa cominciò a ridere.
Seeing us so merry, Luisa started to laugh.

Scrivendogliene, devi dirle tutto.
(When) writing to her about it, you must tell her everything.

Vestendosi in fretta, non riusciva a trovare il bottone.
Dressing in a hurry, she couldn't find the button.

With the *stare + gerundio* construction pronouns usually precede *stare*:

Lo stavo facendo. — *I was doing it.*

But it is also possible to say: *Stavo facendolo.*

c)   In conjunction with the word *ecco*:

Eccomi! — *Here I am!*
Eccola! — *Here she is!*
Eccoti il libro! — *Here is the book for you!*

d)   When the pronoun, etc., is the object of an imperative or of a past participle used on its own. These cases will be treated later. See Lessons 24 and 34.

e)   In all cases *loro* follows the verb and is written separately:

Vogliamo mandare loro questo libro.
We want to send them this book.

Rispondendo loro così, tu li offenderai.
Replying to them like that, you will offend them.

f)   The addition of conjunctive pronouns, etc., to the end of a word does not change the original stress of the word. The pronouns themselves are always unstressed:

mand**a**rglielo, scriv**e**ndogli, **e**ccomi, etc.

Study these Sentences

1   Passeggiando per le vie della città, siamo affascinati dalle vetrine dei negozi.

2   Ho comprato questo disco stasera tornando dall'ufficio; sarà un regalo per Maria e ho intenzione di portarglielo domani, ma intanto noi potremo sentirlo almeno una volta.

3   Non c'è bisogno di dirmelo un'altra volta. Ho già capito tutto e non ti voglio seccare più. Se avrai bisogno di me, dirò sempre, 'Eccomi qua, per servirti.'

4   Le donne italiane stanno cominciando adesso a comprare vestiti già fatti, ma molte preferiscono andare dalla sarta per un nuovo vestito, esaminando ogni particolare e discutendone a lungo.

5   Molte cose rimangono ancora da fare. Bisogna aver pazienza e continuare a lavorare.

6   Non so cantare, non so suonare, non ho mai imparato a fare un mestiere, non sono mai riuscito a brillare in società. Sono costretto a confessare che non valgo niente.

Vocabulary

affascinare (aff**a**scino) — *to fascinate*
aiutare — *to help*
allegro — *merry*
*bere — *to drink*

brillare — *to shine*
confessare — *to confess*
la considerazione — *consideration*
*costr**i**ngere — *to compel*

il disco — *record*
esaminare (es**a**mino) — *to examine*
forzare — *to force*
intanto — *meanwhile*
l'intenzione (f.) — *intention*
il mestie**r**e — *trade*
obbligare (**o**bbligo) — *to oblige*
il particolare — *detail*
passeggiare (pass**e**ggio) — *to walk, stroll*

*perm**e**ttere — *to permit, allow*
*persuad**e**re — *to persuade*
il regalo — *gift, present*
la sarta — *dressmaker*
seccare — *to annoy*
servire (servo) — *to serve*
la società — *society*
sperare — *to hope*
la vetrina — *shop-window*
il violino — *violin*

ho intenzione — *I intend*
i vestiti già fatti — *ready-made clothes*
a lungo — *for a long time, at length.*

*bere, bevvi (*or* bevei), ho bevuto.
This is a 'longer infinitive verb' and the conjugation of the present tense is based on bevere:

bevo, bevi, beve, beviamo, bevete, bevono.

The imperfect is: bevevo, etc.

costringere, costrinsi, ho costretto
persuadere, persuasi, ho persuaso
permettere, permisi, ho permesso (*like* mettere).

Exercises

1   Oral exercise:

a)   Substitute conjunctive pronouns for the nouns or disjunctive pronouns, as in this example:

vuole dare il libro — *vuole darlo*

voglio dare il libro
voglio dare i libri
vuole dare la sigaretta
vuole darla a me
vuole darla a noi
vuole darla a lui
vuole darla a lei
vuole darla a te
vuole darla a voi
ho cominciato a scrivere la lettera
ho cominciato a scriverla a te
ho cominciato a scriverla a lui
ho cominciato a scriverla a voi, etc.

b)   Give the appropriate response, using the *stare + gerundio* construction, as in this example:

Guarda il film? — *Sì, sta guardando il film.*

Ascoltano la radio?
Giorgio parla al telefono?
Maria fa il suo lavoro?
Maria lo fa?

Studiavano a casa?
Venivi da me?
Gli dicevi la verità? etc.

2   Supply the prepositions:

Spero ___ vedere anche te domani. Stasera comincerà ___ piovere. Gli pare ___ essere una persona molto importante. Non ha ancora finito ___ fare i suoi compiti. Si mise ___ piangere, dicendo che lo avevano obbligato ___ fare quella cosa. Continua ___ promettere ___ scrivere la lettera, ma non riesce mai ___ trovare il tempo per farlo. Mi hanno persuaso ___ andare con loro ___ vedere quel film. Ho domandato a Giovanni ___ aiutarmi ___ fare i miei compiti. C'erano tante cose ___ vedere, e avevamo così poco tempo che non abbiamo nemmeno cercato ___ vedere tutto. Gli ho detto ___ venire a casa nostra domenica prossima, e l'ho invitato ___ rimanere per cena. Speravamo ___ venire ___ farti una visita, ma la mamma non ci ha permesso ___ uscire e ci ha costretti ___ rimanere in casa tutta la domenica ___ studiare. Chi ti ha insegnato ___ pronunciare l'italiano in quel modo? Non ho tempo ___ perdere: perché vieni sempre ___ seccarmi? L'ho fatto ___ dimostrare che avevo ragione.

3   Replace the adverbial clauses by the *gerundio* (e.g. *Mentre studiavo, fumavo — Studiando, fumavo*):

Mentre tornavo a casa, incontrai un vecchio amico. Siccome non si sentiva bene, telefonò al medico. Mentre mi diceva queste cose, mi guardava con sospetto. Quando studia, non fuma molto. Se vai a piedi, arriverai in ritardo. Parla francese, perché non sa l'italiano. Mentre mangi, non devi parlare. Siccome non ha abbastanza denaro per pagare il biglietto, non potrà fare il viaggio.

4   Replace the words in parentheses by pronouns:

Sono andato a comprare (*il nuovo vestito*). Avevo intenzione di mandare l'invito (*a Giovanni*). Avevo intenzione di mandare (*l'invito*) (*a Giovanni*). Vedendo (*mio padre*), corsi a chiamare (*mia madre*). Ha promesso di scrivere spesso (*a me e a mia sorella*). Dicendo (*ai tuoi amici*) una bugia, li hai offesi. Ecco (*il tram*)! Costa molto andare (*a Sydney*) in aereo? Andò subito a raccontare (*la cosa*) (*a Giovanna*). Non hai potuto parlare (*di questa cosa*) (*al tuo medico*)? Voglio mandare (*questa roba*) (*ai bambini poveri*). L'hanno mandato a lavarsi (*le mani*). L'uomo voleva parlare (*al professore*).

5   Translate into Italian:

Having many things to do, he could not go with his wife to the cinema. I have asked John to send me the book, and when I have read it I want to give it to my sister, because she intends to read it too. What were you doing when I saw you this morning? When speaking to the doctor yesterday, I explained to him how I felt. By catching the train at seven o'clock, you will arrive in Milan at nine. When studying this lesson, you must read everything at least three times.

6   Write short sentences in Italian using the *gerundio* of the following verbs:

scrivere, andare, alzarsi, correre, sentirsi.

I problemi della televisione

Ormai la televisione è entrata in quasi ogni casa. Bene o male? È forse inutile mettersi a discutere il pro e il contro[1]. La televisione c'è, e bisogna accettarla e cercare di utilizzarla in modo intelligente. Però, qualche volta, è inutile negarlo, l'esistenza di un televisore nella casa può creare qualche piccolo problema familiare. Come vedremo nella scena che segue.

La moglie (al marito che torna dall'ufficio): Ah, eccoti! Come va, tesoro[2]? Cos'è quel pacco che hai con te? È per me, qualcosa per me? Hai voluto farmi un regalo[3]? O, sei proprio caro, così caro! Voglio darti un bacio, subito.

Il marito (ridendo): Mi dispiace molto di perdere quel bacio, ma non è precisamente un regalo per te. Cioè, è un regalo per noi due. Ti ricordi di quel disco che abbiamo sentito l'altra sera dai Bianchi e che ci è tanto piaciuto? Eccolo, l'ho comprato stasera tornando dall'ufficio. Dov'è il giradischi? Nel salotto?

In questo momento dal salotto si sente un rumore confuso e molto forte ... voci che gridano, rivoltelle che sparano.

Cosa succede? Cos'è quel baccano?

La moglie: È Luigino, caro. Sai che a quest'ora c'è la televisione dei ragazzi. Ci sono sempre dei programmi così istruttivi. A Luigino piacciono tanto. Per lui è il momento che sogna[4] tutto il giorno.

Il marito: Programmi istruttivi, dici? Secondo me, sono i soliti cowboys. Quel piccolo mascalzone ha cambiato il canale. E, comunque, voglio sentire il nostro disco. Vado a dirglielo. Luigino dovrà chiudere[5] l'apparecchio.

La moglie: No, per carità[6], sai com'è Luigino: è così sensibile, non bisogna contrariarlo...

Il marito: Sensibile o no, questa storia[7] deve finire! Sono o non sono padrone in casa mia?

Va nel salotto. La moglie sente il rumore di due voci molto arrabbiate che si aggiungono agli spari dei cowboys. Poi c'è un gran fracasso di legno spaccato, di vetro che si frantuma, seguito da un urlo. Il marito torna con un'accetta in mano.

La moglie: L'accetta che lo zio Gustavo ha portato dall'Africa! Che cos'hai fatto? E Luigino? Luigino, bambino mio!

Il marito (tenendola): Calma, calma! A Luigino non ho fatto niente, ma ...

La moglie: Il televisore! Hai spaccato il televisore! Ed era da ventitré pollici!

Come dicevamo, la televisione c'è, e bisogna accettarla.

[1] *il pro e il contro* — the pros and cons.
[2] *tesoro* — literally 'treasure': as a term of endearment corresponds to 'darling'.
[3] *fare un regalo* — to give a present.
[4] *sognare* — may be used with a direct object. *Ho sognato te* — I dreamt of you.
[5] *chiudere* — to switch off (lights, etc.).
[6] *per carità!* — for goodness sake! (*la carità* — charity).
[7] *la storia* — can mean 'business'. *Non mi piace questa storia* — I don't like this business.

Lesson 24

1 Imperative, 1st and 2nd Persons. Regular Forms.

The imperative mood is that used for giving orders (*Go there! Do that!* etc.). In English we have only one form. Italian has four different forms corresponding to the four forms for *you* (*tu, voi, Lei, Loro*). In this lesson we shall only deal with the forms for *tu* and *voi*. For the polite form imperatives see Lesson 25.

There is also a 1st person plural imperative in Italian which corresponds to English *Let us finish! Let us sing!* etc.

The imperative forms for *tu, noi* and *voi* are, with one exception (the *tu* form of -*are* verbs), identical with the present tense:

	parlare	credere	finire	dormire
tu	parla (**N.B.**)	credi	finisci	dormi
noi	parliamo	crediamo	finiamo	dormiamo
voi	parlate	credete	finite	dormite

Verbs that are irregular in the present tense repeat their irregularities in the imperative:

venire	uscire
vieni	esci
veniamo	usciamo
venite	uscite

2 Irregular Imperatives

The following verbs have some irregular forms (i.e. forms not corresponding to the present tense):

andare	—*va,* andiamo, andate
dare	—*da,* diamo, date
stare	—*sta,* stiamo, state
fare	—*fa,* facciamo, fate
dire	—*di,* diciamo, dite
avere	—*abbi,* abbiamo, *abbiate*
essere	—*sii,* siamo, *siate*
sapere	—*sappi,* sappiamo, *sappiate*

The forms *va, da, sta, fa, di* are also often written with an apostrophe — *va', da',* etc.

The imperative of *sapere* corresponds to the English phrases *I would have you know, you must know*:

> Sappi che non ti ho ancora detto tutto.
> *I'd have you know that I haven't yet told you everything.*

3 Negative Imperative

The negative imperative is formed by placing *non* in front of the verb:

Parlate italiano! — *Speak Italian!*
Non parlate italiano! — *Don't speak Italian!*

But when the 2nd person singular (*tu*) imperative is negative it has the same form as the infinitive:

Fuma questa sigaretta! — *Smoke this cigarette!*
Non fumare questa sigaretta! — *Don't smoke this cigarette!*
Vieni qui! — *Come here!*
Non venire qui! — *Don't come here!*

4   Conjunctive Pronouns with the Imperative

a)   The conjunctive pronouns and *ci (vi)* and *ne* follow the imperative and are written as one word with it:

Finitelo presto! — *Finish it soon!*
Parlagli subito! — *Speak to him at once!*
Facciamolo domani! — *Let's do it tomorrow!*
Mandamelo subito! — *Send it to me at once!*
Non andarci adesso! — *Don't go there now!*

b)   *Loro* follows the imperative and is written separately:

Manda loro il libro! — *Send them the book!*

c)   Reflexive verbs follow the above rules:

fermarsi	pentirsi
fermati	pentiti
fermiamoci	pentiamoci
fermatevi	pentitevi

d)   The five irregular monosyllabic imperatives (*va, da, sta, fa, di*) cause the initial letter of the pronoun, etc., to double, except with *gli* (and *loro*, which is written separately):

Dallo a Giovanni! — *Give it to John!*
Dammelo subito! — *Give it to me at once!*
Dicci se hai capito! — *Tell us if you have understood!*

N.B.   Dagli la penna! — *Give him the pen!*

e)   The addition of pronouns, etc., does not change the original stress and the pronouns themselves are unstressed:

fermati, dammelo, mandamelo, etc.

f)   With a negative imperative the pronouns, etc., may either follow the imperative or precede it:

Non parlategli
      or   }   *Don't speak to him!*
Non gli parlate!

Non mandarmelo!
      or   }   *Don't send it to me!*
Non me lo mandare!

5   Reflexive Pronouns. Disjunctive Forms

The disjunctive forms of the reflexive pronouns are the same as the ordinary disjunctives (see Lesson 14) except for the special reflexive form for the 3rd person, singular and plural — *sé:*

me—*myself*	noi—*ourselves*
te—*yourself*	voi—*yourselves*
sé—*himself*	sé—*themselves*
herself	
itself	

Lo fa da sé. — *He does it by himself.*

Non sei contento di te? — *Aren't you happy with yourself?*

Note that Italian uses the *sé* form when the sense is reflexive, even if, in English, the *-self* ending is omitted:

L'ha portato con sé. — *He brought it with him.*

6 Stesso

a) The adjective *stesso* can be used to reinforce the disjunctive reflexive pronouns and also the subject pronouns:

Io stesso non capisco niente. — *I myself understand nothing.*

Tu stesso l'avevi detto. — *You had said it yourself.*

Faccio tutto da me stesso. — *I do everything by myself.*

Note that in Italian the *stesso* always follows immediately the pronoun it refers to.

Often inversion is used for emphasis:

Siamo andati noi stessi. — *We ourselves went.*

L'ha detto lei stessa. — *She herself said it.*

b) *Stesso* can also reinforce a noun (corresponding to English, *The man himself, The woman herself*, etc.) but Italian does not use a subject pronoun:

Gli uomini stessi sono venuti. — *The men themselves came.*

Lo crede Giovanni stesso. — *John himself believes it.*

c) *Stesso* also normally translates English *same*:

Sono andato con la stessa nave. — *I went on the same ship.*

Ci sono sempre le stesse persone. — *There are always the same people.*

Note how the position of *stesso* changes the meaning:

L'uomo stesso è venuto. — *The man came himself.*

Lo stesso uomo è venuto. — *The same man came.*

7 Infinitive Construction

Several verbs in Italian take a construction similar to the English construction of the *I ask him to sing* type. However some of these verbs require an indirect object of person, whereas English always has a direct object. Among the most common are:

a) With direct object of person:

invitare, pregare, persuadere, convincere, aiutare.

Lo pregai di venire. — *I asked him to come.*

Ho aiutato Giovanni a farlo. — *I helped John to do it.*

L'hanno convinta di andare via. — *They convinced her to go away.*

b) With indirect object of person:

> *domandare, chiedere, comandare, ordinare, proibire, vietare, impedire, permettere, insegnare, dire.*

Gli ho detto di non farlo. — *I told him not to do it.*
Le ho insegnato a nuotare. — *I taught her to swim.*
Ho chiesto al signore di venire con me. — *I asked the gentleman to come with me.*
Hanno vietato a Giovanni di entrare. — *They have forbidden John to enter.*

Study these Sentences

1   Giovanni, vieni qui un momento, ti voglio dire una cosa. No scusami, prima va in giardino e vedi se c'è Pietro. Se lo trovi, dagli questo bigliettino e digli da parte mia di portarlo subito alla signora Mazzotti. Poi tu, torna qui.

2   Credimi, non ho voluto offenderti. Sii gentile e perdonami questa volta, fammi questo piacere.

3   Bruno, prendi questo pacco e portalo dal calzolaio. E senti, non fermarti per la strada a chiacchierare, e non dimenticarti del pacco. Va diritto dal calzolaio e daglielo. Dallo proprio in mano al calzolaio. Hai capito? Bravo, e adesso corri!

4   Abbiate pazienza un momento ancora, vi prego. State qui, rimanete calmi e vedrete che non succederà niente. Non vi spaventate per carità. Sedetevi qui.

5   Dammelo subito e dimmi perché non me l'hai dato prima. Non raccontarmi le solite bugie. Sii onesto almeno questa volta e dimmi la verità.

6   È uno che vuole sempre fare da sé. Io stesso gli ho detto di accettare l'aiuto degli altri ma non ne vuole sapere. Dice che dicono sempre le stesse cose e che hanno torto. Non si può ragionare con lui.

Vocabulary

il bigliettino — *note*
la bugia — *lie*
il calzolaio — *shoemaker*
la carità — *charity*
*chiedere — *to ask*
diritto — *straight*
impedire — *to prevent*
onesto — *honest*
il pacco — *parcel*
perdonare — *to forgive*

la persona — *person*
il piacere — *favour, pleasure*
pregare — *to ask, beg*
proibire — *to prohibit*
ragionare — *to reason*
*sedersi — *to sit down*
solito — *usual*
spaventarsi — *to be frightened*
*succedere — *to happen*
vietare — *to forbid*

da parte mia — *on my behalf, from me*
in mano a — *in the hands of*
avere pazienza — *to be patient*
per carità — *for goodness sake*

non ne vuole sapere — *he won't hear of it*
avere torto — *to be wrong*

*chiedere, chiesi, ho chiesto;
sedersi: *irregular present*, mi siedo, ti siedi, si siede, ci sediamo, vi sedete, si siedono;
succedere, successe, è successo (*normally used in 3rd person*).

Exercises

1   Oral exercise:

a)   Imperative: subject variation: type sentences:

    guardare quel ragazzo!
    guardarlo!
    non guardare quel ragazzo!
    non guardarlo!
    finire presto quel lavoro!
    finirlo presto!
    rispondere subito a Giovanni!
    rispondergli subito!
    venire qui!
    non andare là!
    avere un po' di pazienza!
    essere gentile con lui!
    non essere così gentile con lui!
    non fare quegli errori!
    non farli!

b)   You are with a friend and you say to him or to her, using the imperative:

    che non deve fumare quelle sigarette.
    che deve portare là quella sedia.
    che deve dare il libro a te.
    che deve fermare il tram.
    che non deve venire prima delle otto.
    che non deve dirlo a Franco.
    che deve rimanere a casa.
    che non deve parlare tanto.
    che deve andare a casa.
    che deve lavarsi le mani.
    che deve avere pazienza.
    che deve dirtelo subito.
    che non deve piangere.

c)   Repeat the exercise above, using the plural of the imperative.

2   Give the imperative forms, affirmative and negative, of:

    a) guardare, tenere, dire, condurre, stare, essere, avere.
    b) darlo, saperlo, farmi un piacere, lavarsi, andarci, parlargli.

3   Translate into Italian, giving singular and plural of the 2nd person:
go home; be good; don't come in; let's go now; tell it to me; be patient;
don't read it; give one of them to John; let's take it to her; speak to me

about it; come soon; sit down; don't stand there; listen to me; stop here; wake up.

4   Translate into Italian:

I want to go by myself; he always says the same things; do it by yourself; Mary told me herself; she took the child with her; there is always the same problem; the girls themselves are not tired; we know it ourselves.

5   Translate into Italian:

He has forbidden her to speak to us. They have invited him to go to the theatre. I shall prevent him from following us. We have asked* him to stay. I told them to leave at once. Why don't you allow them to buy it? I helped him to finish his work.

6   Translate into Italian:

John, please phone me tomorrow at ten. Why are you crying? Stop crying*, give me your hand and cheer up*. When you arrive at your friend's house, remember to thank his parents. I shall be arriving tomorrow morning at ten, so please come and meet me at the station; if you can't come yourself, send your brother, and tell him that he will recognise me because I shall be carrying two suitcases. Ask her to be here at nine and tell her that she must bring all her books.

to ask — domandare, chiedere. (*Domandare* means *to ask a question; chiedere* means *to make a request* but in practice the distinction is not always observed. Both verbs can be used with a direct object — *Gli chiedo (domando) il suo libro* — I ask him for his book.)
Stop crying — smetti di piangere. (*Smettere* translates *to stop* in the sense of *to cease.*)
To cheer up — farsi coraggio.

L'italiano e l'inglese

Lo studente: Sono un po' disperato. Non è così facile imparare una lingua straniera. Ma c'è una cosa soprattutto che mi dà sui nervi.[1] C'è sempre qualcuno che ti dà ordini — ricordati di questo, non mettere quell'articolo davanti a quel sostantivo, non dimenticare che quel verbo è irregolare, non dire così perché è sbagliato — e così via.[2] Voi insegnanti dovete avere una specie di mania ... volete sempre comandare! E adesso salta fuori[3] anche una lezione sugli imperativi. Era inevitabile!
L'insegnante: Ma si capisce che[4] era inevitabile! E questi imperativi, non li usi mai quando parli inglese? Che cosa dici a un amico se lo vuoi pregare di imprestarti il suo libro? Su, rispondimi!
Lo studente: Gli dico 'Lend me your book', ma in inglese è facile. Non si deve pensare a[5] niente: si dice 'lend' e basta; non c'è bisogno di pensare né alla coniugazione del verbo, né all'uso del tu o del voi, né a quei benedetti pronomi che fanno una specie di ballo intorno al verbo ... pronome prima, pronome dopo ... Figaro qua, Figaro là! C'è da diventare matti.[6]
L'insegnante: Una volta tanto[7] ti do ragione.[8] L'imperativo italiano è forse un po' complicato. Ma in tanti altri casi la grammatica italiana è così

semplice. Ecco un esempio. Traduci questa frase in inglese...
Mi capisci, non è vero?
Lo studente: You understand me, don't you?
L'insegnante: Bravo, e adesso un'altra frase... *Vieni stasera, non è vero?*
Lo studente: You're coming this evening, aren't you?
L'insegnante: Vedi? Una volta si dice *don't you* e poi si dice *aren't you*. Ti pare logico? E pensa un momento a tutte quelle altre forme ... *isn't he, hadn't they, won't you* ... insomma, ce n'è una infinità. Ma in italiano si dice sempre *non è vero*. È semplice, non è vero?
Lo studente: Sì, non lo nego. Ma i verbi irregolari? Come si fa ad[9] impararli tutti?
L'insegnante: Sì, è vero, sono piuttosto difficili. Ma anche in inglese abbiamo tanti verbi irregolari, e poi alcuni verbi veramente curiosi: il verbo *must*, per esempio, che non ha nemmeno l'infinito, perché non si può dire *to must*. Per uno straniero che sta imparando la nostra lingua tutti quei *must, should, would, ought* rappresentano un ostacolo formidabile. E l'ortografia inglese? *Bough, bow, cough, through*, eccetera?
Lo studente: Sì, questa volta sono veramente d'accordo. Se penso all'ortografia inglese, quasi quasi[10] preferisco imparare l'italiano. Almeno in italiano si scrive una parola più o meno[11] come la si pronuncia. Allora, vogliamo continuare? Che cosa c'è nella prossima lezione?
L'insegnante: La 25ª lezione tratta del congiuntivo. Il congiuntivo italiano, come vedrai, è una cosa deliziosa. Fatti coraggio, volta la pagina e comincia a studiare gli esempi.
Lo studente: Lo sapevo, ci risiamo[12]! Sempre imperativi!

[1] *mi dà sui nervi* — it gets on my nerves.
[2] *e così via* — and so on.
[3] *saltare fuori* — to pop up (literally — to jump out).
[4] *Ma si capisce che* — but of course.
[5] *pensare a* — to think of, about. (*a* is the preposition most commonly used with *pensare; di* is used when *to think of* means to have an opinion about — *Che cosa pensi di questo libro?*)
[6] *C'è da diventare matti!* — It's enough to drive you mad!
[7] *Una volta tanto* — Just for once.
[8] *ti do ragione* — I admit you're right.
[9] *Come si fa a?* — How can one manage to?
[10] *quasi quasi* — very nearly.
[11] *più o meno* — more or less.
[12] *ci risiamo!* — Here we go again! (i.e. from *essere* with the prefix *ri*-).

Lesson 25

1 The Subjunctive

In English we have very nearly lost our subjunctive. It still exists in a few set phrases ('if I *were*', 'as it *were*', etc.) and one finds it in sentences like 'I demand that he *be* punished', but we are not normally conscious of using it, if we use it at all.

In Italian, however, the subjunctive is very much alive. Broadly speaking, whereas the indicative mood indicates a fact, a reality (I *was* 15 when it *happened*), the subjunctive mood indicates something that is only possible, that may or may not take place (If I *were* king ...). It is useful to bear this general indication in mind, but it is essential to know the various detailed rules for the use of the subjunctive in Italian, for it is used in ways which do not obviously fit in with this broad distinction.

The various ways in which the subjunctive is used in Italian will be explained gradually in this and in following lessons. Two points should be kept constantly in mind:

a) The subjunctive is normally used only in subordinate clauses (i.e. after a *che* or another conjunction), not in main clauses (see Lesson 32 for an exception to this).

b) There is no special English equivalent for the subjunctive. As English has now more or less lost its subjunctive no one English form consistently translates it — most frequently we simply use the ordinary indicative tenses.

2 The Present Subjunctive Forms

a) Regular conjugations:

parlare	credere	finire	dormire
parl-i	cred-a	finisc-a	dorm-a
parl-i	cred-a	finisc-a	dorm-a
parl-i	cred-a	finisc-a	dorm-a
parl-iamo	cred-iamo	fin-iamo	dorm-iamo
parl-iate	cred-iate	fin-iate	dorm-iate
parl-ino	cred-ano	finisc-ano	dorm-ano

N.B. i) all singular persons are the same,
      ii) the 1st person plural is the same as the indicative,
      iii) the 3rd person plural is the singular + -*no*,
      iv) 2nd and 3rd conjugation endings are identical.

b) General rule including verbs which are irregular in the present tense: Apart from the regular -*are* verbs[1] and five irregulars (see c) below), *all* verbs form their present subjunctive according to the following rules:

    i) For the singular change the -*o* of the 1st person singular of the present indicative to -*a* (*vado* — *vada*),

ii) 1st person plural is the same as the present indicative,

iii) for the 2nd person plural change the *-iamo* ending (*andiamo*) of the 1st person plural to *-iate (andiate)*,

iv) for the 3rd person plural add *-no* to the singular (*vadano*).

[1]The usual rules for verbs in *-care, -gare* and *-iare* apply, e.g.,

pagare: paghi, paghi, paghi, paghiamo, paghiate, paghino.

cominciare: cominci, cominci, cominci, cominciamo, cominciate, comincino.

Study the examples of conjugations below. The 1st person singular of the present indicative is given in parentheses:

andare (*vado*)	fare (*faccio*)	venire (*vengo*)
vada	faccia	venga
vada	faccia	venga
vada	faccia	venga
andiamo	facciamo	veniamo
andiate	facciate	veniate
vadano	facciano	vengano

tradurre (*traduco*)	potere (*posso*)	volere (*voglio*)
traduca	possa	voglia
traduca	possa	voglia
traduca	possa	voglia
traduciamo	possiamo	vogliamo
traduciate	possiate	vogliate
traducano	possano	vogliano

N.B. *dovere* forms its subjunctive from *debbo*: debba, debba, debba, dobbiamo, dobbiate, debbano.

It will be observed that the rules given in this paragraph cover all irregular verbs and also regular verbs in *-ere* and *-ire*.

c) The following irregular verbs are the only exceptions to the general pattern outlined above:

essere	avere	dare	stare	sapere
sia	abbia	dia	stia	sappia
sia	abbia	dia	stia	sappia
sia	abbia	dia	stia	sappia
siamo	abbiamo	diamo	stiamo	sappiamo
siate	abbiate	diate	stiate	sappiate
siano	abbiano	diano	stiano	sappiano

Note that these verbs only deviate from the general pattern in the singular, where the subjunctive is not formed on the basis of the present indicative. All other rules given in para. b) apply.

3   The Perfect Subjunctive

This tense is formed similarly to the perfect indicative, but the present subjunctive of *avere* or *essere* is used with the past participle:

parlare   venire

abbia parlato   sia venuto, -a

abbia parlato	sia venuto, -a
abbia parlato	sia venuto, -a
abbiamo parlato	siamo venuti, -e
abbiate parlato	siate venuti, -e
abbiano parlato	siano venuti, -e

4   Use of the Subjunctive after Conjunctions

The following conjunctions require the subjunctive in the clause they introduce:

benché, sebbene, quantunque (although)

Benché Giovanni non sia intelligente, è molto generoso.
Although John is not intelligent, he is very generous.

Sebbene non l'abbia visto, so che è venuto.
Although I didn't see him, I know that he came.

affinché, perché (so that, in order that)

Il maestro ripete la frase, affinché i ragazzi la imparino bene.
The master repeats the phrase so that the children will learn it well.

Gli scrivo, perché sappia tutto.
I'm writing to him, in order that he may know everything.

BUT   when *perché* is followed by the indicative it means *because* or *why*:
Perché l'hai fatto? Perché ero stanco.
Why did you do it? Because I was tired.

purché (provided that)

Lo farò, purché voi siate disposti ad aiutarmi.
I will do it, provided that you are willing to help me.

a patto che, a condizione che (on condition that)

Verrò a patto che tutti siano presenti.
I will come on condition that everyone is present.

a meno che ... non (unless)

A meno che Luisa non sia già arrivata, è inutile aspettare.
Unless Luisa has already arrived, it is useless to wait.

caso mai (in case)

Caso mai tu non abbia tempo, io ti aiuterò.
In case you haven't time, I will help you.

prima che (before)

Voglio vedere Bruno prima che parta.
I want to see Bruno before he leaves.

senza (without)

Andremo via senza che loro lo sappiano.
We'll go away without their knowing it.

N.B.   *prima che* and *senza* require the subjunctive, as in the examples above, when the subjects of the main clause and of the subordinate clause are different. When the subjects are the same the conjunctions *prima di* and *senza* are used with the infinitive:

Prima di cominciare, voglio sentire tutte le difficoltà.
Before starting, I want to hear all the difficulties.

Andò via senza parlare.
He went away without speaking.

5   Imperative. Polite Forms

a)   The 3rd persons, singular and plural, of the present subjunctive are used for the polite form imperatives:

Lei	Loro
parli!	parlino!
creda!	credano!
finisca!	finiscano!
dorma!	dormano!
sia!	siano!
abbia!	abbiano!
venga!	vengano!
vada!	vadano!
faccia!	facciano! etc.

Signor Bianchi, venga domani alle otto, per favore, e porti tutti i documenti.
Mr Bianchi, come tomorrow at eight, please, and bring all the documents.

Signori, ascoltino bene il discorso del ministro e non vadano via prima della fine.
Gentlemen, listen well to the minister's speech, and don't go away before the end.

b)   Pronoun objects, etc., always precede the polite form imperatives:

Non lo faccia! — *Don't do it!*
Lo finisca oggi! — *Finish it today!*
Mi diano quei libri! — *Give me those books!*
Non me lo mandi! — *Don't send it to me!*
Si fermi qua! — *Stop here!*

Except *loro*:

Porti loro il caffè! — *Take them the coffee!*

Study these Sentences

1   Gli ho comprato un orologio svizzero, sebbene abbia dovuto pagarlo molto caro, perché lui abbia un ricordo permanente del suo soggiorno in Svizzera.

2   Mi fermerò all'albergo perché sono già molto stanco, purché mi diano una camera pulita e un buon letto.

3   Sarà molto difficile partire senza che qualcuno lo sappia, a meno che Paolo non trovi il modo di aprire la porta senza far rumore.

4   Caso mai ci sia tra voi quel mascalzone che ha gridato 'Abbasso il professore!' non lo punirò, a patto che mi chieda scusa.

5   Signora, prima che vada via, mi dica per favore quando la potrò rivedere. Abbiamo molte cose da discutere. Rimanga ancora per qualche minuto, la prego.

6   Non voglio partire prima di mezzogiorno, ma dovrò partire in ogni modo prima che cominci a piovere.

Vocabulary

abbasso! — *down with!*
il discorso — *speech*
disposto — *willing*
il documento — *document*
la frase — *phrase*
generoso — *generous*
il maestro — *teacher (primary)*
il mascalzone — *rascal*
il ministro — *minister*

l'orologio — *watch, clock*
permanente — *permanent*
pulito — *clean*
punire — *to punish*
il ricordo — *memory, souvenir*
ripetere — *to repeat*
rivedere — *to see again*
la Svizzera — *Switzerland*
svizzero — *Swiss*

chiedere (domandare) scusa — *to apologise*
pagare caro — *to pay a high price for*
fare rumore — *to make a noise*
in ogni modo — *in any case*

Exercises

1   Oral exercise:

a)   Polite form imperative: subject variation: type sentences:

non parlare con quell'uomo!
ascoltarmi bene!
non ripetere sempre le stesse cose!
non ripeterle sempre!
offrire un caffè alla signora!
non finire di parlare così presto!
andare a casa subito!
non fare tanto rumore!
non farlo, per favore!
non dormire durante la lezione!
tradurre queste parole in italiano!
fermarsi al primo angolo!
spiegarmi questo esercizio!
venire domani alle dieci!

b)   You are with a gentleman (or a lady) and you say to him (or to her), using the polite form imperative:

che deve portare suo figlio domani.
che deve rimanere qualche minuto.
che non deve andare a casa.
che non deve avere paura.
che deve stare attento.
che deve chiudere la porta.
che deve cominciare a scrivere.
che deve dire la verità.
che deve vestirsi in fretta.
che non deve chiedere scusa.
che deve essere gentile.
che deve avere pazienza.

c)   Repeat the exercise above, using the plural of the polite form imperative.

2   Give the present subjunctive of:
chiamare, punire, dire, essere, dare, ripetere, sapere, sentirsi.

3   Give the perfect subjunctive of:
conoscere, arrivare, riuscire.

4   Change into the polite form (*tu* = *Lei: voi* = *Loro*):
Vieni qua, ti voglio dire una cosa. Fatemi questo favore. Va via adesso,
e non tornare più. Leggimi la lettera e poi dimmi perché Maria l'ha scritta.
Mandagli il denaro e scrivigli di non chiederne più. Diglielo subito. Siate
gentili con lui e non spaventatelo. Tornate a casa adesso. Non mangiate
quella roba. Non pagare tutto quel denaro.

5   Supply the appropriate form of the subjunctive for the verb in
parentheses:
Prima che egli (*venire*), voglio avere tutto pronto. Benché (*avere*) molto
da fare, sarà disposto ad aiutarci. Devo dirglielo senza che la mamma
(*saperlo*). Gli scriverò io, purché loro (*essere*) d'accordo. Non farò nulla
per aiutarti, a meno che tu non mi (*dire*) la verità. Sebbene egli (*sapere*)
la verità, non dirà niente a nessuno. Verremo con voi, a patto che
(*condurci*) in macchina. Perché Lei (*potere*) capire, spiegherò tutti i
particolari. Caso mai essi non (*capire*) il mio italiano, ripeterò ogni frase
due volte.

6   Translate into Italian:
Although he knows Italian well, he will (*volere*) not speak it. Why did
he come? So that you could speak to him. I shall not leave before he
arrives, unless it starts raining. He is going to come too, provided that
he manages to wake up early. I want to phone before going to see them,
in case there is no one at home. He doesn't want to come without his
friends knowing it. His sister is staying with him this evening so that he
won't be alone in the house.

Si ride, ma . . .

Sono in albergo, solo, e mi sono fatto male[1] a una mano. Devo cambiarmi
la camicia e farmi il nodo alla cravatta, prima di uscire per cercare qualcosa da mangiare, ma con una mano sola non riesco a farlo.
È già tardi ma chiamo, caso mai ci sia ancora la cameriera. Benché chiami
più volte[2] nessuno viene. A meno che non riesca a trovare un aiuto,
penso, non mi farò mai questo benedetto nodo[3]. Esco nel corridoio,
benché abbia la camicia ancora tutta sbottonata. Nel corridoio vedo un
uomo, un cliente dell'albergo. Mi avvicino a questo signore, gli spiego il
mio imbarazzo e gli chiedo di aiutarmi. Il signore è molto gentile; si offre
subito. Entriamo nella mia camera e il signore mi abbottona la camicia.
Poi, con mia grande meraviglia, mi chiede di sdraiarmi sul letto, perché
mi possa fare il nodo alla cravatta. 'Ma no,' gli dico, 'perché mi devo
sdraiare sul letto? Non ne vedo la necessità.' 'Mi dispiace tanto[4],' risponde
l'altro, 'ma io le farò il nodo soltanto a patto che lei si metta sdraiato. Non
c'è altra via.' La cosa mi sembra molto strana ma mi sdraio, e il signore
mi fa un bel nodo. Mi alzo e lo ringrazio: poi gli dico, 'Prima che lei vada
via, mi può spiegare, per piacere, perché ho dovuto sdraiarmi così?' Il
signore sorride. 'Con permesso, mi presento,' dice, 'sono G.B., impresario
di pompe funebri[5], specializzato nel vestire i morti...'

[1]*farsi male* — to hurt oneself
[2]*più volte* — several times
[3]*fare un nodo* — to tie a knot
[4]*Mi dispiace tanto* — I'm so sorry
[5]*impresario di pompe funebri* — undertaker

Lesson 26

1 The Conditional

a) The Italian conditional corresponds to the English compound tense of the type — *I should (would) go*. The Italian tense is formed by adding endings to the infinitive stem minus the final -*e* as for the future. In the case of the conditional the endings were originally derived from the *passato remoto* of *avere*:

parlare

parler-**e**i — *I should speak (I'd speak)*
parler-**e**sti — *you would speak (you'd speak)*
parler-**e**bbe — *he, etc., would speak (he'd speak)*
parler-**e**mmo — *we should speak (we'd speak)*
parler-**e**ste — *you would speak (you'd speak)*
parler-**e**bbero — *they would speak (they'd speak)*

credere	finire
creder-**e**i	finir-**e**i
creder-**e**sti	finir-**e**sti
creder-**e**bbe	finir-**e**bbe
creder-**e**mmo	finir-**e**mmo
creder-**e**ste	finir-**e**ste
creder-**e**bbero	finir-**e**bbero

b) Irregular forms correspond exactly to those given for the future in Lesson 22. Thus, if *potere*, for instance, forms its future in *potrò*, etc., its conditional will be in *potrei*, etc. Other examples:

	Future	*Conditional*
venire	verrò	verrei
dovere	dovrò	dovrei
tradurre	tradurrò	tradurrei

The conditionals of *essere* and *avere* follow this pattern:

essere	avere
sarei	avrei
saresti	avresti
sarebbe	avrebbe
saremmo	avremmo
sareste	avreste
sarebbero	avrebbero

2 The Past Conditional

The Past Conditional corresponds to the English tense — *I should (would) have gone*, etc. Its formation is similar to that of the future perfect, but here the conditional of *avere* or *essere* is used with the past participle.

parlare	andare
(*I should have spoken, etc.*)	(*I should have gone, etc.*)
avrei parlato	sarei andato, -a
avresti parlato	saresti andato, -a
avrebbe parlato	sarebbe andato, -a
avremmo parlato	saremmo andati, -e
avreste parlato	sareste andati, -e
avrebbero parlato	sarebbero andati, -e

3 Usage of the Conditional Tenses

The conditional tenses correspond closely in usage to their English equivalents. The following points should however be noted:

a)   As in English the conditional tenses are used to 'soften' a statement or request, to make it more tentative:

Avrebbe due dollari, per favore?
Would you have two dollars, please?

Veramente non saprei.
I really wouldn't know.

This usage is particularly important with the verbs *potere, volere, dovere*. Study the following examples which contrast the present with the conditional:

Posso farlo.	Potrei farlo.
I can (may) do it.	*I could (might) do it.*
Voglio andare.	Vorrei andare.
I want to go.	*I should like to go.*
Devo finire.	Dovrei finire.
I must finish.	*I should (ought to) finish.*

And note also the English equivalents of the Past Conditional of these three verbs:

Avrei potuto farlo.
I could (might) have done it.

Avrei voluto andare.
I should have liked to go (to have gone).

Avrei dovuto finire.
I should have (ought to have) finished.

Care is needed to distinguish between *should* as the sign of the ordinary English conditional and *should* expressing obligation. A working rule, if in doubt, is to see if the English *should* can be replaced by *ought to*; if it can, translate with the conditional of *dovere*, if it cannot, with the ordinary conditional.

b)   The conditional tenses are often used for a reported statement. They underline that the statement is only reported and may not necessarily be true:

Secondo Giovanni, Maria avrebbe soltanto vent'anni.
According to John, Mary is only twenty.

Un giornale scrive che i russi avrebbero messo in orbita un nuovo sputnik.

> A *newspaper writes that the Russians have put a new sputnik into orbit.*

c)   When the main verb is in a past tense and in all other cases where the conditional refers to past time, Italian, unlike English, uses the past conditional:

> Disse che sarebbe venuto alle nove.
> *He said he would come at nine o'clock.*
> Giorgio era stanco ma il giorno dopo avrebbe cominciato il lavoro di nuovo.
> *George was tired but the next day he would start the work again.*

d)   Distinguish carefully between three common uses of *would* in English:

As a sign of the conditional:
> *He would not have the time.*
> Non avrebbe il tempo.

To indicate a repeated action in the past (i.e. imperfect):
> *Every evening he would play with the children.*
> Ogni sera giocava con i bambini.

As a past tense, expressing desire:
> *He would not do it.*
> Non volle farlo.

4   Irregular Plurals in -a

Some masculine nouns in -*o* become feminine in the plural and form their plural in -*a*. The most common are:

a)   il miglio *(mile)* — le miglia
   il paio *(pair)* — le paia
   l'uovo *(egg)* — le uova
   il centinaio *(hundred)* — le centinaia
   il migliaio *(thousand)* — le migliaia

The words *centinaio* and *migliaio* are used collectively. They mean *about a hundred, thousand* or, in the plural, *hundreds, thousands*:

> C'erano centinaia di persone nella sala.
> *There were hundreds of people in the hall.*

b)   Some words which have both the irregular plural in -*a* and a regular masculine plural in -*i*, often with different meanings. Usually the irregular plural is that used for the ordinary meaning and the regular one has a figurative sense:

   il braccio   — le braccia *(arms of body)*
          i bracci *(arms of chandelier, etc.)*
   il labbro   — le labbra *(lips of mouth)*
          i labbri *(edges of wound)*
   il membro   — le membra *(limbs of body)*
          i membri *(members of society)*
   il muro   — le mura *(walls of city)*
          i muri *(walls of building)*

il dito   —le dita *(fingers, collectively)*
               i diti (e.g. i due diti pollici — *the two thumbs)*
l'osso   —le ossa *(bones of the body, collectively)*
               gli ossi *(bones singly,* e.g. Il cane ha mangiato due
               ossi)
il lenzuolo —le lenzuola *(sheets, in pairs)*
               i lenzuoli *(several sheets)*

c)   A few words have both plurals with little or no difference in meaning:

il ciglio   —le ciglia *(eyelashes)*
                  i cigli *(eyelashes* but also with figurative
                  sense — *edges of road)*
il sopracciglio —le sopracciglia *(eyebrows)*
                  i sopraccigli
il ginocchio   —le ginocchia *(knees)*
                  i ginocchi
il frutto   —le frutta *(fruit as dessert)*
                  i frutti *(fruits,* and also with figurative sense
                  — *profits,* etc.)

N.B.   *La frutta* is the usual collective form for *fruit to eat:*
Mi piace mangiare la frutta.
I like to eat fruit.

Study these Sentences

1   Vorresti venire con me stasera? Ho un amico che recita nella nuova commedia e, se glielo chiediamo, dovrebbe darci dei biglietti gratis.

2   Mi dispiace, ma non saprei spiegarti la ragione delle azioni di quell'uomo. Secondo Giovanni, non ci sarebbe nessuna spiegazione perché quel signore sarebbe un po' matto.

3   Io pensavo che tutti sarebbero venuti con piacere e invece molti mi telefonarono per dirmi che quella sera non avrebbero potuto venire, perché avevano un altro impegno.

4   'Potresti aiutarmi un momento?' 'Ti aiuterei volentieri ma non ho tempo adesso. Forse potrei tornare domani per darti una mano.'

5   Forse avrei dovuto spiegare la cosa subito, ma se te la spiego adesso, tu dovresti capire.

6   Non avrei dovuto comprare quelle uova: erano proprio marce e sarebbe stato impossibile mangiarle.

Vocabulary

l'azione (f.) — *action*
il braccio — *arm*
il centinaio — *hundred*
il ciglio — *eyelash*
la commedia — *play, comedy*
il dito — *finger*
il dito pollice — *thumb*
il dollaro — *dollar*
il ginocchio — *knee*

gratis — *free, without paying*
l'impegno — *engagement*
il labbro — *lip*
il lenzuolo — *sheet*
marcio — *rotten*
matto — *mad*
il membro — *limb, member*
il migliaio — *thousand*
il miglio — *mile*

il muro — *wall*   recitare (**re**cito) — *to act, recite*
l'**o**rbita — *orbit*   il russo — *Russian*
l'osso — *bone*   il sopracc**i**glio — *eyebrow*
il p**a**io — *pair*   l'uovo — *egg*
    dare una mano — *to give, lend a hand*

Exercises

1   Oral exercise:
a)   Subject variation: type sentences:
    porterei i due pacchi
    non ripeterei la stessa storia
    direi tutta la verità
    non sarei in tempo
    non avrei molta fortuna
    rimarrei a casa
    mi sveglierei alle dieci
    non potrei vederlo
    non vorrei offenderlo
    forse dovrei farlo subito, etc.

b)   Say these sentences in the conditional instead of the future:
    Gli parlerò domani.
    Non finirà oggi.
    Non avranno molto tempo.
    Sì, potrò venire.
    Dove comprerai il biglietto?
    Vorrà venire domani.
    Dovremo vederlo oggi.
    Quando verrà?
    Lo vedrete fra due giorni.
    Dove saranno le mie calze?, etc.

2   In the following sentences, change the verb in italics to the conditional and then translate:

Voglio parlare con il professore. *Hai visto* Giovanni ieri? So che non *devo* insistere, ma non *puoi* aiutarmi? Secondo il mio amico, l'esame d'italiano è molto facile. Signora, *prende* una tazza di caffè? Se vuole arrivare in tempo, *deve* partire con il primo treno. Non so ancora quando partirò: *posso* fartelo sapere domani? *Avete* qualche libro che *posso* leggere? Sì, ne abbiamo, ma forse non ti *piacciono*.

3   Translate into Italian paying special attention to the verbs in italics:

He *could help us*, but I don't know if he will be willing. Every Sunday he *would go* and see his friends who lived in the country. They said that they *would phone* me. John thought that his mother *would punish* him. I think that you *ought to have been* there at eight. My parents *wouldn't let* me stay late. I know that I *should study* two hours every day. He *wouldn't do* it and he said that I *ought to understand* his reasons.

4   Change into the plural:

labbro rosso; braccio lungo; uovo fresco; membro stanco; lenzuolo bianco; uovo marcio.

5   Translate into Italian:

thousands of people; bones for the dog; almost a mile; many miles; clean sheets; three pairs of shoes; dirty knees; the walls of Rome; about a hundred dollars.

6   Translate into Italian:

He would like to speak Italian but he hasn't always the courage. According to Mario, the new play is very interesting. No one would ever believe that he was only seventeen. Although I have never seen him I am sure that I would recognise him. She would not have been able to come, so I went to her house to fetch (*prendere*) her in the car. Before you leave, he would like to explain his difficulties to you.

Automobili

In Italia, come in Australia, l'automobile sta diventando una cosa che tutti considerano necessaria. Ma adesso ci sono troppe automobili e non abbastanza strade e, specialmente nelle grandi città, la circolazione del traffico presenta un problema molto serio. In questa conversazione ascolteremo Piero e Franca, la sua amica. Piero si è comprato una Fiat 600[1] nuova e ne è molto orgoglioso.

Piero: Ciao Franca! Ma ti sei fatta proprio bella ... quasi quasi non ti avrei riconosciuta ... (*si accorge della gaffe[2] che sta per[3] commettere*). Oh, scusami ... non volevo dire ... insomma sei proprio bella. Hai messo quel vestito per me?

Franca: Non illuderti troppo! Voi uomini avreste dovuto imparare che qualche volta una ragazza si fa bella anche per sé stessa, perché le piace di essere così. Ma oggi, del resto[4], tu specialmente dovresti capire le ragioni della mia eleganza.

Piero: Ma sì, la 600, l'hai messo in onore della macchina nuova. Brava! Anche tu ne sei innamorata[5]! Ah, potrei parlarti per ore della mia 600; ti direi come tiene la strada nelle curve, come cammina[6] in terza[7], ti spiegherei tutti i misteri del funzionamento del motore, ne scriverei delle poesie...

Franca: Ma io non voglio poesie. Mi avevi promesso di portarmi a fare un giro per Roma. Mi basterebbe quello.

Piero: Scusami. Quando penso alla mia macchina dimentico ogni altra cosa. Vieni, la 600 ci aspetta qua fuori. Vedi come è bella? Rossa come il tuo vestito. Dicevo sempre che avrei comprato una macchina rossa, sai perché? Perché il rosso è il colore delle macchine italiane da corsa[8]. Ah come vorrei diventare un asso del volante[9], un Nuvolari: è sempre stato il mio sogno.

Franca: Piero, calmati: tu avrai i tuoi sogni, ma se vuoi accompagnare me, ti pregherei di guidare in modo prudente. Non vorrei finire all'ospedale.

Piero: Sei senza poesia, senza entusiasmo, ma ubbidisco. Non supereremo i cinquanta chilometri all'ora, te lo prometto. Ecco, sali[10], mettiti comoda[11]; avvio il motore, innesto la marcia e via! Andiamo a vedere Roma!

Mezz'ora dopo

Franca: Piero, senti; non vorrei offenderti e la tua automobile è proprio un amore, ma non potremmo cercare un'altra strada? Qui, per la Via del Corso, c'è tanto di quel traffico[12] e ogni due minuti c'è il semaforo rosso. Non si potrebbe prendere una di queste vie laterali che ci porterebbe su verso il Pincio? Forse non ci sarebbero tanti semafori e potremmo correre[13] un po'.

Piero: Eh, voi donne! Prima mi hai fatto promettere di non andare troppo veloce, e adesso vorresti correre! Però, se insisti, farò come tu vuoi, a patto che tu mi dia il permesso di superare i cinquanta.

Franca: Vorresti anche ricattarmi? Dev'essere l'influenza del rosso sul tuo carattere. Non avrei mai dovuto mettere questo vestito oggi: bastava già il rosso della macchina. Ma pazienza! Ti do il permesso: potrai andare a ... cinquantuno all'ora!

Piero: Ma queste donne! Sono peggio[14] del codice della strada[15]!

[1] *Fiat*, the largest Italian car firm, tands for *Fabbrica italiana automobili Torino*. The Fiat models are usually named after their engine capacity ... *la Seicento, la Mille Cinque (cento)*, etc.

[2] *commettere una gaffe* — to commit a faux pas.

[3] *stare per* — to be about to.

[4] *del resto* — in any case, anyhow.

[5] *essere innamorato di* — to be in love with.

[6] *camminare* — to run (of cars).

[7] *in terza (marcia)* — in third (gear).

[8] *una macchina da corsa* — a racing car.

[9] *un asso del volante* — literally, an ace of the steering wheel (it is a stock phrase used of racing drivers).

[10] *Salire* — literally, to climb. *Salire su una macchina* — to get into a car.

[11] *mettersi comodo* — ɩo make oneself comfortable.

[12] *c'è tanto di quel traffico* — there's so much traffic.

[13] *correre* — to speed (of cars).

[14] *peggio* — worse (*peggio* is an adverb but is often used — as is *meglio* (better) — like an adjective, particularly with *essere*).

[15] *il codice della strada* — the highway code.

Lesson 27

1 The Imperfect Subjunctive

a) Regular conjugations:

parlare	credere	finire
parl-**a**ssi	cred-**e**ssi	fin-**i**ssi
parl-**a**ssi	cred-**e**ssi	fin-**i**ssi
parl-**a**sse	cred-**e**sse	fin-**i**sse
parl-**a**ssimo	cred-**e**ssimo	fin-**i**ssimo
parl-**a**ste	cred-**e**ste	fin-**i**ste
parl-**a**ssero	cred-**e**ssero	fin-**i**ssero

b) 'Longer infinitive' verbs form the imperfect subjunctive on the basis of the longer infinitive:

fare (facere) — facessi, etc.
condurre (conducere) — conducessi, etc.

c) The only verbs irregular in this tense are:

essere	dare	stare
fossi	dessi	stessi
fossi	dessi	stessi
fosse	desse	stesse
fossimo	dessimo	stessimo
foste	deste	steste
f**o**ssero	d**e**ssero	st**e**ssero

d) *Avere* is regular: avessi, etc.

2 The Pluperfect Subjunctive

This tense is formed by the imperfect subjunctive of *avere* or *essere* with the past participle:

avessi parlato	fossi andato, - a
avessi parlato	fossi andato, -a
avesse parlato	fosse andato, -a
avessimo parlato	fossimo andati, -e
aveste parlato	foste andati, -e
avessero parlato	fossero andati, -e

3 Use of the Past Subjunctive Tenses after Conjunctions

The two past subjunctive tenses are used after conjunctions in the same way as the present and perfect (see Lesson 25):

Benché Giovanni non fosse molto intelligente, riusciva a capire tutto
Although John was not very intelligent, he managed to understand everything.

Tutti cominciarono ad uscire, prima che il presidente avesse finito il suo discorso.

Everyone started to go out, before the president had finished his speech.

4   Use of the Past Subjunctive in 'if' Sentences
Study these sentences:

Se avessi il denaro, comprerei quella casa.
If I had the money, I should buy that house.
Se scrivessero la lettera, avrebbero una risposta subito.
If they wrote the letter, they would have a reply at once.
Se avessi avuto il denaro, avrei comprato quella casa.
If I had the money, I should have bought that house.
Se avessero scritto la lettera, avrebbero avuto una risposta subito.
If they had written the letter, they would have had a reply at once.

The pattern is — past subjunctive in the 'if' clause and conditional in the main clause. The corresponding English pattern is — past tense in the 'if' clause and conditional (i.e. *would or should*) in the main clause. The Italian subjunctive is only used after 'if' in this sort of sentence. In other cases the indicative tenses are used, e.g.:

Se sa la risposta, ce lo dirà.
If he knows the answer, he will tell it to us.
Se c'era del vino, lui lo beveva sempre.
If there was any wine, he always drank it.

5   Use of the Definite Article
The definite article is used in Italian, but not in English, in the following cases:

a)   with abstract nouns:

La pazienza è una virtù.
Patience is a virtue.

L'ambizione può essere pericolosa.
Ambition can be dangerous.

However the article is not used when the abstract noun has a partitive sense (i.e. *some* or *any*):

Non ho coraggio.
I haven't any courage.

È un uomo senza ambizione.
He is a man without (any) ambition.

Si ha sempre bisogno di pazienza.
One always needs (some) patience.

b)   with nouns used in a general sense:

I libri sono sempre utili.
Books are always useful.

Alcuni prendono il caffè con molto zucchero.
Some take coffee with a lot of sugar.

c)   with titles:

Ho incontrato il conte Rossi e il signor Amari.
I met Count Rossi and Mr Amari.

But the article is not used in direct address:

Come sta, signorina Patti?
How are you, Miss Patti?

d) with names of countries, regions, etc.:

L'Italia è un bel paese.
Italy is a lovely country.
Siamo partiti dall'Australia due giorni fa.
We left Australia two days ago.

But the article is not used after the preposition *in*:

Siamo in Italia.   Andiamo in Francia.
We are in Italy.   *We are going to France.*

And it is not used after the preposition *di* in adjectival phrases:

L'ambasciatore d'Italia. — *The Italian ambassador.*

The article is used in all cases (i.e. also after *in* and *di*) when the name of the country is qualified by an adjective, when it is masculine, or when it is plural:

Nell'Italia settentrionale. — *In Northern Italy.*
Nel Belgio. — *In Belgium.*
Negli Stati Uniti. — *In the United States.*

6   Omission of the Definite Article

a) The article is not used in Italian in several phrases with the preposition *in*, e.g.:

Era in camera. — *He was in the bedroom.*
È rimasto in ufficio. — *He stayed in the office.*
Andiamo in giardino. — *Let's go into the garden.*

But if the noun is qualified in any way the article is used:

Siamo stati nell'ufficio del nostro amico.
We have been in our friend's office.

7   Omission of the Indefinite Article

The indefinite article is often, but not invariably, omitted before ranks, professions, etc., after the verb *essere* or a similar verb:

Enrico è capitano. — *Henry is a captain.*
Rossi è ingegnere. — *Rossi is an engineer.*

But the article is used if the noun is qualified in any way:

Rossi è un ingegnere molto capace.
Rossi is a very capable engineer.

Study these Sentences

1   Il direttore spiegò tutta la faccenda, perché tutti gli operai capissero le ragioni della sua decisione.

2   Se fossero andati a vedere la partita l'altro giorno, li avrei accompagnati. Invece sono rimasti a casa.

3   'Vorresti venire con me, se io passassi a prenderti con la macchina?'

4   Prendo il caffè a tutte le ore del giorno. Quando la stanchezza mi opprime, il caffè mi ristora e il lavoro non mi sembra più pesante.

5   'Buona sera, signor Guidi. Se lei volesse venire da noi domani sera, e portasse anche i suoi amici, la signora Buonvicini e la signorina Allegri, sarebbe per noi un grande piacere.'

6   Abbiamo deciso di fare un lungo viaggio in Europa. Andremo prima in Francia, poi in Olanda e nel Belgio perché abbiamo sempre voluto visitare i Paesi Bassi. Visiteremo anche l'Italia e ci fermeremo per alcune settimane a Napoli, perché vogliamo fare delle gite nell'Italia meridionale.

Vocabulary

accompagnare — *to accompany*
l'ambasciatore (m.) — *ambassador*
l'ambizione (f.) — *ambition*
il Belgio — *Belgium*
capace — *capable*
il capitano — *captain*
il conte — *count*
la decisione — *decision*
il discorso — *speech*
la faccenda — *business, matter*
l'ingegnere (m.) — *engineer*
la macchina — *car, machine*
meridionale — *southern*

l'Olanda — *Holland*
l'operaio — *workman*
*opprimere — *to oppress*
i Paesi Bassi — *the Netherlands*
la partita — *match, game*
pesante — *heavy*
ristorare — *to refresh*
settentrionale — *northern*
la stanchezza — *tiredness*
gli Stati Uniti — *United States*
utile — *useful*
la virtù — *virtue*

passare a prendere — *to call for*
* opprimere, oppressi, ho oppresso

Exercises

1   Oral exercise:

Put the verb in parentheses in the imperfect subjunctive:

Andrei in Italia, se *(avere)* il denaro.
Faresti il lavoro, se *(avere)* tempo.
Verrebbe subito, se *(potere)*.
Potremmo farlo, se *(volere)*.
Verreste stasera, se *(avere)* tempo?
Sarebbero felici, se *(sapere)* suonare.
Scriverei la lettera, se tu mi *(aiutare)*.
Vorrei venire, se loro *(venire)* anche.
Arriverebbe stasera, se *(prendere)* il treno delle otto.
Non andrebbero via, se *(volere)* parlarti.
Ti risponderebbe, se glielo *(domandare)*.
Tutto andrebbe bene, se lei *(fare)* quello.
Sarebbe così contento, se noi gli *(dare)* una mano.

2   Form two complete sentences from each group of words, as in this example:

Io avere denaro, andare in Italia.
Se io avessi il denaro, andrei in Italia.
Se io avessi avuto il denaro, sarei andato in Italia.

Io avere del pane, lo mangiare.
Tu avere la possibilità, comprare quella casa?
Lui venire adesso, potere vedere il film.
Noi vedere la commedia, essere molto contenti.
Voi arrivare alle otto, avere il tempo per mangiare?
Loro fare quello, essere molto generosi.

3   Translate into Italian:

a)   Eggs are very dear. Holland is a small country. He is going to Holland
in June. Sleep and rest are necessary. Work is not always interesting.
Time passes. In southern France. In northern Australia. Mrs Nenni has
not yet arrived, but Miss Cini came yesterday. I have no patience with
that young lady. Australia is near Indonesia (*same word*). Dogs are
useful to man.

b)   His brother is a doctor. My parents have gone to church but I have
stayed at home to work in the garden. John is now a captain. I used to
go to the office every morning. He is now working in my office.

4   Translate into Italian:

If you knew him, you would understand our difficulties. I'd come too, if
I didn't have so much to do. They would have told me everything if there
had been enough time. Before he left, I wanted to give him that address.
She would not have been able to come, if I had not called for her in the
car. If you asked him to help, he would do it with much pleasure. Even
if (*anche se*) I had seen him, I should not have recognised him. If he
arrives tomorrow, everything will be ready. If there was a match, we
always used to go and see it.

I sogni e la realtà

Come tutti sappiamo i sogni e la realtà sono due cose molto diverse. Però
a tutti piace sognare, specialmente ad occhi aperti[1]. Se avessi il denaro
... se fossi milionario ... se non dovessi lavorare per guadagnarmi la vita[2]
... La vita è piena di questi 'se', ma forse non fa male[3] ogni tanto
permettersi il lusso di un viaggio nel paese dei sogni. Ascoltiamo per un
momento due sognatori.

Carlo: Sai, stanotte[4] ho fatto un magnifico sogno. Ero ricco sfondato[5];
potevo comprare tutto. Avevo dieci automobili, tre case, non mi mancava
proprio niente. È stato molto spiacevole svegliarmi e dover riprendere la
vita normale.

Antonio: Io, invece, non riesco mai a fare dei bei sogni. Non so perché.
Ma dimmi, se tu veramente avessi tutti quei soldi, che cosa ne faresti?
Ci hai mai pensato?

Carlo: Si capisce che ci ho pensato. In primo luogo[6] mi comprerei una
villa in campagna.

Antonio: Dove? Qua in Italia? O all'estero[7]? Nella Francia meridionale,
per esempio, dove stanno tutti quei milionari?

Carlo: In Italia naturalmente. Nessuno vorrebbe vivere all'estero, se
potesse rimanere in Italia. Comprerei la villa in Toscana, non molto
lontano da Firenze, ma un po' su in montagna, e starei lì tutta l'estate

a godermi il fresco. Userei un elicottero per fare delle gite al mare ogni tanto. E perché tu e gli altri amici non diventaste invidiosi, vi inviterei qualche volta.

Antonio: Grazie tante, signore, molto gentile.

Carlo: Di niente, caro mio: mi piace trattare bene gli amici. A Firenze poi avrei un appartamento sul Lungarno[8] e se mi sentissi stanco della vita di campagna, potrei sempre andar giù in città.

Antonio: Senti, per dirti proprio la verità, queste tue idee non mi paiono molto brillanti. Se si facesse la stessa domanda a, supponiamo, un gruppo di dieci persone, scommetto che almeno nove su dieci[9] risponderebbero più o meno[10] così, come hai risposto tu.

Carlo: Sì? E allora, tu come risponderesti? Sentiamo!

Antonio: Ma io, se avessi tutti quei soldi ... io li darei agli amici.

Carlo: Come[11]? Ma perché? La generosità va bene fino a un certo punto, ma...

Antonio: La generosità non c'entra[12]. Se io tenessi i soldi per me, non avrei mai un momento di pace. Dovrei sempre pensare a quei soldi ... come spenderli, come investirli... Ma se io li dessi agli amici, loro mi inviterebbero sempre, perché si sentirebbero in obbligo verso di me, e così io farei una vita[13] beata e lascerei tutti i pensieri a loro. Non ti pare un buon sistema?

Carlo: Ma sì, hai proprio ragione. E daresti un po' di quei soldi anche a me?

Antonio (ridendo): Certo, se ne avessi...

[1] *sognare ad occhi aperti* — to day-dream.
[2] *guadagnarsi la vita* — to earn one's living.
[3] *fare male* — to hurt.
[4] *stanotte* — last night.
[5] *ricco sfondato* — rolling in money.
[6] *in primo luogo* — in the first place.
[7] *all'estero* — abroad.
[8] *Lungarno* — the *Lungarni* are the streets which run alongside the river Arno in Florence.
[9] *nove su dieci* — nine out of ten.
[10] *più o meno* — more or less.
[11] *Come* — literally 'how?' But often used for 'what?' when one has not heard or has not understood properly.
[12] *questo non c'entra* — this doesn't come into it, this has nothing to do with it.
[13] *fare una vita beata, triste, etc.* — to live a blessed, sad life.

Lesson 28

1 Relative Pronouns

a) *Che* is the general purpose Italian relative pronoun; it corresponds to *who, whom, which, that*; it is invariable:

> Il ragazzo che va a scuola. — *The boy who goes to school.*
> Le signore che ho invitato. — *The ladies whom I have invited.*
> Il libro che sto leggendo. — *The book which I am reading.*
> L'autobus che va in città. — *The bus that goes to town.*

In Italian, unlike in English, the relative can never be omitted:

> Il ragazzo che vidi ieri. — *The boy (whom) I saw yesterday.*

Che cannot be used when a preposition precedes the relative.

b) *Cui* is used after prepositions; it is invariable:

> La signora a cui sto scrivendo. — *The lady to whom I am writing.*
> I libri di cui sto parlando. — *The books of which I am talking.*

In English we often put the preposition at the end of the phrase. This cannot be done in Italian; nor can the relative be omitted:

> Il ragazzo di cui parlo. — *The boy (that) I am speaking of.*

Cui may also correspond to *to whom, to which,* i.e. the preposition *a* can be omitted:

> La signora (a) cui scrivo. — *The lady to whom I am writing.*

c) *Il quale* is an alternative to both *che* and *cui,* though it is less commonly used than either. It must agree in number and gender with its antecedent (i.e. with the noun or pronoun to which it refers):

> Il signore del quale parlavo.
> *The man of whom I was speaking.*
>
> La ragazza con la quale giocavo.
> *The girl with whom I was playing.*
>
> Gli amici dai quali l'abbiamo sentito.
> *The friends from whom we heard it.*
>
> Le città per le quali siamo passati.
> *The cities through which we passed.*

Il quale can serve to remove ambiguity:

> La sorella del mio amico la quale viene stasera.
> *The sister of my friend who (i.e. the sister) is coming this evening.*

d) *Il cui* corresponds to the relative *whose.* The definite article agrees with the noun following *cui*:

> La signora il cui figlio è malato.
> *The lady whose son is ill.*
>
> La casa le cui porte sono verdi.

The house whose doors are green.

e)   *Ciò che, quello che* or *quel che* correspond to the relative *what:*

Ho sentito quello che ha detto.
I heard what he said.

Ciò che mi piace in lui è il suo coraggio.
What I like in him is his courage.

After *tutto* (everything, all) one of the above forms must be used:

Mi ha raccontato tutto ciò che ha sentito.
He told me everything (that) he heard.

f)   *Cosa che* or *il che* correspond to *which* when *which* refers, not to a specific word, but to a general idea:

Dice che ha già finito, cosa che (il che) non credo.
He says he has already finished, which I don't believe.

g)   *Chi*, as a relative, corresponds to *he who, she who, those who.* The verb is always in the singular:

Chi compra il biglietto oggi, avrà una riduzione.
Those who buy the ticket today will get a reduction.

Chi non vuole studiare, dovrebbe andare a casa.
Those who don't want to study ought to go home.

Chi is commonly used in proverbs:

Chi rompe, paga. — *He who breaks, pays.*
Chi dorme, non piglia pesci. — *He who sleeps, catches no fish.*

Chi can be used after prepositions:

Parlo per chi mi vuole ascoltare.
I am speaking for those who want to listen to me.

Chi ... chi can be used for *some ... others:*

Chi piangeva e chi rideva. — *Some were crying and others were laughing.*

h)   Instead of *chi* the following may be used:

colui (quello) che — *he who, the one who*
colei (quella) che — *she who, the one who*
coloro (quelli, -e) che — *they who, those who*
Colei che finisce prima, avrà un premio.
She who finishes first, will get a prize.

Tutti quelli che sono venuti, dovranno tornare domani.
All those who have come, will have to come back tomorrow.

2   The Subjunctive with Volere and Similar Verbs

Study these sentences, comparing the English and Italian constructions:

I want to speak.	Voglio parlare.
I want him to speak.	Voglio che lui parli.
They want to come.	Vogliono venire.
They want me to come.	Vogliono che io venga.
He wanted to finish.	Voleva finire.
He wanted them to finish.	Voleva che finissero.

Thus when English *to want* has a direct object of person, Italian uses a separate clause, introduced by *che* with the verb in the subjunctive. The same construction is used with other verbs with a similar meaning such as *desiderare, preferire:*

> *I desire her to be present.* — Desidero che lei sia presente.
> *He preferred her not to speak.* — Preferiva che lei non parlasse.

3   Sequence of Tenses with the Subjunctive

Study these sentences, observing the use of the tenses:

a) | *He wants me to come.* | Vuole che io venga. |
| *He will want me to come.* | Vorrà che io venga. |
| *He wants me to have read it.* | Vuole che io l'abbia letto. |

When the main verb is *present* or *future*, the subjunctive will be either *present* or *perfect.*

b) | *He wanted me to come.* | Voleva (volle) che io venissi. |
He had wanted me to come.	Aveva voluto che io venissi.
He would like me to come.	Vorrebbe che io venissi.
He wanted me to have read it.	Voleva che io l'avessi letto.
He would have liked me to have read it.	Avrebbe voluto che io l'avessi letto.

When the main verb is *imperfect, passato remoto, pluperfect* or *conditional*, the subjunctive will be either *imperfect* or *pluperfect.*

c) *He wanted me to come tomorrow (i.e. I haven't yet come).*
Ha voluto che io venga domani.
He wanted me to come soon (i.e. I did come soon).
Ha voluto che io venissi presto.

When the main verb is *perfect*, the subjunctive may be either *present* or *imperfect*. The present subjunctive will normally indicate an action that is to take place in the future; the imperfect subjunctive will indicate an action that has already taken place.

Study these Sentences

1   Tra le varie cose che abbiamo discusso, c'era quel problema di cui ti parlavo l'altro giorno. Ti pregherei di esaminare tutti i particolari e poi di dirmi ciò che tu ne pensi.

2   La ragazza stava guardando gli alberi le cui foglie cadevano a terra. La stagione in cui cadono le foglie è l'autunno che è la terza stagione dell'anno.

3   Chi è stato in Australia sa che i canguri non vanno a passeggio per le strade delle città. Anzi, un canguro avrebbe una vita piuttosto difficile a Melbourne o a Sydney a causa delle automobili di cui le città sono piene.

4   Nelle gare di nuoto gli australiani si sono sempre distinti, cosa che si può attribuire all'entusiasmo con cui i giovani nuotatori si dedicano all'allenamento.

5   Vorrei che tu accettassi questo dono perché te lo sei meritato, ma non voglio fare un lungo discorso per lodarti, e non voglio che tu mi ringrazi.

6   Giovanni vuole che io impari a suonare il pianoforte, non vuole che io fumi quando siamo insieme e qualche volta mi dice che parlo troppo. Tutto sommato non lo trovo molto simpatico.

Vocabulary

l'allenamento — *training*
anzi — *in fact, moreover*
attribuire — *to attribute*
il canguro — *kangaroo*
la causa — *cause*
dedicare (dedico) — *to dedicate*
*distinguere — *to distinguish*
il dono — *gift*
l'entusiasmo — *enthusiasm*
esaminare (esamino) — *to examine*
la gara — *race, competition*
lodare — *to praise*
meritarsi (mi merito) — *to deserve*
    a terra — *on, to the ground*
    andare a passeggio — *to go for a stroll*
    a causa di — *because of*
    tutto sommato — *all in all, on the whole*
*distinguere, distinsi, ho distinto.

il nuotatore — *swimmer*
il nuoto — *swimming*
il passeggio — *walk, stroll*
il particolare — *detail*
il pesce — *fish*
pieno — *full*
piuttosto — *rather*
pigliare (piglio) — *to catch, take*
il premio — *prize*
presente — *present*
la riduzione — *reduction*
vario — *various* (plu.)

Exercises

1   Oral exercises:

a)   Insert the Italian relative:

Il ragazzo (*who*) viene.
I ragazzi (*who*) vengono.
Le ragazze (*that*) cantano.
I libri (*which*) leggo.
Il signore (*whom*) vedo ogni giorno.
Il signore con (*whom*) stavo parlando.
Le signore di (*whom*) stavo parlando.
Gli amici a (*whom*) scriviamo la lettera.
Le ragioni per (*which*) studiamo l'italiano.
Ho sentito (*what*) ha detto.
Ti spiegherò (*what*) voglio fare.
Posso comprare (*everything*) voglio.
Dice che è inglese (*which*) non mi pare probabile.
(*Those who*) dice questo, ha torto.
(*Those who*) dicono questo, hanno torto.

b)   Substitute the appropriate form of *il quale* for *cui*:

Il ragazzo con cui giocavo.
I ragazzi con cui giocavo.
La ragazza con cui giocavo.
Le ragazze con cui giocavo.

La signora a cui scrissi.
I libri di cui parlavamo.

c) Insert the appropriate form for *whose:*

La signora (*whose*) figlio ho visto ieri.
La signora (*whose*) figli ho visto ieri.
Le signore (*whose*) figlie ho visto ieri.
L'amico (*whose*) casa abbiamo comprato.
La signora (*whose*) uova sono marce.
Giovanni (*whose*) madre arriva stasera.

d) Make sentences using *volere* with the subjunctive as in this example:
Voglio venire (lui). *Voglio che lui venga.*

Voglio parlare (lui).
Voglio parlare (loro).
Voglio parlare (tu).
Vuole parlare (io).
Vuole parlare (noi).
Vuole parlare (voi).
Vogliamo andare (lei).
Vogliono andare (io).
Volevo fare (lui).
Volevo fare (loro).
Non vorrei pagare (tu).
Non avevano voluto venire (noi).
Vorrà essere qui (tutti).
Voglio sentirlo (loro).
Non vorrei perderlo (voi).
Voleva vederlo (sua madre).
Vorrebbero andare in città (Maria).

2 Make relative sentences as in this example:

Giovanni è un ragazzo. Ha un cane.
Giovanni è un ragazzo che ha un cane.

Questa è Maria. La vedo ogni giorno.
Questa è Maria. Vado a scuola con lei.
Maria è una ragazza. Tutti la amano.
Questi sono i libri. Ho trovato l'informazione in essi.
Ha detto che è intelligente. Non pare molto probabile.
I canguri sono animali. Vivono soltanto in Australia.
I miei amici sono in Italia. Io scrivo loro ogni giorno.

3 Translate into Italian:

What you do not understand in this lesson you must ask the teacher. In the room there was a small table on which he put his wallet. There were a few people whom I did not know, and there were some people whose names I knew but to whom I had never spoken. The girl we were talking about lives in Sydney. This is the gentleman whose daughter you met in Italy. Those who come will understand the reason why (*for which*) we have invited them. I have understood everything you have told me. Some arrived at seven and others at eight.

4   Translate into Italian:

I want to see that film. I want you to see that film. Although he thinks he is right, he wants me to help him. The children wanted me to take them for a trip in the car. I should like you to take this book, even if you have read it before. Providing you can arrive in Florence in time, I should prefer you to come on the train. I don't want him to pay because he hasn't got much money. They want to go to town, but they don't want us to go with them. They would like us to be there at eight. I should have preferred them not to have said it.

La pasta[1]

La pasta, o pasta asciutta, è uno dei piatti per cui la cucina italiana è famosa in tutto il mondo. Anche in inglese stiamo imparando ad usare la parola 'pasta', la quale serve ad indicare tutte le varie qualità: spaghetti, maccheroni, ecc.

Ormai, la pasta è prodotta su scala industriale[2], ma c'è ancora chi preferisce quella fatta in casa[3]. La massaia mescola la farina con dell'acqua (e, se vuole fare la pasta all'uovo[4], con qualche uovo), e poi prende il matterello con cui spiana la pasta per ottenere la giusta compattezza, cosa che può sembrare molto semplice, ma è un lavoro per cui ci vuole[5] una lunga esperienza. La donna la cui pasta ottiene le lodi dei buongustai è veramente felice, e vorrebbe che tutti gustassero ciò che ha preparato con tanta cura.

Con le macchine è possibile ottenere ogni forma immaginabile di pasta, ma tutti, anche all'estero, conoscono gli spaghetti, i vermicelli e i maccheroni. Gli spaghetti sono piccoli tubi lunghi e sottili, il cui nome indica appunto la forma che hanno — sono, cioè, come dei pezzi di spago. La città di Napoli è famosa per i suoi spaghetti. Per mangiarli in modo elegante e efficace ci vuole molta pratica. Anche i vermicelli hanno un nome molto espressivo (piccoli vermi), al quale è forse preferibile non pensare mentre li stiamo mangiando. I maccheroni, invece, sono dei tubi grossi. Ma bisogna precisare che i nomi delle qualità di pasta variano in Italia da regione in regione[6]: un nome che, per esempio, a Firenze significa una cosa, a Roma, forse, significa un'altra, oppure non esiste affatto[7]. Non bisogna poi dimenticare i vari tipi di pasta con ripieno. Sono molto conosciuti i ravioli che, bene o male[8], possiamo adesso comprare anche in scatola[9].

Cucinare la pasta è, in teoria, una cosa molto semplice. Prendiamo dell'acqua bollente e ben salata e vi mettiamo la pasta (gli italiani dicono 'mettere giù la pasta'). Il tempo della bollitura varia, si capisce, secondo i vari tipi di pasta, ma la cosa essenziale è di sapere il punto giusto della cottura: la pasta deve essere 'al dente', cioè né troppo dura né troppo molle, cosa che soltanto un esperto può decidere. In molte famiglie italiane l'esperto è il marito che arriva in cucina per assaggiare la pasta ed esprimere il suo giudizio.

Mangiamo la pasta con burro, o con un sugo, di cui c'è una varietà infinita — sugo di pomodori, di carne, di funghi ecc., e anche con un po' di formaggio parmigiano grattugiato.

Pronti! La pasta è in tavola! Buon appetito a tutti!

[1]*pasta* is the generic term for spaghetti, maccheroni etc., i.e. noodles.

[2]*su scala industriale* — on an industrial scale.

[3]*pasta fatta in casa* — home-made pasta.

[4]*pasta all'uovo* — egg noodles.

[5]*ci vuole* — one needs. *Ci vuole molto tempo per imparare una lingua:* one needs a lot of time to learn a language. *Ci vogliono quattromila sterline per comprare quella casa:* one needs (you need) four thousand pounds to buy that house.

[6]*da regione in regione* — from region to region (*da tempo in tempo* — from time to time).

[7]*affatto* — at all. *Affatto* is always used in a negative sense, in conjunction with *non. Non è vero affatto.* — It isn't true at all.

[8]*bene o male* — for better or worse.

[9]*in scatola* — in tins, tinned.

Lesson 29

1 Interrogative Pronouns and Adjectives

a) *Chi?* corresponds to *Who?* or *Whom?*

Chi è quel signore? — *Who is that gentleman?*
Chi sono quelle signore? — *Who are those ladies?*
Dimmi chi è venuto. — *Tell me who came.*
Chi hai visto ieri sera? — *Whom did you see yesterday evening?*

Except with *essere*, the verb of which *chi* is subject is always singular.

Chi, like all the interrogative words, can be used after prepositions. Note that, whereas in English, particularly in speech, we often put the preposition at the end of the phrase, in Italian it always precedes the interrogative:

Con chi andavi a scuola? — *With whom were you going to school?*
Per chi fai quel lavoro? — *Who are you doing that work for?*

Di chi? is equivalent to *Whose?*

Di chi è quella penna? — *Whose is that pen?*

b) *Che?, Che cosa?* and *Cosa?* can all correspond to the pronoun *What?* There is no difference in meaning between them. *Che cosa?* and *Cosa?* are the forms more commonly used in speech.

Che avete fatto? — *What have you done?*
Di che cosa parlano? — *What are they talking of?*
Cosa dici? — *What are you saying?*
Voglio sapere che cosa fa. — *I want to know what he is doing.*

N.B. Care is sometimes needed in distinguishing between *what* introducing an indirect question and *what* introducing an indirect statement:

Question
Domandagli che cosa vuole. — *Ask him what he wants.*

Statement
Ricordo ciò che ha detto. — *I remember what he said.*

c) *Che?* is the only form used as an adjective corresponding to *What?* It is invariable:

Che libro vuoi leggere? — *What book do you want to read?*
Che idee ha? — *What ideas has he?*

d) *Quale?* corresponds to *Which?* both as an adjective and as a pronoun; it agrees in number with its noun:

Quale libro vuoi prendere? — *Which book do you want to take?*
Quali libri vuoi prendere? — *Which books do you want to take?*
Di quale signora parla? — *Which lady is he speaking of?*

Di queste mele quale vuoi prendere?
Of these apples which (one) do you want to take?
Di queste mele quali vuoi prendere?
Of these apples which (ones) do you want to take?
Note that in the above two examples the English *one* or *ones* is not translated in Italian.

N.B. *Che*, as an adjective, cannot be used on its own before *essere*. Instead *quale* is used (usually shortening to *qual* before *è*):

Qual è la differenza? — *What is the difference?*
Quali sono le sue opinioni? — *What are his opinions?*

Or, alternatively, the same idea may be expressed with *che* preceding the noun:

Che differenza c'è? — *What difference is there?*
Che opinioni ha? — *What opinions has he?*

e) *Quanto?* corresponds to *How much?*, *How many?* Agreement is made with the noun:

Quanto costa questo libro?
How much does this book cost?

Quante signore erano presenti?
How many ladies were present?

Con quanti amici sei venuto?
How many friends did you come with?

Quanto? or *Quanto tempo?* corresponds to *How long?*

Quanto (tempo) hai dovuto aspettare?
How long did you have to wait?

Note the Italian word order in this type of question, where *quanto* corresponds to *how* in conjunction with an adjective; used in this way it is invariable:

Quanto è lungo quel ponte? — *How long is that bridge?*
Quanto sono ricchi i tuoi amici? — *How rich are your friends?*

N.B. *Quanto* is also used as a relative corresponding to *ciò che* or *quello che:*

Quanto ha detto, è la pura verità. — *What he said is the pure truth.*

2   Exclamations

a) *Che!* corresponds to *What!* It is invariable and no indefinite article is used after it:

Che bella ragazza! — *What a lovely girl!*
Che problema difficile! — *What a difficult problem!*
Che belle ragazze! — *What lovely girls!*
Che coraggio! — *What courage!*

b) *Quanto?* corresponds to *How much!*, *How many!*

Quanti libri ha quell'uomo! — *How many books that man has!*
Quanto ha lavorato! — *How much he has worked!*

c)   *Come!* or *Quanto!* correspond to *How!* Note word order:
Come sono belle quelle ragazze! — *How lovely those girls are!*
Quanto è stanca Maria! — *How tired Mary is!*
Quanto sono stufo! — *How fed-up I am!*

3   Use of the Subjunctive after Certain Verbs

The subjunctive is used in a subordinate clause, normally introduced by *che*, after certain verbs. Note that the rules for the sequence of tenses given in Lesson 28 usually apply with these constructions. The principal types of verbs are:

a)   *Verbs of emotion (fear, joy, etc.),*
e.g. temere, avere paura, essere contento, *etc.*
Temevo che lui avesse fatto un errore.
I was afraid that he had made a mistake.
Sono molto contento che voi capiate tutto.
I am very happy that you understand everything.
Mi dispiace che loro non siano venuti.
I am sorry that they have not come.

b)   *Verbs of doubt, denial,*
e.g. negare, dubitare, *etc.*
Dubitavo che fosse così facile.
I doubted that (whether) it was so easy.
Negavano che i loro amici avessero detto quelle cose.
They denied that their friends had said those things.

c)   *Verbs of thought, opinion,*
e.g. credere, pensare, parere, sembrare, *etc.*
Non credo che faccia molti errori.
I don't think that he makes many mistakes.
Mi sembra che quella ragazza non abbia capito.
It seems to me that that girl hasn't understood.

d)   *Most impersonal verbs and expressions,*
e.g. bisogna, basta, è possibile, *etc.*
Bisogna che Maria arrivi domani.
It is necessary that Mary arrive (for Mary to arrive) tomorrow.
Era possibile che loro non avessero sentito.
It was possible that they had not heard.

e)   *Verbs of perception, knowledge, understanding, affirmation, when negative,*
e.g. non vedere, non sapere, non capire, non dire, *etc.*
Non vedo come possa essere vero.
I don't see how it can be true.
Non so se tutto questo sia un trucco per ingannarci.
I don't know if all this is a trick to deceive us.
Non capivano che lui fosse così felice.
They didn't understand that he was so happy.
Non dico che non ci sia nessuna soluzione.

I don't say that there is no solution.

N.B.   Although the sequence of tenses rules normally apply the sense will sometimes demand otherwise, particularly after verbs like *credere:*

Credo che avesse già finito quando io arrivai.
I think that he had already finished when I arrived.

4   Infinitive Construction with these Verbs

a)   In all the examples given in paragraph 3 above the subject of the verb in the subjunctive is different from the subject of the verb in the main clause. Study the following examples, comparing the Italian and the English constructions:

Nego che lui sia inglese. — *I deny that he is English.*
Nego di essere inglese. — *I deny that I am English.*
Credo che Maria sia felice. — *I think that Mary is happy.*
Credo di essere felice. — *I think that I am happy.*
Era contento che loro capissero. — *He was happy that they understood.*
Era contento di capire. — *He was happy that he understood.*
Non dico che lui abbia finito. — *I don't say that he has finished.*
Non dico di avere finito. — *I don't say that I have finished.*

Thus in English the same type of construction is used in both cases. But, in Italian, when the subjects of the two verbs are the same the infinitive preceded by *di* is used instead of a dependent clause.

b)   A similar difference is made in the constructions with impersonal verbs and expressions. Study these examples:

Bisogna studiare questa lezione.
It is necessary to study this lesson.
Bisogna che Maria studi questa lezione.
It is necessary for Mary to study this lesson.
È inutile (di) cominciare adesso.
It is useless to start now.
È inutile che loro comincino adesso.
It is useless for them to start now.

N.B.   After *bisogna* and *basta* no preposition is used before the infinitive. After impersonal expressions the *di* is optional.

Study these Sentences

1   'Di quale commedia stai parlando?' domandai al mio amico. 'Della nuova commedia di Valeri,' rispose. 'Ah,' dissi, 'l'ho vista anch'io. Che impressione ti ha fatto? Quali scene ti sono piaciute?'

2   'Che bel tramonto stasera! Guarda quelle nuvole rosse! Come sono belle!' 'Sì, è bello davvero: ci vorrebbe un pittore per dipingerlo.' 'D'accordo, ma quale pittore potrebbe riprodurre sulla tela tutti quei colori?'

3   'Di che cosa stavate discutendo l'altra sera?' 'Parlavamo di certi amici.' 'Quali?' 'Preferisco non dirlo. Non vorrei che qualcuno venisse a sapere ciò che abbiamo detto di lui.' 'Perché? Di che o di chi hai paura?'

4　Loro volevano che noi comprassimo la loro casa, perché credevano che avessimo molti soldi. Non capisco perché abbiano pensato che noi fossimo ricchi.

5　Credo che abbiano preso tutte le precauzioni, ma non è stato possibile evitare l'incendio. Hanno dovuto chiamare d'urgenza i pompieri perché temevano che il fuoco si dilagasse alle altre case.

6　È probabile che siano già partiti e, per dire la verità, sono molto contento che non siano sempre qui con noi.

7　I suoi genitori non gli hanno dato il permesso di venire con noi. Credo di essere una persona onesta e credo che lo siano anche i miei amici. Qualche volta bisogna avere molta pazienza per non arrabbiarsi. E poi vogliono che io non dica niente e non capiscono perché io voglia protestare! Basta, non ne posso più!

Vocabulary

arrabbiarsi — *to get angry*
il colore — *colour*
davvero — *really*
la differenza — *difference*
dilagarsi — *to spread*
*dipingere — *to paint*
dubitare (dubito) — *to doubt*
evitare (evito) — *to avoid*
l'impressione (f.) — *impression*
l'incendio —*fire (of building)*
ingannare — *to deceive*
la mela — *apple*
negare — *to deny*
la nuvola — *cloud*
l'opinione (f.) — *opinion*

il pittore — *painter*
il pompiere —*fireman*
la precauzione — *precaution*
protestare — *to protest*
puro — *pure*
*riprodurre — *to reproduce*
la scena — *scene*
i soldi — *money*
la soluzione — *solution*
stufo —*fed-up*
la tela — *canvas, cloth*
temere — *to fear*
il tramonto — *sunset*
il trucco — *trick*
l'urgenza — *urgency*

d'accordo — *I agree* (sono d'accordo)
venire a sapere — *to get to know, find out*
d'urgenza — *urgently*

*dipingere, dipinsi, ho dipinto.
riprodurre, riprodussi, ho riprodotto (cp. condurre).

Exercises

1　Oral exercise:

a)　Insert the Italian form for the words in parentheses:

(*Who*) era con te al cinema?
A (*whom*) hai dato il libro?
Adesso ho capito (*who*) è.
(*Whose*) è quella macchina?
(*What*) vuole quel signore?
(*What*) è la ragione per (*which*) piange?
(*What*) ragione ha dato?
(*How many*) amici hai?
(*Which*) delle due camere preferisci?

(*What a*) bel giardino!
(*How much*) costano quelle calze?
(*How many*) volte dovrò dirlo?
(*With whom*) desideri parlare?
(*What*) c'è in quel cassetto?
(*How many*) uova avete mangiato?
(*How*) è lunga questa strada!
Mi domanda sempre (*what*) faccio, (*whom*) ho visto e (*with whom*)
ho passato la domenica.
Non so (*who*) sia.
(*Of which*) libri stai parlando?
(*How*) sono stanco!

b)   Put the verb into the subjunctive:

Credo che loro (*avere*) ragione.
Non vedo come lui (*potere*) dirlo.
Bisogna che lei ci (*dare*) la sua opinione.
Gli dispiace che voi non (*potere*) rimanere.
Ho paura che lui non (*venire*).
È necessario che io (*capire*) tutto.
Era necessario che io (*capire*) tutto.
Suo padre dubita che lui (*sapere*) nuotare.
Pensavano che noi (*essere*) buoni amici.
È inutile che voi (*parlare*) con lui.
Non hanno mai detto che io (*essere*) ricco.
Sono contento che loro non (*andare*) via subito.
Era probabile che lei (*avere visto*) il film.

2   Write the questions to which the sentences given below could be the
answers; e.g. the first sentence could be the answer to *Che cosa ti ha
portato?*:

Mi ha portato un libro.
Maria è venuta con me.
Stavo parlando con Giovanni.
C'erano venti persone presenti.
Siamo arrivati con il treno delle otto.
Voglio studiare la ventesima lezione.
Parlavano di Maria.
Giovanni ha diciotto anni.

3   Form a sentence with a dependent clause in the subjunctive as in
this example (and translate both sentences into English):

Credo di essere felice (*lui*). — *Credo che lui sia felice.*
È impossibile di farlo (*loro*).
Era impossibile di farlo (*loro*).
Dubitavano di avere capito (*lei*).
Non dico di essere molto intelligente (*tu*).
Credevano di avere ragione (*io*).
Credo di avere ragione (*loro*).
Eravamo contenti di essere arrivati (*voi*).
Basta fare un po' di lavoro (*lei*).

Ho paura di non poterlo fare (*tu*).
Nego di averlo fatto (*lui*).

4   Translate into Italian:

He is very sorry that you weren't able to come. It's useless for you to be afraid that he will see you. I thought I could finish my exercises, providing no one disturbed me. I'm afraid I've forgotten your name. It isn't necessary for everyone to have the same book. Which of the two books do you prefer? Someone, I don't remember who, told me that he thought that their friends were German. How many cities did you visit in Italy? How long do you think that you will stay? I thought that the film was very interesting, but how tired I was when we got home! I'm so happy to be here and I think that all the others are happy too.

La partita

'Vorresti venire alla partita oggi?' mi domandò il mio amico italiano Roberto. 'Di quale partita stai parlando?' gli dissi, 'di una partita di tennis, golf, o ping pong?' Volevo anche continuare l'elenco perché Roberto sentisse quanti nomi di giochi conoscevo in italiano (cosa che non è molto difficile perché sono spesso parole inglesi), ma notai che Roberto mi stava guardando con un sorriso di commiserazione. 'Come sei ignorante!' disse, 'pensavo che tu sapessi almeno il significato della parola 'partita' quando, come oggi, è una domenica d'inverno.' 'Ah,' risposi, 'non sapevo che il significato delle parole dipendesse dalla stagione dell'anno. Che strana lingua parlate voi italiani!'

'Forse avrei dovuto spiegare la cosa subito, per evitare le tue osservazioni ironiche,' disse Roberto. 'È molto semplice — qui, in Italia, il gioco veramente popolare durante la stagione fredda è il calcio, e la domenica tutti vanno a vedere la partita e a fare il tifo[1] per la propria[2] squadra. Così non c'è bisogno di dire quale partita, perché tutti sanno che tu parli della partita di calcio.'

'Adesso che capisco, vorrei venire,' dissi, 'ma per quale squadra devo fare il tifo?' 'Che domanda!' esclamò Roberto, 'per la nostra squadra, per la Fiorentina, si capisce. Sai che oggi c'è una partita molto importante? I Viola[3] giocano contro la Juventus, una delle squadre torinesi, e la Juventus è adesso in testa alla classifica[4]. Sarà una partita molto dura e tu devi gridare a squarciagola[5] per aiutare la nostra squadra.'

Cominciai a ridere. 'Non credo veramente,' dissi, 'che la mia voce possa avere molta influenza sul risultato della partita. Comunque griderò come tu dici.'

'Almeno,' disse Roberto, 'avrai fatto la schedina?' 'Cosa? Che schedina? Di che cosa stai parlando?' dissi molto perplesso. Roberto mi guardò. 'Non sai nemmeno quello? Ma in che mondo vivi? Ogni settimana non so quanti italiani fanno la loro schedina, cioè il modulo del Totocalcio[6]. Bisogna indovinare (c'è chi dice calcolare) i risultati di tredici partite: quelli che fanno 'un tredici'[7] possono vincere somme favolose. E ora, dopo tutte queste spiegazioni, dovresti capire ciò che significa per un italiano quella parola — "partita".'

[1]*fare il tifo* — to barrack. (The literal meaning of *tifo* is typhus, i.e. the barrackers are as if possessed by a disease.)

8844167167

2proprio — own. Not to be confused with the adverb proprio which means really.

3I Viola — i.e. la Fiorentina, called 'the Purples' because of the club colours.

4in testa alla classifica — at the top (testa — head) of the ladder.

5a squarciagola — at the top of your voice (squarciare — to rend: la gola — throat).

6Totocalcio — the Italian state-run football pools.

7fare un tredici — to forecast all the thirteen results correctly.

Lesson 30

1 Adjectives. Regular Comparison

a) In English there are two ways of forming the comparative and superlative of adjectives. With short words, we add -er, -est (big, bigger, biggest); with longer words we use more, most (intelligent, more intelligent, most intelligent).

Italian uses the word più (more) for the comparative and più preceded by the definite article for the superlative:

Positive	Comparative	Relative Superlative
ricco	più ricco	il più ricco
rich	*richer*	*richest*
regolare	più regolare	il più regolare
regular	*more regular*	*most regular*

Adjectives used in the comparative or the superlative agree with their noun in the normal way, as does the definite article of the superlative form:

> Giovanni è ricco, Giuseppe è più ricco e Franco è il più ricco.
> Maria è bella, Gina è più bella e Giovanna è la più bella.

b) When a relative superlative adjective follows a noun with the definite article, the article is not repeated:

> In questa classe Giovanni è il ragazzo più intelligente.
> *In this class John is the most intelligent boy.*

c) *Di* corresponds to English *in* after a relative superlative:

> È il monte più alto del mondo.
> *It is the highest mountain in the world.*
> È la più bella ragazza della città.
> *She is the loveliest girl in the town.*

d) For comparisons of inferiority *meno* (*less*) is used:

felice	meno felice	il meno felice
happy	*less happy*	*least happy*

e) In sentences like:

> È più contento quando è a casa. — *He is happiest when he is at home*, Italian uses the comparative form.

2 The Absolute Superlative

The superlative forms given above are called the *relative superlative* because they are used when a real comparison is being made, i.e. in the sentence, *È la più bella ragazza della città*, one girl is being compared to all the other girls in the town.

If, however, we say in English, *This house is most pleasant*, we are not comparing the house with other houses; we could also say *very pleasant*. This is called the *absolute superlative* and Italian has a special form for it. The final vowel of the adjective is elided and the ending *-issimo* added:

> bello — bellissimo
> felice — felicissimo

Adjectives ending in *-co* or *-go* insert an *h* to maintain their original sound:

> ricco — ricchissimo
> lungo — lunghissimo

Adjectives ending in *-io* elide the *i* as well as the *o*:

> vecchio — vecchissimo

The forms in *-issimo* agree in the normal way with their noun. In meaning they are virtually equivalent to the adjective preceded by *molto* (very):

> Quegli alberi sono bellissimi (molto belli).
> *Those trees are most beautiful (very beautiful).*
>
> Le sue idee sono stranissime (molto strane).
> *His ideas are most strange (very strange).*

The *-issimo* ending is commonly added to *molto* and *poco*:

> Ha molti amici. — *He has many friends.*
> Ha moltissimi amici. — *He has very many friends.*
> C'era poco pane. — *There was little bread.*
> C'era pochissimo pane. — *There was very little bread.*

3   Irregular Comparison

All Italian adjectives have the regular comparative forms given above. Those that also have irregular forms are:

a)   *buono, cattivo.*

Comparative	Relative Superlative	Absolute Superlative
più buono	il più buono	buonissimo
migliore	il migliore	ottimo
più cattivo	il più cattivo	cattivissimo
peggiore	il peggiore	pessimo

There are some small differences in usage but, generally speaking, the regular and irregular forms are interchangeable.

b)   *grande, piccolo.*

Comparative	Relative Superlative	Absolute Superlative
più grande	il più grande	grandissimo
maggiore	il maggiore	massimo
	il massimo	
più piccolo	il più piccolo	piccolissimo
minore	il minore	minimo
	il minimo	

The regular forms are those normally used, and always those used in a material sense:

Questa è la casa più grande. — *This is the biggest house.*
Questa ragazza è più piccola. — *This girl is smaller.*

The forms *maggiore* and *minore* are commonly used of age:

Il mio fratello maggiore. — *My elder brother.*
La mia sorella minore. — *My younger sister.*

Maggiore and *minore* can be used in a non-material sense and will correspond to English *greater* and *lesser* (rather than to *bigger* and *smaller*). The final *-e* is often elided:

Con maggior affetto. — *With greater affection.*
Con minor entusiasmo. — *With lesser enthusiasm.*

Note also particularly the expressions *la maggior parte* (the greater part, the majority) and *la minor parte* (the lesser part, the minority).

Massimo and *minimo* are also used in a non-material sense. When preceded by the article they have the function of a relative superlative:

Ho la massima (la più grande) fiducia in lui.
I have the maximum (greatest) faith in him.

Non c'è il minimo (il più piccolo) rischio.
There isn't the slightest, least (smallest) risk.

When not preceded by the article their function is that of an absolute superlative:

La mia fiducia in lui è massima (grandissima).
My faith in him is very great.

Il rischio è minimo (piccolissimo).
The risk is very slight, minimum (very small).

N.B.   The regular forms may always be used in all senses.

4   Terms of Comparison ('than')

In English we link the two terms of a comparison by *than* (*He is bigger than his brother*). In Italian either *di* or *che* is used:

a)   *Di* is used before nouns, pronouns, adjectives used as nouns and numerals:

Sono più ricco di quel signore.
I am richer than that gentleman.

Siete meno felici di noi.
You are less happy than us.

Non ne voglio più di due.
I don't want more than two of them.

I poveri sono spesso più felici dei ricchi.
The poor are often happier than the rich.

N.B.   A noun may be preceded by an adjective but *di* is still used:

È più cortese delle sue giovani sorelle.
She is more polite than her young sisters.

b)   *Che* is used before other parts of speech:

La stanza è più lunga che larga.
The room is longer than (it is) wide.

Sono più felice a Roma che a Milano.

I am happier in Rome than in Milan.

È più facile stare a casa che lavorare.
It's easier to stay at home than to work.

c) *Che* is also used before a noun (i.e. this is an exception to the general rule) when it comes between two nouns:

Mangio più carne che pesce.
I eat more meat than fish.

d) Occasionally the use of *di* before a noun can be ambiguous and in such cases *che* is used:

Giovanni è più invidioso che Maria.
John is more envious than Mary.
(... *di Maria* could mean ... *of Mary.*)

5   Comparison of Equality

Così ... come or *tanto ... quanto* correspond to *as ... as*; the *così* and the *tanto* are often omitted:

È(così) intelligente come suo fratello.
He is as intelligent as his brother.

La casa è (tanto) grande quanto un palazzo.
The house is as big as a palace.

When *tanto ... quanto* is used adjectivally (i.e. meaning *as much as, as many as*) agreement must be made:

Ho tanto denaro quanto mi basta.
I have as much money as is enough for me.

Ho tanti libri quanti mi bastano.
I have as many books as are enough for me.

But commonly a shorter construction is used:

Ho quanto denaro mi basta.

Ho quanti libri mi bastano.

Note also these constructions:

Ho lavorato il più possibile. —*I have worked as much as possible.*

Ho fatto tutto il lavoro $\begin{cases} \text{possibile.} \\ \text{che ho potuto.} \end{cases}$ —*I have done as much work as possible.*

6   The Subjunctive after a Superlative

The subjunctive is commonly used (although the indicative will also be found) in relative clauses after a superlative, or the words *primo, ultimo, solo, unico*:

È la più bella ragazza che io conosca.
She is the loveliest girl I know.

Era il solo film italiano che noi avessimo visto.
It was the only Italian film that we had seen.

7   Comparative Clauses

When the second term of comparison is a clause with a finite verb there are three possible constructions:

He was more intelligent than I thought.
Era più intelligente che io non pensassi.
Era più intelligente di quanto io pensassi.
Era più intelligente di quello che io pensavo.

Italian usage is extremely variable with these constructions. The above are probably the most common versions. But the pleonastic *non* (i.e. the *non* which is not translated) in the first example is sometimes omitted after *che*: it will sometimes be found after *di quanto*. Usage also varies considerably between indicative and subjunctive. If students follow the above examples they will not be in error.

Study these Sentences

1   Hanno una bellissima casa in campagna ed è più che sufficiente per la loro numerosa famiglia. Per loro il problema più grave è quello dei trasporti. La casa si trova a dodici miglia dalla città dove il signor Tecchi lavora, e lui è sempre stanchissimo quando rientra la sera.

2   Se quel pane fosse stato più fresco, lo avremmo mangiato con piacere. Ma era orribile. Sarà stato il pane più stantio che abbiano mai avuto in quel negozio.

3   Forse Giovanni è più intelligente di me, ma le sue idee non sono perciò più giuste. Anzi, non ho la minima fiducia in lui perché, nella maggior parte dei casi, gli manca il buon senso.

4   Non potrò rimanere più di due ore e, veramente, vorrei rimanere il meno tempo possibile, perché ho migliaia di cose che dovrei sbrigare.

5   Questa automobile è senz'altro la migliore, ma è molto più costosa e consuma più benzina delle altre macchine più modeste.

6   Ha fatto più di quanto noi potessimo sperare, e lo ha fatto sempre con il massimo entusiasmo, sempre prontissimo a tirare avanti anche nelle circostanze più difficili.

Vocabulary

l'affetto — *affection*
la benzina — *petrol*
consumare — *to consume, use*
costoso — *costly*
l'entusiasmo — *enthusiasm*
la fiducia — *trust, faith*
giusto — *just, correct*
grave — *serious*
invidioso — *envious*
modesto — *modest*
il monte — *mountain*
numeroso — *numerous*

orribile — *horrible*
il palazzo — *palace*
regolare — *regular*
rientrare — *to return home*
il rischio — *risk*
sbrigare — *to deal with, fix*
il senso — *sense*
stantio — *stale*
sufficiente — *sufficient*
il trasporto — *transport (often in plural)*

a dodici miglia da — *twelve miles from* (note use of *a*)
tirare avanti — *to carry on.*

Exercises

1   Oral exercises:

a) Form the comparative, relative superlative, absolute superlative, comparative and superlative of inferiority of the following phrases, as in this example:

il ragazzo è modesto
il ragazzo è più modesto
il ragazzo è il più modesto
il ragazzo è modestissimo
il ragazzo è meno modesto
il ragazzo è il meno modesto.

la ragazza è felice
gli uomini sono vecchi
le signore sono stanche
la strada è lunga
il palazzo è alto.

b) Insert *di* or *che*:

Sono più ricco ... lui.
C'erano più ragazze ... ragazzi.
Questa casa è più vecchia ... quella.
C'erano più ... venti persone.
Era più stanco ... me.
Era più stanco ... malato.
Sono più felice a casa ... a scuola.
La carne costa meno qui ... in città.
È più difficile ricevere ... dare.

2   Give the alternative forms for the comparatives and superlatives, e.g.
Questo libro è più buono. *Questo libro è migliore.*

Questi ragazzi sono i più buoni.
Quelle ragazze sono le più cattive.
Sento il più grande affetto per lui.
Non c'è la più piccola possibilità.
Giovanni è il mio fratello più grande.
Giovanna è la mia sorella più piccola.
Questo vino è buonissimo.
Lo fa con il massimo entusiasmo.
È un'ottima ragione per non farlo.
In quel ristorante la cucina è cattivissima.

3   Make comparative sentences as in the example:
Casa — grande — palazzo.
La casa è tanto grande quanto un palazzo.
Io — intelligente — lui.
La nostra casa — bella — la vostra.
Questo libro — interessante — l'altro.
Noi abbiamo — soldi — vogliamo.
Hanno trovato — amici — hanno sperato.

4   Complete these sentences by making the comparison (of superiority or inferiority as the sense requires) and by inserting *di* or *che* where necessary:

D'estate, il giorno è ___ lungo ___ la notte, ma d'inverno è ___ lungo.
A Melbourne fa ___ freddo ___ a Sydney. Nella nostra famiglia siamo tre
fratelli; io sono il primo; Giovanni, il secondo ha due anni ___ ___ me,
e Carlo è il ___ piccolo: Carlo è, perciò, il ___ giovane ___ tre fratelli.
I ricchi non sono sempre ___ felici ___ poveri. Beviamo ___ acqua ___
vino. Andare a piedi è ___ rapido ___ andare in automobile. Arriverai
___ presto se vai in macchina ___ se vai a piedi. Il Kosciusko è il
monte ___ alto ___ l'Australia.

5   Translate into Italian:

Franco was the least intelligent of the three boys, but he always studied
more than the other two and his exercises were always the best. This
is one of the longest streets in the city. How long is it? I haven't the
slightest idea. He is a tall boy, taller than his elder brother. The film was
longer than I thought, but it was most interesting; in fact I think it was
the most interesting film that I have seen. She was the only person who
had not understood the lesson. Your car uses more petrol than mine. He
is as strong as his younger brother but much less intelligent. They are
most fed-up, when no one comes to visit them. They are richer than their
friends think.

Comprando i regali

Due turisti stanno facendo gli ultimi acquisti, regali per amici e parenti.
Bisogna ricordare che un dollaro australiano vale circa 700 lire italiane
e una sterlina inglese circa 1400 lire.

Il marito: Io pensavo adesso alla zia Luisa. Che cosa le possiamo
comprare? Cosa suggerisci tu?

La moglie: Siamo vicini a quel bellissimo negozio, quella merceria, sai,
dove siamo passati ieri. Ecco, è qui. Sapevo che non poteva essere molto
lontano. Voglio vedere un momento. Sì, hanno sempre quelle elegantis-
sime sciarpe di seta in vetrina[1]; i prezzi sono un po' più alti di quelli degli
altri negozi, ma le sciarpe sono anche più belle. Cosa dici? Possiamo
entrare?

Il marito: Perché no? ma devi ricordare che abbiamo deciso di non
spendere più di mille lire per il regalo della zia.

La moglie: Sì, lo so, ma non vedi? ci sono alcune sciarpe che costano
anche meno di mille — novecento, ottocentocinquanta.

(entrano nel negozio)

Il merciaio: Buon giorno, signori, desiderano qualcosa?

La moglie: Sì, volevamo vedere alcune di quelle sciarpe che ha in
vetrina, per favore.

Il merciaio: Subito, signora. Ecco, come lei vede, sono di seta finissima
e anche i disegni sono molto belli. Preferisce questo tipo qui, con il
disegno a fiorami[2], oppure quest'altro a quadrettini[3]?

La moglie (Al marito): Forse, per la zia, quella a quadrettini sarebbe
migliore? È più adatta per una signora anziana.

Il marito: D'accordo, cara. Del resto[4] per queste cose sei più esperta
di me. (*al merciaio*) Quanto costa?

Il merciaio: Millecento lire, signore.

Il marito: È un po' più di quello che volevamo spendere. Ma la sciarpa è veramente bellissima e la seta è di ottima qualità. Va bene, la prenderemo.

Il merciaio: Grazie, signore. Ora le do il resto: lei mi ha dato millecinquecento, perciò ecco quattro monete da cento. Grazie di nuovo, signori, buon giorno.

(*escono dal negozio*)

La moglie: Così abbiamo risolto il problema numero uno. Adesso dobbiamo pensare a tuo fratello Giorgio. Sai, è sempre più difficile scegliere regali per gli uomini che per le donne.

Il marito (ridendo): E perciò sono io, come uomo, che devo risolvere il problema numero due. E questo che volevi dire, non è vero? Ma io sono più che pronto a fare un suggerimento. Sai che Giorgio fuma moltissimo, però è inutile comprare sigarette perché bisognerebbe pagare la dogana. Ma ieri ho visto alcuni portasigarette di cuoio, molto belli e costavano pochissimo, settecento lire, credo. Dunque, siccome abbiamo deciso di spendere fino a mille lire anche per Giorgio, possiamo risparmiare trecento e avere un bellissimo regalo lo stesso. E con trecento lire possiamo prendere un caffè e ti comprerò anche una di quelle cassate che ti piacciono tanto. Va bene?

La moglie: Va molto bene. Sei il migliore marito del mondo, bello, bravo e anche ... generosissimo. Ma non hai dimenticato di tener conto[5] di quelle cento lire in più[6] che abbiamo speso per la zia?

Il marito: L'ho dimenticato nel modo più assoluto.

La moglie: Non vedo l'ora[7] di gustare quella cassata!

[1]*in vetrina* — in the shop-window.
[2]*a fiorami* — with a flower pattern.
[3]*a quadrettini* — with checks.
[4]*del resto* — anyhow, in any case.
[5]*tener conto di* — to keep account of, to take into account.
[6]*in più* — extra.
[7]*non vedo l'ora* — I just can't wait.

Lesson 31

1 Adverbs of Manner

a) In English adverbs of manner are normally formed by adding -*ly* to the adjective (*slow* — *slowly*). In Italian -*mente* is added to the feminine singular of the adjective:

Adjectives in -o
onesto — onestamente   ricco — riccamente

Adjectives in -e
felice — felicemente   triste — tristemente

b) Adjectives ending in -*le* or -*re* preceded by a vowel drop the final -*e* before adding -*mente*:

probabile — probabilmente   regolare — regolarmente

c) *Buono* and *cattivo* have irregular adverbial forms:

buono — bene (*well*)   cattivo — male (*badly*)

d) Some adjectives are used as adverbs in their masculine singular form. In some cases this form and the form in -*mente* have somewhat different meanings:

Parla molto piano — *He speaks very softly.*
Qui bisogna camminare piano. — *Here one must walk slowly.*
Cercherò di spiegare la cosa pianamente. — *I will try to explain the thing simply, clearly.*
Ti devo parlare chiaro. — *I must speak frankly to you.*
Non vedo molto chiaro in questa faccenda. — *I don't see (my way) very clearly in this business.*
L'ho vista chiaramente. — *I saw her clearly.*
Ha parlato forte. — *He spoke loudly.*
Piove forte. — *It is raining heavily.*
Era fortemente irritato. — *He was greatly (strongly) irritated.*

In other cases both forms are used with little or no difference in meaning:

certo, certamente (*certainly*)
sicuro, sicuramente (*surely*)
lento, lentamente (*slowly*)
solo, solamente (*only*), etc.

e) Instead of the adverbial form in -*mente* the expression *in modo* + *adjective* is often used, particularly with longer words:

Ha parlato { intelligentemente. / in modo intelligente. } — *He spoke intelligently.*

Ha guadagnato il denaro { onestamente. / in modo onesto. } —*He earned the money honestly.*

f)   Italian quite commonly uses an adjective where English would usually have an adverb:

Lei mi ha risposto molto calma. — *She answered me very calmly.*

However the adverb is quite correct (*molto calmamente*) and, initially, the student would be well advised to use the ordinary adverbial form.

2   Adverbs of Time and Place

As in English adverbs of time and place are mostly not derived from adjectives (e.g. *fuori* (out), *ora*, *adesso* (now), etc.). But note the adverbial form *tardi* (late).

The pairs *qui*, *qua* (here) and *là*, *lì* (there) are virtually interchangeable, although strictly *qui* and *lì* indicate a more precise and restricted location:

Qua in Australia ci sono molti animali interessanti.
Here in Australia there are many interesting animals.

Vieni qui, vicino a me.
Come here, close to me.

Note also these compound forms:

quassù — *up here*		lassù — *up there*
quaggiù — *down here*		laggiù — *down there*

And the same word order is followed in other combinations:

qua fuori (*out here*), là vicino (*near there*), etc.

3   Position of Adverbs

Usually the position of Italian and English adverbs in the sentence corresponds very closely. Italian adverbs, like English ones, most frequently follow the verb they modify, but may also be placed elsewhere in the sentence. However, Italian does not place an adverb between the subject and the verb as often happens in English. Contrast these examples:

Io lo vedo sempre in chiesa. — *I always see him in church.*
Lui viene raramente a vederci. — *He rarely comes to see us.*

With compound tenses some adverbs are often placed between the auxiliary and the past participle (although they will also be found following the participle). The most common are *sempre*, *già*, *appena*, *quasi*, *ancora* and the negatives *non ... mai, non ... più, non ... neanche (nemmeno, neppure):*

L'ho già visto. — *I have already seen him.*
L'aveva quasi finito. — *He had almost finished it.*
Non gli ho mai parlato. — *I have never spoken to him.*
Erano appena arrivati. — *They had only just arrived.*

4   Words Used as Adjectives and Adverbs

We are already familiar with the two usages of *molto*, as an adjective meaning *much, many, a lot of*, and as an adverb meaning *very*. Below are further examples of *molto* and other common words used in both ways. Note the corresponding English forms and also that, whereas the adjective must agree with the noun it qualifies, the adverb is invariable.

Molto

Adjective

Ci sono molti studenti qui.	*There are many students here.*
Non ho portato molto pane.	*I haven't brought much bread.*

Adverb

Gina era molto stanca.	*Gina was very tired.*
Hanno studiato molto.	*They have studied a lot.*

Poco

Adjective

Ho poca fiducia in lui.	*I have little faith in him.*
C'erano pochi studenti.	*There were few students.*

Adverb

Le sue idee sono poco convincenti.	*His ideas are not very convincing.*
Mio padre fuma poco.	*My father smokes little (doesn't smoke very much).*

Troppo

Adjective

Ci sono troppi problemi.	*There are too many problems.*
C'era troppa confusione.	*There was too much confusion.*

Adverb

Siamo troppo stanchi.	*We are too tired.*
Loro lavorano troppo.	*They work too much.*

Tanto

Adjective

Ho tanta speranza.	*I have so much hope.*
C'erano tanti errori.	*There were so many mistakes.*

Adverb

Gina era tanto bella.	*Gina was so lovely.*
Mi ama tanto.	*He loves me so much.*

Parecchio

Adjective

Parecchi italiani erano presenti.	*Several Italians were present.*
C'era parecchia roba sul pavimento.	*There was quite a lot of stuff on the floor.*

Adverb

Erano parecchio curiosi.	*They were pretty (considerably) curious.*
Hanno sofferto parecchio.	*They have suffered quite a lot (considerably).*

5   Comparison of Adverbs

a)   Regular comparison is made in the same way as for adjectives:

Positive	Comparative	Relative Superlative
brevemente	più brevemente	il più brevemente
briefly	*more briefly*	*most briefly*

meno brevemente   il meno brevemente
less briefly   *least briefly*

Often no distinction is made between the comparative and the superlative forms:

È stato Giovanni che ha capito più facilmente.
It was John who understood more (most) easily.

Note this construction:

Ho parlato (il) più brevemente possibile.
I spoke as briefly as possible.

b)   *bene* and *male* have irregular comparative forms:

bene	meglio (*better*)	il meglio (*best*)
male	peggio (*worse*)	il peggio (*worst*)

Both *meglio* and *peggio* form impersonal expressions with *essere* and similar verbs:

È meglio non fare due cose insieme.
It's better not to do two things at once.

Se non lo fa subito, sarà peggio per lui.
If he doesn't do it at once it will be worse for him.

They are also used as nouns:

Il peggio è che nessuno sia venuto.
The worst is that no one came.

Ha fatto del suo meglio.
He has done his best.

c)   Adverbs have an absolute superlative formed from the corresponding adjective:

carissimo — carissimamente (*most dearly*)
elegantissimo — elegantissimamente (*most elegantly*).

But such forms, particularly with longer words, are not very common, and alternative expressions are often used, such as:

He spoke most intelligently.

Ha parlato { molto intelligentemente.
            { in modo molto intelligente (intelligentissimo).

However the absolute superlative forms of adjectives used as adverbs (and of *bene* and *male*) are commonly used:

Dobbiamo parlare pianissimo. — *We must speak very softly.*
Ha studiato moltissimo. — *He has studied very much.*
Hanno riso pochissimo. — *They laughed very little.*
Tutto va benissimo. — *Everything is going very well.*
Ha parlato malissimo. — *He spoke very badly.*

Study these Sentences

1   È poco probabile che il falegname possa venire a lavorare regolarmente ogni giorno. Potrà forse venire un giorno sì e un giorno no, perché recentemente lo hanno chiamato a fare molti lavori in quella nuova fabbrica che stanno costruendo.

2   Rimanevano poche ore prima della partenza e c'era ancora moltissimo da fare. Decidemmo perciò che sarebbe stato meglio rimandare il
viaggio a un altro giorno.

3   Quel film mi è piaciuto moltissimo. Probabilmente andrò a vederlo
un'altra volta. È un film italiano: gli italiani hanno fatto tanti bei film in
questi ultimi anni.

4   Bisogna sempre aspettare tanto in quel negozio. Per esempio ieri ho
dovuto aspettare moltissimo e volevo comprare semplicemente due paia
di calze. Almeno le ho avute finalmente a un prezzo molto ragionevole.

5   Sarei certo arrivato più presto ma, non so come, ieri ogni cosa mi
è andata malissimo. Mi sono svegliato molto tardi con un atroce mal di
testa, ho perso il treno che dovevo prendere e ho dovuto aspettare
parecchio alla stazione dove faceva tanto freddo.

6   Quando facciamo troppe cose insieme facciamo generalmente dei
pasticci. È meglio fare una cosa alla volta e farla bene.

Vocabulary

atroce — *atrocious*	lento — *slow*
breve — *brief, short*	il pasticcio — *mess*
certo — *certain*	il pavimento — *floor*
chiaro — *clear*	piano — *soft, slow, flat*
convincente — *convincing*	ragionevole — *reasonable*
costruire — *to build*	raro — *rare*
la fabbrica — *factory*	rimandare — *to put off, postpone*
il falegname — *carpenter*	sicuro — *sure*
finale — *final*	*soffrire — *to suffer*
guadagnare — *to earn*	la speranza — *hope*

un giorno sì e un giorno no — *every other day*
alla volta — *at a time.*

* soffrire: irregular past participle — ho sofferto.

Exercises

1   Oral exercise:

a)   Substitute the adverb for *in modo + adjective* or vice-versa:

Ha spiegato la lezione in modo chiaro.
Parlava sempre in modo modesto.
Ridevano molto allegramente.
Mi hanno parlato in modo cortese.
Vestiva sempre elegantemente.
Mi ha risposto in modo molto stanco.
Ha parlato in modo piacevole.
Erano modesti in modo particolare.
Hanno parlato in modo molto cattivo di lei.

b)   Make the proper agreement if the word in parentheses is an adjective; leave it as it is if it is an adverb:

Questa lezione è (*troppo*) difficile.
Quest'anno abbiamo (*troppo*) lezioni.

C'erano (*poco*) persone al concerto.
Non voglio venire (*tanto*) volte.
Stasera quel film ci è (*tanto*) piaciuto.
Io ho capito (*parecchio*) di quello che ha detto.
Quella ragazza non è veramente (*tanto*) bella.
Ha fatto (*troppo*) poco per avere il premio.
I nostri amici erano (*molto*) contenti.
Hanno invitato (*parecchio*) amici.
Questi esercizi sono (*troppo*) lunghi.
L'ho visto (*poco*) volte soltanto.

2   Give the adverbs corresponding to these adverbial expressions. The end vocabulary will be of assistance in case of doubt:

con tranquillità: con sicurezza: in modo facile: con lentezza: con pazienza: con libertà: con cortesia: con calma: con precisione: con tristezza: con eleganza.

3   Translate into Italian:

There are so many things to be done but we have very little time. She is not very intelligent. Quite a lot of people think that there are too many difficulties in these exercises: certainly there are too many of them and they are often too long. We were pretty tired when we had finished our work and didn't have much desire to go out again. I have understood the lesson more easily this time, because the explanations were given more clearly. He always works better than me because he has so much faith in himself. It would be better if you put it in the drawer. There were very few of our friends present because many of them had gone on holiday.

Gli artigiani in Italia

Passeggiando tranquillamente per le vie di una città italiana, saremo certamente affascinati dalle vetrine dei negozi. È vero che, anche in Italia, la produzione in serie[1] sta guadagnando terreno[2] e che gli italiani fanno adesso molti acquisti nei grandi magazzini e nei supermercati, ma esiste ancora la tradizione delle cose fatte amorosamente a mano nelle piccole botteghe.

Dare un'idea della varietà del lavoro degli artigiani italiani in poche righe, è un'impresa troppo difficile, perché tante città godono meritatamente di una fama internazionale per i loro prodotti. Accenneremo perciò, molto brevemente, al vetro di Murano. Murano è un'isola che fa parte di Venezia.

Anche in Australia si possono comprare oggetti di vetro fabbricati a Venezia; probabilmente anche voi avrete a casa un portacenere o qualche altra piccola cosa. Il centro dell'industria del vetro è l'isola di Murano. Possiamo arrivare facilmente a Murano dal centro di Venezia con uno dei motoscafi che, in quella città delle lagune, servono come mezzo di trasporto invece degli autobus, oppure, se abbiamo abbastanza soldi, possiamo pagare il tragitto in gondola. Fa parecchio caldo dentro le vetrerie di Murano perché, per lavorare il vetro, bisogna sottoporre le varie sostanze a una temperatura che raggiunge i 1.500 gradi centigrado. Dopo la fusione, la pasta di vetro così ottenuta, è pronta per la lavorazione. L'operaio, soffiando dentro un lungo tubo di ferro inserito nella pasta di vetro, ottiene in modo miracoloso galli, barche, pesci — ogni forma immaginabile. Per fare questo lavoro ci vogliono evidentemente due buoni polmoni e molta esperienza.

Ma se il vetro veneziano è conosciuto in tutto il mondo, rimane solo uno fra i tanti esempi dell'abilità degli artigiani italiani. Non bisognerebbe certamente dimenticare il lavoro dei sarti e delle sarte, per esempio. Le donne italiane stanno cominciando adesso a comprare vestiti già fatti[3], ma generalmente preferiscono ancora comprare la stoffa e andare dalla sarta per la fattura, discutendo a lungo su ogni particolare del nuovo vestito. Sarà forse per questo motivo che le italiane vestono in modo così elegante.

[1]*la produzione in serie* — mass production.
[2]*guadagnare terreno* — to gain ground.
[3]*i vestiti già fatti* — ready-made clothes.

Lesson 32

1 The Passive

a) The Italian passive is formed in a way similar to the English one. The various tenses of *essere* are used with the past participle. Note that the participle (or participles in compound tenses) agree with the subject:

Io sono battuto. — *I am beaten.*
I bambini sono lavati. — *The children are washed.*
La signora è invitata. — *The lady is invited.*
Il cane è stato lavato. — *The dog has been washed.*
La ragazza era stata vista. — *The girl had been seen.*
Il pranzo fu servito. — *The dinner was served.*
La partita sarà giocata. — *The game will be played.*

The agent (in English *by*) is expressed by *da*:

I piatti sono stati lavati dal cameriere.
The plates have been washed by the waiter.

b) The verb *venire* is often used instead of *essere* (but not in compound tenses). *Venire* can serve to distinguish an action from a state:

Quella porta è sempre chiusa. (*state*)
That door is always closed.

Quella porta viene chiusa ogni sera alle nove. (*action*)
That door is shut every evening at nine.

c) The 3rd person, singular and plural, of the passive may also be expressed by means of the construction with *si* (see Lesson 21):

Si racconta una storia. — *A story is told.*
Si raccontano molte storie. — *Many stories are told.*

Note the agreement in number of the verb.

In compound tenses *essere* is used as auxiliary and past participle agreement is made:

Si è fatto un errore. — *A mistake has been made.*
Si sono fatti molti errori. — *Many mistakes have been made.*

The *si* construction (like *venire*) can indicate an action rather than a state:

I vestiti sono già venduti. (*state*)
The dresses are already sold.

I vestiti si vendono in questo negozio. (*action*)
The dresses are (are being) sold in this shop.

The *si* construction may not be used when the agent is expressed:

Si mette il piatto sulla tavola.
The plate is put on the table.

Il piatto è messo sulla tavola dal cameriere.
The plate is put on the table by the waiter.

d)   In Italian only the direct object of a verb can become the subject of a passive construction. In English, with some common verbs, the indirect object of person may become the subject of the passive construction (*He gave a book to me — I was given a book by him*). Note, in these examples, the corresponding Italian constructions:

Mi è stato dato un libro. ⎫
Mi si è dato un libro. ⎬   *I have been given a book.*
Mi hanno dato un libro. ⎭   *A book has been given to me.*

Gli fu detta una bugia. ⎫
Gli si disse una bugia. ⎬   *He was told a lie.*
Gli dissero una bugia. ⎭   *A lie was told to him.*

i.e. Italian either makes the direct object (*un libro, una bugia*) the subject of the passive construction, or uses an impersonal type construction with the 3rd person plural (*They have given him a book*). Other common verbs which require this type of passive construction are *insegnare, chiedere, domandare* (i.e. all verbs that take an indirect object of person):

Mi è stato insegnato l'italiano. ⎫
Mi si è insegnato l'italiano. ⎬   *I have been taught Italian.*
Mi hanno insegnato l'italiano. ⎭   *Italian has been taught to me.*

2   The Subjunctive in Main Clauses

We have seen, in all the uses of the subjunctive so far studied, that the subjunctive is used in subordinate clauses usually introduced by a *che*. The subjunctive is, however, also used in main clauses, to express a wish or a command:

Viva il re! — *Long live the king!*
Vengano qui alle sette. — *Let them come here at seven.*
Fossi ricco! — *If only I were rich!*
Avessimo una casa più grande! — *If only we had a bigger house!*

3   The Subjunctive after Negations

When the main clause is negative and, in effect, negates the 'reality' of the verb in the subordinate clause, the subjunctive is used in the subordinate clause:

Non c'è nessuno qui che sappia quella lingua.
There is no one here who knows that language.

Non era vero che avesse una sorella.
It was not true that he had a sister.

4   The Subjunctive in Relative Clauses

The subjunctive is used in a relative clause when the antecedent (i.e. the word to which the relative pronoun refers) is indefinite and the relative clause conveys the idea of 'such that', 'such as fulfils a certain condition':

Cerco qualcuno che non sia troppo giovane.
I am looking for someone who is not too young.

Voleva trovare una cravatta che costasse poco.
He wanted to find a tie that cost little.

N.B.   If the antecedent is definite the indicative is used:
Cerco la casa che ha solamente due finestre.
I am looking for the house that has only two windows.

5   The Subjunctive in Indirect Questions

In Lesson 29 we saw the use of the subjunctive after negative verbs like
non sapere, non dire, etc. In fact the subordinate clause in such
sentences (*Non so perché l'abbia fatto. — I don't know why he did
it.*) is often an indirect question.

In other types of indirect question (i.e. those not introduced by a negative
verb) Italian usage is very variable between indicative and subjunctive.
The following are, therefore, only indications:

a)   When the main verb is present or future the indicative is usual:

Ti domando perché hai fatto quello.
I am asking you why you did that.

b)   When the main verb is in a past tense the subjunctive is common,
but the indicative will also be found:

Volevo sapere che cosa lui avesse (aveva) fatto.
I wanted to know what he had done.

6   The Future and the Conditional Instead of the Subjunctive

Often (e.g. after verbs like *credere*) the sense may demand that a future
or conditional be used instead of the normal subjunctive:

Credo che faccia molti errori. — *I think that he makes many mistakes.*
but
Credo che farà molti errori. — *I think that he will make many
mistakes.*
Credo che farebbe molti errori. — *I think that he would make
many mistakes.*

Other examples:

Benché Giovanni non sarà presente, ci divertiremo lo stesso.
*Although John will not be present, we shall enjoy ourselves just
the same.*
Non dico che non ci sarà nessuno.
I don't say that no one will be there.
Temo che non lo farebbe.
I'm afraid that he would not do it.

Study these Sentences

1   Ero stato avvertito della sua decisione, ma non mi era stato detto
che avrei dovuto partire immediatamente per la Francia.

2   In quell'ufficio le segretarie rimangono per un mese al massimo, se
non danno prima le dimissioni. Mi si dice che il direttore sia una persona
insopportabile.

3   In questi ultimi mesi si sono sentite tante discussioni a proposito di quei problemi, ma mi pare poco probabile che verranno risolti.

4   Loro cercano per la figlia un marito che sia ricchissimo. Non credo che l'abbiano ancora trovato. In questo paese non esistono famiglie veramente ricche e credo che loro dovranno cercare altrove. Se avessero parenti in America tutto sarebbe molto più facile.

5   Avessimo potuto preparare le cose un po' meglio! Ma non c'era nessuno che volesse sacrificare un po' del suo tempo e così siamo stati costretti a improvvisare.

6   L'hanno invitato a tenere una conferenza sulle sue esperienze nell'America del Sud, perché volevano sentirlo parlare su un tema che fosse fuori del comune.

Vocabulary

altrove — *elsewhere*
l'America del Sud — *South America*
avvertire (avverto) — *to warn, inform*
comune — *common, ordinary*
la conferenza — *public lecture*
*costringere — *to force, compel*
la cravatta — *tie*
la dimissione — *resignation*
divertirsi (mi diverto) — *to amuse oneself*

*esistere — *to exist*
l'esperienza — *experience*
immediato — *immediate*
improvvisare — *to improvise*
insopportabile — *unbearable*
i parenti — *relatives, relations*
il pranzo — *dinner*
*risolvere — *to resolve*
sacrificare (sacrifico) — *to sacrifice*
la segretaria — *secretary*
il tema — *subject, theme*

al massimo — *at the most, at the longest*
dare le dimissioni — *to resign, give one's resignation*
a proposito di — *concerning, on the subject of*
tenere una conferenza — *to give a lecture*
fuori del comune — *out of the ordinary.*

* costringere, costrinsi, ho costretto.
esistere — *irregular past participle* — sono esistito.
risolvere — risolsi (risolvei), ho risolto (risoluto).

Exercises

1   Oral exercise:
a)   Change these sentences into the passive, e.g.
Io ho venduto la casa. *La casa è stata venduta da me.*
Io ho venduto le case.
Giorgio ha comprato quei due libri.
La Fiorentina ha vinto la partita.
La Fiorentina aveva vinto la partita.
Il cameriere preparò la tavola.
Giorgio farà il lavoro domani.
Noi non venderemo quella casa.
b)   Substitute *venire* for *essere*:
Questa roba è venduta in quel negozio.

Questo problema sarà risolto domani.
La lettera non fu mai scritta.
Noi saremo avvertiti della sua decisione.
Giovanni è considerato un ragazzo molto intelligente.

c)   Change these sentences, using the passive construction with *si*:
Questo libro è venduto a mille lire.
Questi libri sono venduti a mille lire.
Questo libro sarà venduto a mille lire.
Questi libri saranno venduti a mille lire.
La conferenza è stata rimandata.
Le conferenze sono state rimandate.
La conferenza era stata rimandata.
Le conferenze erano state rimandate.

2   Give the two passive constructions which correspond to the following sentences, e.g.

Gli hanno chiesto di venire.
Gli è stato chiesto di venire.
Gli si è chiesto di venire.
Mi permettono di cantare.
Mi hanno insegnato il francese.
Le hanno detto la verità.
Mi avevano dato due libri.
Gli hanno domandato un favore.

3)   Translate into Italian:

The girls were brought to school by their father every day. I was told that he had been taught French but I found that he didn't know a word. The dishes have all been washed and the table has been prepared: if our friends decided to come we should have a very pleasant dinner. You will not be given the solution to this problem: you will have to find it by yourself. If the lecture had been postponed, we should have gone to the theatre instead.

4   Translate into Italian:

Let them speak all day if they want to: I have not the slightest desire to listen to them. Is there nothing that one can do? I should like to find a house that has a large garden. It is not possible that they have arrived already. I don't know why he has come but I think that he will stay here for two days at least. I want you to show me a book that can teach me Italian in three months. I didn't say that he would not do it, but I think that he is ill and will not be able to come. They were asking me why no one was present who could speak Italian.

La domenica

In Australia le città sono deserte la domenica. Durante gli altri giorni della settimana è quasi impossibile muoversi nel centro di città come Melbourne o Sydney ed è spesso assolutamente impossibile trovare un posto dove si possa parcheggiare l'automobile. Ma la domenica tutta questa enorme folla di gente sparisce, come se fosse stata spazzata via da un uragano o da una pestilenza. Dove vanno, cosa fanno gli australiani la domenica? In genere due risposte a questa domanda vengono suggerite. O rimangono a casa a tagliare l'erba nel giardino e a lavare la macchina, o escono, vanno alla spiaggia o in campagna. Se si domandasse a un australiano perché non va in città, non capirebbe nemmeno la ragione della domanda. Si va in città tutti i giorni della settimana per lavorare: perché tornarci anche la domenica?

In Italia è tutto diverso. La domenica è proprio il giorno in cui si può vedere il maggior numero di gente in città perché il centro di una città italiana viene considerato, e giustamente, il posto dove è più facile divertirsi. Anzi, in italiano viene usata l'espressione 'andare in centro', mentre in inglese non c'è nessuna frase che vi corrisponda esattamente. Il centro di una città italiana è la piazza ed è lì, o lì vicino, che si trovano i vari luoghi di divertimento. Innanzitutto i caffè. Con l'avvento della televisione anche in Italia i caffè sono adesso forse meno frequentati che in passato, ma tante famiglie ci vanno ancora la domenica a prendere un espresso o un gelato e a guardare la gente che passa. Infatti si può forse dire che, per gli italiani, il divertimento principale della domenica sia proprio questo — guardare gli altri. E che cosa fanno gli altri? Gli altri passeggiano, si fermano a chiacchierare e a guardare le vetrine e, anch'essi ... guardano gli altri e sono guardati. E forse non c'è spettacolo che sia più divertente di quello che offrono i nostri simili[1].

Se l'italiano si stanca di passeggiare e di guardare la gente, può sempre andare al cinema. Nelle città italiane si trovano cinema di tutte le categorie, dai grandi cinema di prima visione[2] del centro alle modeste sale di periferia[3] dove i posti si pagano molto poco e spesso, se viene dato un buon film, si deve fare la coda e anche stare in piedi nella sala stessa. Si capisce che i cinema sono aperti la domenica, come sono aperti i dancing[4] e tutti gli altri posti dove la gente va per divertirsi.

Questa differenza fra la domenica australiana e quella italiana è spesso una delle maggiori difficoltà per gli emigrati italiani in Australia. Pian piano[5] si abituano (o si rassegnano) al sistema australiano, ma probabilmente proveranno sempre una certa nostalgia per la domenica tanto diversa del loro paese.

[1]*i nostri simili* — i.e. those like us, our fellow men.
[2]*cinema di prima visione* — cinema where new films are first shown.
[3]*periferia* — outskirts of a town, parts away from the centre.
[4]*il dancing* — the English word is used in Italian in the sense of dance-hall (also *sala da ballo*).
[5]*pian piano* — little by little.

Lesson 33

1 -ever words

a) The Italian forms corresponding to the English indefinite words in *-ever* are:

chiunque — *whoever*
qualunque (*or* qualsiasi) — *whatever*
dovunque — *wherever*
comunque — *however*

These words require the subjunctive in the subordinate clause they introduce:

Chiunque sia, non potrà entrare.
Whoever he is (may be), he cannot come in.
Trova sempre amici, dovunque vada.
He always finds friends, wherever he goes.

N.B. *qualunque (qualsiasi)* cannot be used on its own (except before *essere* — see below). If there is no noun *qualunque (qualsiasi) cosa* is used:

Qualunque libro legga, non lo capisce.
Whatever book he reads, he doesn't understand it.
Qualsiasi cosa faccia, la fa sempre bene.
Whatever he does, he always does it well.

It will be noted that the noun following *qualunque* must be in the singular (in English we can say either *whatever book* or *whatever books*).

Qualunque can be used on its own before *essere* and the noun following may be in the plural, as in these examples:

Qualunque sia la sua volontà, sarà fatta.
Whatever his will may be, it will be done.

Qualunque siano le sue ragioni, le accetterò.
Whatever his reasons may be, I will accept them.

b) There is no *-unque* word corresponding to *whenever*: *ogni volta che* is used, with the indicative:

Ogni volta che lo vedo, è sempre allegro.
Whenever I see him, he is always cheerful.

c) The *-unque* words can also be used in the sense of *any ... (at all, whatever)*. In such cases the indicative is used:

Chiunque, al suo posto, farebbe così.
Anyone (at all), in his place, would do thus.

Qualunque salsa va bene con questo piatto.
Any sauce (whatever) goes well with this dish.

Giovanni è contento dovunque.
John is happy anywhere (at all).

Comunque, gli dirò quello che tu pensi.
Anyhow, I shall tell him what you think.

d)   *qualunque (qualsiasi)* can be used with the meaning of *any old, just any*:

Dammi un libro qualunque, non importa quale.
Give me any old book, it doesn't matter which.

Non è una donna qualunque: è la moglie del ministro.
She isn't just any woman; she is the minister's wife.

e)   In English *-ever* words are also used in a completely different way, i.e. to ask questions (*Whatever is he doing?*).

The corresponding Italian form in these cases is the ordinary interrogative word reinforced by *mai*. The *mai* is written separately and its position in the sentence is not fixed:

Dove mai andate? Dove andate mai?
Wherever are you going?

Che cosa mai avete fatto? Che cosa avete mai fatto?
Whatever have you done?

2   Forms in -ing

a)   In Lesson 23 we saw how the Italian *gerundio* can correspond to the English verbal form in *-ing* when it is used adverbially. We also saw that the *gerundio* can correspond to the *-ing* form preceded by a preposition when the preposition can be omitted in English without materially changing the sense, e.g. *(On) entering the room, he saw John. — Entrando nella stanza vide Giovanni.*

When, in English, the preposition preceding an *-ing* form cannot be omitted, Italian uses a preposition followed by the infinitive:

Prima di uscire, chiuse la porta.
Before leaving, he shut the door.

Invece di leggere, volevano andare al cinema.
Instead of reading, they wanted to go to the cinema.

N.B.   After *dopo* (after) a past infinitive must be used:

Dopo avere visto la partita, tornò a casa.
After seeing (having seen) the game, he returned home.

b)   The above construction of *preposition + infinitive* is alternative, in some cases, to the *gerundio* construction. This is frequently so with the prepositions *in* and *con*:

(On, when, while) opening the door, I saw John.
Aprendo la porta, vidi Giovanni.

or   Nell'aprire la porta, vidi Giovanni.

(By, through, with) studying, one learns.
Studiando, si impara.

or   Con lo studiare, si impara.

Note the English words to which *in* and *con* can correspond. Note also that with these prepositions the definite article is used before the infinitive.

Per (no article) corresponds to *because of, for*:

> *(Because of, for) having arrived late, I was punished.*
> Essendo arrivato in ritardo, fui punito.

or   Per essere arrivato in ritardo, fui punito.

c)   We also saw in Lesson 23 that, for a *gerundio* to be used corresponding to the *-ing* form, the understood subject of the *-ing* form must be the same as that of the main verb (*He spends his day reading.* — *Passa il giorno leggendo.*).

An alternative construction to this one, and commonly used, is the infinitive preceded by *a*:

> Stava lì a guardare il cielo. } *He stood there looking at the sky.*
> Stava lì guardando il cielo.
>
> Passava il tempo a cantare. } *He passed the time singing.*
> Passava il tempo cantando.

d)   If, however, the understood subject of the *-ing* form is different from that of the main verb, the *gerundio* or *infinitive* + *a* constructions cannot be used in Italian. Italian forms a separate clause, introduced by *che* or a conjunction such as *mentre*:

> Lo incontrai tornando dal lavoro.
> *I met him coming back from work (i.e. while I was coming back).*
> Lo incontrai che (mentre) tornava dal lavoro.
> *I met him coming back from work (i.e. while he was coming back).*
>
> Lo trovai nella biblioteca che leggeva un libro.
> *I found him in the library reading a book.*
>
> Li guardavo mentre lavoravano nel giardino.
> *I was watching them working in the garden.*

e)   The English *-ing* form can also be used as a noun. In this case the corresponding Italian form is the infinitive (always masculine singular) which, like an ordinary noun, can be qualified by an adjective, etc., but may also take an object like a verb:

> Il fumare è un vizio. — *Smoking is a vice.*
>
> Non mi piace tutto questo camminare.
> *I don't like all this walking.*
>
> Il difficile stava nel dirlo.
> *The difficult part was in saying it.*

f)   The English *-ing* form can also be used as an adjective (*boiling water, a growing boy*, etc.). Italian also has a verbal adjective form:

> parlare — parlante
> credere — credente
> seguire — seguente,

but care is needed in using these forms, for some verbs do not have them at all. Often such forms have become thought of as ordinary adjectives (*interessante, bollente, seguente*) or as nouns (*il credente, il comandante*), and the student is advised to learn them as such in the first instance.

Alternatively the adjectival *-ing* forms can be rendered in Italian by a relative clause with *che* and this is the most common usage:

A laughing man. — Un uomo che ride.
A growing tree. — Un albero che cresce.
The men looking at the match, started to whistle. — Gli uomini che guardavano la partita, cominciarono a fischiare.

3 Summary of -ing forms

As will have been seen from the preceding paragraph the *-ing* forms are used in several different ways in English and the corresponding Italian form varies according to the grammatical function of the *-ing* word. Here is a brief summary of the main points:

English	Italian
-ing used as adverb, subject same as main verb.	*gerundio* (no preposition), infinitive preceded by preposition, *a* + infinitive.
-ing with different subject from main verb.	*che (mentre)* + verb.
-ing used as noun.	infinitive
-ing used as adjective.	*che* + verb, forms in *-ante, -ente*.

Remember also that the *-ing* forms which are part of the English continuous tenses (*I am going, he will be coming*) are rendered in Italian either by the simple tense (*vado, verrà*) or, alternatively, for the present and imperfect only (*I am looking, he was singing*) by the *stare* + *gerundio* construction (*sto guardando, stava cantando*). And that the *-ing* form after a verb is rendered by the infinitive (*He starts singing* — *Comincia a cantare*). See Lesson 23.

Study these Sentences

1   Venga a qualunque ora del giorno! Chiunque sia, parlerò con lui molto volentieri. Ogni volta che mi capita di conoscere una persona interessante sono sempre contento.

2   'Dove mai andate a quest'ora?' 'Mi sono alzata più presto del solito stamattina perché mio padre mi aveva pregata di comperargli una pipa. Dovrò cercare in tutti negozi perché lui non vuole una pipa qualunque, ma gli sono tanto affezionata che faccio sempre qualsiasi cosa mi chieda.'

3   Qualunque altra persona avrebbe subito detto di no, ma Luisa è una di quelle donne che non si lamentano mai, e sono sempre disposte ad assumere qualsiasi responsabilità.

4   Tornando a casa l'altro giorno, ho visto un uomo che si fermava davanti alle vetrine di tutte le gioiellerie a guardare gli oggetti preziosi che erano in mostra. A vederlo così intento, ho pensato che forse potesse essere un ladro. Il rubare è una cosa che non mi piace affatto e stavo per

avvertire la polizia quando, osservandolo un po' meglio, ho capito che era un mio vicino di casa.

5   Nel farti queste osservazioni non voglio in nessun modo criticare quello che hai fatto. Dopo avere cercato di prendere in considerazione tutti i particolari che riguardano il problema, credo che dovremo studiarlo ancora, prima di prendere una decisione definitiva.

6   Il ritrovare i vecchi amici dopo una lunga assenza è uno dei massimi piaceri che la vita ci possa offrire. Nel rivederli ci ricordiamo di tutte le gioie e di tutti i dolori passati insieme, e ci pare di ritornare ai tempi della nostra gioventù.

Vocabulary

affezionato — *fond*
l'assenza — *absence*
assumere — *to assume, take on*
bollente — *boiling*
capitare (capito) — *to happen*
il cielo — *sky*
il credente — *believer*
criticare (critico) — *to criticise*
definitivo — *definite, definitive*
disposto — *disposed*
il dolore — *sorrow, grief*
la gioia — *joy*
la gioielleria — *jeweller's*

la gioventù — *youth*
lamentarsi — *to complain*
la mostra — *show, display*
l'oggetto — *object*
osservare — *to observe*
l'osservazione (f.) — *observation*
prezioso — *precious*
riguardare — *to regard, concern*
la salsa — *sauce*
seguente — *following*
il vizio — *vice*
volentieri — *willingly*
la volontà — *will, wish*

parlo volentieri con lui — *I am happy to speak with him*
più presto del solito — *earlier than usual*
in mostra — *on display*
il vicino di casa — *the neighbour*

Exercises

1   Oral exercise:

a)   Insert the appropriate -*unque* word:

_____ voglia, può venire stasera.
_____ siano le sue idee, non dovrebbe dire quelle cose.
È molto intelligente, non è certamente un uomo _____.
Dammi una di quelle mele, una _____ perché ho fame.
Stiamo cercando il professore da due ore e lo troveremo _____ sia.
_____ può fare questo esercizio.
_____ cosa abbiano detto di me, saremo sempre amici.

b)   Change these sentences, using the *gerundio*, e.g.:

Nell'aprire la porta, vidi la ragazza.
Aprendo la porta, vidi la ragazza.

Sono rimasti due ore a chiacchierare dei loro problemi.
Nell'andare via, ricordati di chiudere la porta.
Con il troppo parlare lui è diventato stanco.
Nel fare così sei stato molto intelligente.
Passava i suoi giorni a leggere e a studiare.

c) In these sentences the *-ing* word in parentheses is either a *gerundio* or *che* + verb. Insert the appropriate form, changing the word order if necessary:

Lo trovai (*smoking*) una sigaretta nel giardino.
(*Going*) verso il centro, guardavo le vetrine.
Il treno veniva verso i ragazzi (*standing*) sul binario.
Un (*growing*) bambino ha bisogno di latte.
Tornavo a casa (*singing*).
Guardavo gli uomini (*returning*) dal lavoro.
(*Hearing*) quella canzone, mi sono ricordato di lei.
Le donne (*waiting for*) il tram, diventavano impazienti.

2   Translate in to Italian:

a) Whatever can I do? Anyone may come. Whenever you want to hear some good music, come to my house. Whatever question you ask him, he always knows the answer. Wherever did I put that book? He won't tell you anyhow. He is happy anywhere. Whoever told you that?

b) While working in the garden, I saw my friend. Talking to other people is very pleasant. The people standing on the platform were waiting for the train. After seeing that film I wanted to go home. They stayed there talking to their friends. I found her coming out of the station. She is an amusing girl. The following exercise will be much easier.

3   Translate into Italian:

Whenever I asked him to do something, he would always say that he didn't have enough time. When waiting for the tram the other day, I saw a friend of mine crossing the road and coming towards me, holding a piece of paper in his hand. Staying at home is often the best way to spend Sunday. He will be very happy, whatever gift he receives. At times looking at television can be very interesting. I told him to allow no one to enter, whoever it might be. All this chattering is unbearable. Because of being English, I could not understand what they said anyhow.

Qualche cenno di storia (I)

In un certo senso si può dire che la storia d'Italia cominci poco più di cent'anni fa, nel 1861; ma nell'aprire qualunque libro intitolato 'Storia d'Italia' troverete che il primo capitolo tratterà, probabilmente, della caduta dell'impero romano, che risale all'anno 476. Come mai, allora, questa contraddizione? Per rispondere alla domanda bisognerà tornare un po' indietro nel tempo.

Già prima della caduta dell'impero nel 476 c'erano state molte incursioni dei cosiddetti barbari nel territorio imperiale che si era andato sempre più restringendo[1]. Dopo il 476 la penisola italiana, invece di essere il centro del mondo, diventò la preda di tutta una serie di invasori barbari, tra i quali i principali furono i Lombardi. Seguirono poi i Franchi, sotto il re Carlomagno il quale, nell'anno 800, si fece coronare a Roma dal Papa e, nel dare ai suoi domini il nome di Sacro Romano Impero, ripristinò l'idea di Roma imperiale.

Durante tutto il periodo seguente, cioè il Medioevo (fino al Trecento), l'Italia rimase in teoria parte dell'impero ma in pratica, specialmente dopo l'anno 1000 circa, le varie città quali[2] Milano, Firenze, Venezia, Pisa, Padova e altre ancora, con l'espandersi del commercio e anche, in qualche caso, delle manifatture (Firenze, per esempio, con l'industria della lana e della seta), cominciarono a governarsi da sé. Specialmente nell'Italia settentrionale e centrale vediamo il sorgere di queste piccole repubbliche cittadine, dette Comuni, il cui governo era nelle mani degli uomini più ricchi e potenti. A Roma il Papa, col governare lo Stato della Chiesa, univa il potere spirituale al potere temporale. Nel sud della penisola le cose andarono alquanto diversamente. Napoli e la Sicilia furono prese dai Normanni e, col passar del tempo, cambiarono spesse volte padroni, ma avevano sempre un re e un regime di tipo feudale.

Durante i secoli quattordicesimo e quindicesimo avvenne in genere un cambiamento nelle città repubblicane o Comuni; si formarono governi di tipo autocratico, cioè retti[3] da una sola persona, le cosiddette Signorie. In molte città furono fondate delle vere dinastie come quella dei Medici a Firenze e dei Visconti e degli Sforza a Milano. Contemporaneamente le città grandi, seguendo una politica di aggressione contro le città piccole vicine, ampliarono il loro territorio. Verso la metà del Quattrocento l'Italia aveva trovato un assetto più o meno stabile: c'erano cinque stati principali: al nord il Ducato di Milano e la Repubblica di Venezia; al centro la Repubblica di Firenze (repubblica di nome ma di fatto sotto il dominio dei Medici) e lo Stato della Chiesa; al sud il Regno di Napoli (detto anche il Regno delle Due Sicilie); e poi parecchi altri stati più piccoli.

Così l'Italia entrava nel periodo del suo maggior splendore nel campo della cultura e dell'arte, il periodo in cui veniva ammirata dovunque in Europa per la sua civiltà raffinata. Ma nel raggiungere questo altissimo grado di cultura gli Italiani non avevano fatto progressi[4] corrispondenti nell'arte di governarsi. La penisola rimaneva divisa tra i vari stati, maggiori e minori, mancava l'unità politica e ne mancava anche il concetto, salvo in pochissimi come il grande Niccolò Machiavelli. E nello stesso periodo altrove in Europa si erano consolidati i grandi stati nazionali come la Francia, la Spagna, l'Inghilterra. Col rimanere divisa l'Italia rappresentava una ricchissima preda.

[1]Note this use of *andare* with the *gerundio* to indicate a progressive action, cp. *Il denaro va sempre diminuendo.* — The money is all the time diminishing.
[2]Note this use of *quale* in the sense of *such as.*
[3]*retto* is the past participle of *reggere* (to rule).
[4]*fare progressi* — to make progress.

Lesson 34

1 The Past Participle. Special Construction

a) A very common construction in Italian is that in which the past participle is used on its own, without a finite verb. Study these examples, observing the English equivalents:

> Finito il suo lavoro, andò a casa.
> *When he had finished* } *his work, he went home.*
> *Having finished*

> Letto il romanzo, ne discutemmo a lungo.
> *When we had read* } *the novel we discussed it at length.*
> *Having read*

b) Past participle agreement with this construction is made as follows:
i) with verbs used transitively (i.e. taking a direct object) the past participle agrees with the object:

> Messi a letto i bambini, fumò una sigaretta.
> *Having put the children to bed, he smoked a cigarette.*

> Prese tutte le precauzioni, si sentì più sicuro.
> *Having taken all precautions, he felt safer.*

N.B. In this usage the Italian participle has a passive force (*The children having been put to bed.*) *All precautions having been taken*): this is called an absolute construction.

ii) with verbs used intransitively (i.e. not taking a direct object), the past participle agrees with the subject:

> Uscita di casa alle sette, Elena arrivò presto in città.
> *Having left home at seven, Helen soon arrived in town.*
> Caduti dalla finestra, i bambini furono portati all'ospedale.
> *Having fallen from the window, the children were taken to the hospital.*

N.B. In this usage the participle is active, as in English.

c) Conjunctive pronoun objects are attached to the past participle used in this way (except *loro*), as are conjunctive reflexive pronouns:

> Finitolo, voglio uscire.
> *When I have finished it, I want to go out.*
> Cercava le ragazze e, trovatele, disse che era pronto.
> *He was looking for the girls and, having found them, he said he was ready.*

> Fermatisi all'angolo della strada, cominciarono a parlare.
> *Having stopped at the street corner, they started to talk.*

d) Italian normally uses a past participle rather than a *gerundio* when the action indicated by the participle is completed before the following action begins:

Sentito che non c'era nessuno, siamo tornati a casa.
Hearing that no one was there, we went back home.
Toltosi il cappello, si grattò la testa.
Taking off his hat, he scratched his head.

e)   This construction with the past participle is common but other constructions (similar to English) are also used:

Having finished his work, he went to a restaurant.

Finito il lavoro
Avendo finito il lavoro }   andò a un ristorante.
Quando ebbe finito il lavoro

2   Position of Adjectives

The position of adjectives in Italian (in front of or after the noun) is often a matter of stylistic choice rather than of grammatical rules. The following are therefore only general indications:

a)   'Distinguishing' adjectives normally follow the noun, i.e. adjectives which serve to distinguish the noun they qualify from others of the same class:

In quella casa c'è una famiglia povera e una famiglia ricca.
In that house there is a poor family and a rich family.

Dammi quella bottiglia vuota!
Give me that empty bottle!

b)   'Descriptive' adjectives, i.e. adjectives that describe rather than distinguish, normally precede the noun:

La giovane donna passeggiava per le vie della vecchia città.
The young woman walked through the streets of the old city.

Le alte montagne erano coperte di profondissima neve.
The high mountains were covered with deepest snow.

c)   Some adjectives vary in meaning according to their position. If the difference is between literal and figurative meanings, the 'literal' adjective follows and the 'figurative' one precedes:

Una donna povera (*without money*).
Una povera donna (*unfortunate*).

Ho una certa simpatia per lui.
I have a certain liking for him.

Non è una informazione certa.
It is not a certain piece of information.

d)   Adjectives of colour and nationality normally follow the noun.

e)   Adjectives modified by an adverb usually follow the noun:

È stato un pranzo assolutamente delizioso.
It was an absolutely delicious dinner.

Giovanna è una ragazza molto bella.
Joan is a very lovely girl.

f)   When a noun is qualified by a prepositional phrase (usually introduced by *di*) as well as an adjective, the adjective usually precedes the noun:

C'era un enorme mucchio di piatti.
There was an enormous pile of plates.

g)   Some common adjectives, e.g. *primo, ultimo, altro*, usually precede.

3   Suffixes

a)   Italian makes much use of suffixes to modify the meaning of a noun.
In English the only such suffix that has remained in frequent use is the
-y ending (*Tom, Tommy: Dad, Daddy*, etc.). The most commonly used
are:

Diminutives (smallness)

-ino, -ina:	il ragazzino — *the little boy*
	la sorellina — *the little sister*
-etto, -etta:	il negozietto — *the little shop*
	la casetta — *the little house*
-ello, -ella:	l'asinello — *the little donkey*
	la pecorella — *the little sheep*

N.B.   Note that the noun drops its final vowel when the suffix is added.
Nouns ending in *-one* or *-ona* insert a *c* before the suffix:

bastone (*stick*), bastoncino

persona (*person*) personcina

As well as smallness these endings often indicate affection, prettiness,
etc., i.e. 'nice little', 'dear little'.

Several feminine words can take the masculine *-ino* suffix, often
acquiring a different or specialised meaning, e.g.:

la finestra (*window*) — il finestrino (*train window*)

la camera (*bedroom*) — il camerino (*actor's dressing room*)

Augmentatives (largeness)

-one:	un librone — *a big book*
	un casone — *a large house*

The *-one* suffix is always masculine (even *un donnone* — *a great big
woman*), although the ending *-ona* is also sometimes used.

Pejoratives (unpleasantness)

-accio, -accia:	un ragazzaccio — *a nasty boy*
	una casaccia — *a horrible house*

b)   Such suffixes are a source of great expressive possibilities in Italian.
In English we have to try and render them by adjectives. One should not,
for example, automatically render a word ending in *-accio* by 'nasty': it
may be a matter of choosing between a whole range of adjectives such
as 'wretched', 'horrible', 'ghastly', etc., to find the right shade of meaning
in the context.

c)   Great care is needed in the use of these suffixes. If you have not
yourself seen or heard a particular form it is best to consult a dictionary
before inventing one. The following points underline this warning:

i)   One cannot add any suffix to any word. Some words can take one
particular suffix but not others. For instance, you can say *fratellino* but
cannot add *-etto* or *-ello* to *fratello*. There are no rules for this: it is
purely a matter of usage.

ii)   Sometimes a suffix added to a word creates a new meaning. Thus:

il cavallo (*horse*) —il cavallino (*little horse*)
BUT   —il cavalletto (*easel*)

d)   Among other suffixes are:

Diminutives: -ettino, -icino, -icello, -uccio.
Augmentatives: -otto.
Pejoratives: -astro.

e)   Suffixes can also be added to other parts of speech (particularly to adjectives):

È una casa piccolina. — *It is a tiny little house.*
Maria è molto bellina. — *Mary is very pretty.*
L'ha fatto benino. — *He did it pretty well.*
L'ha fatto benone. — *He did it extremely well.*

They are much used with proper names: Marietta, Mariuccia, Pierino, Giovannino, etc.

4   Compound Nouns

a)   Most compound nouns which have a verb as the first element are masculine and invariable in the plural:

il portalettere (*postman*) — i portalettere
l'attaccapanni (*coat-hanger*) — gli attaccapanni

But those whose second part is masculine singular usually form their plural regularly:

il parafango (*mudguard*) — i parafanghi
il marciapiede (*footpath*) — i marciapiedi

b)   Many compound nouns form their plural regularly:

l'arcobaleno (*rainbow*) — gli arcobaleni
il francobollo (*postage stamp*) — i francobolli.

c)   Compound nouns formed by a noun + adjective often change both elements:

la cassaforte (*strong-box*) — le casseforti.

N.B.   Of these indications a) is fairly reliable as a guide, but in all cases of doubt it is best to consult a dictionary, for compound nouns have many variations in the formation of the plural. In particular the numerous compounds formed with *capo (il capolavoro* (masterpiece) — *i capo-lavori,* but *il capostazione* (stationmaster) — *i capistazione)* are extremely variable.

Study these Sentences

1   Appena letta quella lettera, capii subito che chi l'aveva scritta voleva burlarsi di me, e, buttatala nel cestino, me ne andai arrabbiato.

2   Guardatasi a lungo allo specchio e messisi in ordine i capelli, la giovane donna decise che si era fatta abbastanza bella per uscire.

3   Fatti i debiti calcoli sono andato alla banca per ritirare i soldi necessari e poi, ritiratili, mi sono diretto verso la stazione per prendere i biglietti ferroviari.

4   Avevano una casettina pulita e linda con tanti begli alberi nel giardino, e in primavera i bucaneva spuntavano fra l'erba. C'era anche un balconcino riparato dove potevano sdraiarsi per prendere il sole.

5   'Ho bisogno di una scatoletta di cartone abbastanza resistente per mettervi dentro quel regalino che abbiamo comprato per Antonietto.' 'Un momentino, e te la trovo subito. C'è una scatola molto carina nell'armadio.'

6   Il parabrezza di quella macchina è fatto di un vetro speciale che non si frantuma in nessun caso. Si sa che i pezzettini di vetro che entrano nell'occhio rappresentano uno dei maggiori pericoli negli incidenti automobilistici.

Vocabulary

*andarsene — *to go away*
l'angolo — *corner*
l'arcobaleno — *rainbow*
l'asino — *donkey*
assoluto — *absolute*
l'attaccapanni(m.) — *coat-hanger*
automobilistico — *motor* (adj.)
il balcone — *balcony*
la banca — *bank*
il bastone — *stick*
il bucaneve — *snowdrop*
burlarsi di — *to make fun of*
il calcolo — *calculation*
il camerino — *dressing room*
i capelli — *hair*
il capolavoro — *masterpiece*
il capostazione — *station master*
carino — *pretty*
il cartone — *cardboard*
la cassaforte — *strong-box*
il cavalletto — *easel*
il cavallo — *horse*
il cestino — *wastepaper basket*
debito — *proper, due*
delizioso — *delicious*
*dirigere — *to direct*
enorme — *enormous*

l'erba — *grass*
ferroviario — *railway* (adj.)
il finestrino — *train window*
il francobollo — *postage stamp*
frantumare — *to shatter*
grattare — *to scratch*
l'incidente (m.) — *accident*
l'informazione (f.) — *information*
lindo — *neat*
il marciapiede — *footpath*
il mucchio — *pile, heap*
la neve — *snow*
l'ospedale (m.) — *hospital*
il parabrezza — *windscreen*
il parafango — *mudguard*
la pecora — *sheep*
il portalettere — *postman*
la precauzione — *precaution*
profondo — *deep*
rappresentare — *to represent*
resistente — *tough*
riparare — *to protect*
la scatola — *box*
sdraiarsi (mi sdraio) — *to lie down*
la simpatia — *liking*
spuntare — *to sprout*
*togliere — *to take off, away*

*andarsene — me ne vado, te ne vai, etc.
dirigere, diressi, ho diretto.
*togliere, tolsi, ho tolto: *irregular present* — tolgo, togli, toglie, togliamo, togliete, tolgono.

Exercises

1   Oral exercise:

a)   Change these sentences, using the past participle construction, e.g.
     Quando ebbe finito il lavoro, andò a casa.

Finito il lavoro, andò a casa.

Quando avrò finito questo libro, te lo darò.

Quando avrò finito questi libri, te li darò.

Avendo trovato la casa, potremo visitare i nostri amici.

Quando ebbe sentito la notizia, cominiciò a piangere.

Quando ebbe sentito le notizie, cominciò a piangere.

Essendo partito molto presto, arrivò prima di notte.

Essendo partiti molto presto, arrivarono prima di notte.

Avendo fatto la promessa, dobbiamo mantenerla.

Avendo fatto le promesse, dobbiamo mantenerle.

Quando ebbe comprato tutto, prese il tram.

Quando ebbe comprato tutte le cose necessarie, prese il tram.

b) Give the word from which each of the following is derived and then the meaning in English:

e.g. il ragazzino — il ragazzo — *the little boy*
la bottiglietta, il ragazzaccio, il librone, la valigetta, la casuccia, il trenino, il fiumicello, il finestrino, carino, il cartone, il cavallino, la macchinetta, il cavalletto, il piedino.

2   Translate into Italian, using the past participle construction and giving any possible alternative renderings:

Having read all the books in his father's library, he decided that he was ready to go to the university. Finding that everyone had gone home, I lay down on the floor and went to sleep. As soon as she had got up, Mary started to read the newspaper. When she had prepared the dinner, my mother told us to come in. Having made all possible calculations and examined all the problems, we have decided that it would be better if we did nothing. As soon as the children have been taken to school, I shall go into town.

3   Translate into Italian, paying particular attention to the position of the adjectives:

The last train leaves at eleven and there isn't another train before seven. There was a large piece of paper on the table near the window, but the small table was covered with dirty plates. The old man sat near the fire trying to keep himself warm, because it was a cold winter. The garden was full of red and white flowers. There was an enormous number of people waiting at the station, some with heavy suitcases and others carrying nothing. This is an absolutely certain piece of information which I have received from an old friend.

Qualche cenno di storia (II)

Nel 1494 gli eserciti di Carlo VIII, re di Francia, invasero l'Italia. 'Pigliarono la Italia col gesso', come scrisse Machiavelli, volendo dire che i Francesi, data la mancanza di una resistenza da parte italiana, dovettero soltanto fare con il gesso un segno sulla porta delle case dove volevano alloggiare i loro soldati. Dopo questa prima invasione non potevano non seguire delle altre e così, durante i primi decenni del Cinquecento, l'Italia fu un campo di battaglia dove i Francesi e gli Spagnoli lottarono per il predominio sulla penisola. Questi anni videro anche il culmine di quello straordinario periodo che viene chiamato il Rinascimento (o la Rinascita): furono gli anni di Leonardo da Vinci, di Raffaello, di Michelangelo, di Machiavelli, di Ariosto e di tanti altri. Nella lotta tra la Francia e la Spagna rimase vincitrice questa[1] e, divisa l'Italia in stati (come Milano e Napoli) che furono annessi all'impero spagnolo e in altri che ritenevano una teorica indipendenza, cominciò un lungo periodo di relativa decadenza politica. Questa fu accompagnata anche da un declino economico: quegli anni del Rinascimento erano stati gli anni delle grandi scoperte geografiche, della scoperta dell'America e anche delle nuove vie di comunicazione con l'Asia. Ne risultò lo spostamento di gran parte del commercio europeo verso queste nuove terre e l'Italia, rimasta chiusa nel Mediterraneo, divenne inevitabilmente meno importante nel quadro generale dell'economia europea. All'inizio del Settecento, con il decadere della Spagna, l'Italia passò sotto l'influenza dell'Austria.

Invasa di nuovo dai Francesi sotto Napoleone negli ultimi anni del Settecento, l'Italia cominciò a ridestarsi e a volere la sua indipendenza. Tornati poi, con la caduta di Napoleone nel 1815, sotto gli Austriaci, gli Italiani sentirono maggiormente il desiderio di libertà nazionale. Iniziarono la lotta contro l'Austria che durò fino al 1861. Questo periodo viene chiamato il Risorgimento e si ricordano soprattutto i nomi di tre grandi uomini che ne furono l'anima: di Giuseppe Mazzini che predicò l'idea dell'unità nazionale, di Giuseppe Garibaldi che combattè valorosamente nelle guerre contro l'Austria e poi riuscì a conquistare per la nuova nazione tutto il sud, e infine di Camillo Cavour, il grande uomo di stato che fu l'architetto politico dell'indipendenza. Nel 1861 fu proclamato il nuovo Regno d'Italia, sotto il re Vittorio Emanuele.

Dato all'Italia un regime monarchico di tipo parlamentare, il paese ebbe modo[2] di dedicarsi al proprio sviluppo fino alla prima guerra mondiale (1915–18) in cui l'Italia combattè a fianco[3] dell'Inghilterra e della Francia contro la Germania e l'Austria. Però la vittoria portò con sé molti problemi; ci fu una crisi economica e sociale che, nel 1922, risultò nella salita al potere del partito fascista[4] sotto il suo capo Benito Mussolini. Il regime fascista, di carattere autoritario, durò per oltre vent'anni, fino alla sua disfatta nella seconda guerra mondiale. Terminata la guerra, gli Italiani votarono per l'abolizione della monarchia e per la costituzione di una repubblica democratica. La Repubblica italiana fa ora parte del Mercato Comune Europeo e sta facendo molti progressi sociali e economici.

[1]*questo* (the latter), *quello* (the former).
[2]*avere modo* — to have the chance, the means.
[3]*a fianco di* — at the side of.
[4]Note that adjectives ending in *-ista* are invariable in the singular (*un ministro fascista, una donna fascista*) but have regular forms in the plural (*due ministri fascisti, due donne fasciste*).

Conjugations

Stress is indicated, as previously, by the use of heavier type for the stressed vowel. This device is normally used when the stress does not fall on the second last syllable, or on the final vowel, where an accent is written.

In addition the closed pronunciation of stressed **e** or **o** is indicated thus — *sǫno*. When a stressed **e** or **o** does not have this mark the pronunciation is open.

Grave or acute accents are used, as in the grammar, for stressed final vowels: thus *credé* (closed **e**), *sarò* (open **o**) (all stressed final **o**'s are open).

The English equivalents are to be understood only as general indications. For use of the tenses see the grammar.

ESSERE

Present (I am)	*Perfect* (I have been)
sǫno	sono stato, -a
sei	sei stato, -a
è	è stato, -a
siamo	siamo stati, -e
siete	siete stati, -e
sǫno	sono stati, -e
Imperfect (I was, was being)	*Pluperfect* (I had been)
ero	ero stato, -a
eri	eri stato, -a
era	era stato, -a
eravamo	eravamo stati, -e
eravate	eravate stati, -e
erano	**e**rano stati, -e
Passato remoto (I was)	*Past Anterior* (I had been)
fui	fui stato, -a
fǫsti	fosti stato, -a
fu	fu stato, -a
fummo	fummo stati, -e
fǫste	foste stati, -e
furono	**fu**rono stati, -e

Future (I shall, will be)	*Future Perfect* (I shall, will have been)
sarò	sarò stato, -a
sarai	sarai stato, -a
sarà	sarà stato, -a
saremo	saremo stati, -e
sarete	sarete stati, -e
saranno	saranno stati, -e
Conditional (I should, would be)	*Past Conditional* (I should, would have been)
sarei	sarei stato, -a
saresti	saresti stato, -a
sarebbe	sarebbe stato, -a
saremmo	saremmo stati, -e
sareste	sareste stati, -e
sarebbero	sarebbero stati, -e
Present Subjunctive (I am)	*Perfect Subjunctive* (I have been)
sia	sia stato, -a
sia	sia stato, -a
sia	sia stato, -a
siamo	siamo stati, -e
siate	siate stati, -e
siano	siano stati, -e
Imperfect Subjunctive (I was, was being)	*Pluperfect Subjunctive* (I had been)
fossi	fossi stato, -a
fossi	fossi stato, -a
fosse	fosse stato, -a
fossimo	fossimo stati, -e
foste	foste stati, -e
fossero	fossero stati, -e

Imperative
(tu) sii
(Lei) sia
(noi) siamo
(voi) siate
(Loro) siano

Gerundio — essendo   *Past Participle* — stato

AVERE

Present (I have)	*Perfect* (I have had)
ho	ho avuto
hai	hai avuto
ha	ha avuto

abbiamo
avete
hanno

abbiamo avuto
avete avuto
hanno avuto

Imperfect (I had, was having)
avevo
avevi
aveva
avevamo
avevate
avevano

Pluperfect (I had had)
avevo avuto
avevi avuto
aveva avuto
avevamo avuto
avevate avuto
avevano avuto

Passato remoto (I had)
ebbi
avesti
ebbe
avemmo
aveste
ebbero

Past Anterior (I had had)
ebbi avuto
avesti avuto
ebbe avuto
avemmo avuto
aveste avuto
ebbero avuto

Future (I shall, will have)

avrò
avrai
avrà
avremo
avrete
avranno

Future Perfect
(I shall, will have had)
avrò avuto
avrai avuto
avrà avuto
avremo avuto
avrete avuto
avranno avuto

Conditional
(I should, would have)
avrei
avresti
avrebbe
avremmo
avreste
avrebbero

Past Conditional
(I should, would have had)
avrei avuto
avresti avuto
avrebbe avuto
avremmo avuto
avreste avuto
avrebbero avuto

Present Subjunctive (I have)
abbia
abbia
abbia
abbiamo
abbiate
abbiano

Perfect Subjunctive (I have had)
abbia avuto
abbia avuto
abbia avuto
abbiamo avuto
abbiate avuto
abbiano avuto

Imperfect Subjunctive
(I had, was having)
avessi
avessi
avesse
avessimo
aveste
avessero

Pluperfect Subjunctive (I had had)

avessi avuto
avessi avuto
avesse avuto
avessimo avuto
aveste avuto
avessero avuto

Imperative
(tu) abbi
(Lei) **a**bbia
(noi) abbiamo
(voi) abbiate
(Loro) **a**bbiano

Gerundio — avendo   *Past Participle* — avuto

-ARE VERBS — 1st CONJUGATION
PARLARE

Present (I speak)	*Perfect* (I have spoken)
parlo	ho parlato
parli	hai parlato
parla	ha parlato
parliamo	abbiamo parlato
parlate	avete parlato
p**a**rlano	hanno parlato

Imperfect (I spoke, was speaking)	*Pluperfect* (I had spoken)
parlavo	avevo parlato
parlavi	avevi parlato
parlava	aveva parlato
parlavamo	avevamo parlato
parlavate	avevate parlato
parl**a**vano	avevano parlato

Passato remoto (I spoke)	*Past Anterior* (I had spoken)
parlai	ebbi parlato
parlasti	avesti parlato
parlò	ebbe parlato
parlammo	avemmo parlato
parlaste	aveste parlato
parl**a**rono	ebbero parlato

Future (I shall, will speak)	*Future Perfect* (I shall, will have spoken)
parlerò	avrò parlato
parlerai	avrai parlato
parlerà	avrà parlato
parleremo	avremo parlato
parlerete	avrete parlato
parleranno	avranno parlato

Conditional (I should, would speak)	*Past Conditional* (I should, would have spoken)
parlerei	avrei parlato
parleresti	avresti parlato
parlerebbe	avrebbe parlato

parleremmo
parlereste
parlerebbero

Present Subjunctive (I speak)

parli
parli
parli
parliamo
parliate
parlino

Imperfect Subjunctive
(I spoke, was speaking)
parlassi
parlassi
parlasse
parlassimo
parlaste
parlassero

avremmo parlato
avreste parlato
avrebbero parlato

Perfect Subjunctive
(I have spoken)
abbia parlato
abbia parlato
abbia parlato
abbiamo parlato
abbiate parlato
abbiano parlato

Pluperfect Subjunctive
(I had spoken)
avessi parlato
avessi parlato
avesse parlato
avessimo parlato
aveste parlato
avessero parlato

Imperative
(tu) parla
(Lei) parli
(noi) parliamo
(voi) parlate
(Loro) parlino

Gerundio — parlando   *Past Participle* — parlato

-ERE VERBS — 2nd CONJUGATION
CREDERE

Present (I believe)
credo
credi
crede
crediamo
credete
credono

Imperfect
(I believed, was believing)
credevo
credevi
credeva
credevamo
credevate
credevano

Perfect (I have believed)
ho creduto
hai creduto
ha creduto
abbiamo creduto
avete creduto
hanno creduto

Pluperfect (I had believed)

avevo creduto
avevi creduto
aveva creduto
avevamo creduto
avevate creduto
avevano creduto

Passato remoto (I believed)
credęi (credetti)
credesti
credé (credette)
credęmmo
credęste
credęrono (credęttero)

Future (I shall, will believe)

crederò
crederai
crederà
credreęmo
credreęte
crederanno

Conditional
(I should, would believe)
crederei
crederęsti
crederebbe
crederęmmo
crederęste
crederębbero

Present Subjunctive (I believe)

credạ
credạ
credạ
crediamo
crediate
credạno

Imperfect Subjunctive
(I believed, was believing)
credęssi
credęssi
credęsse
credęssimo
credęste
credęssero

Imperative
(tu) credi
(Lei) credạ

Gerundio — credendo

Past Anterior (I had believed)
ębbi creduto
avęsti creduto
ębbe creduto
avęmmo creduto
avęste creduto
ębbero creduto

Future Perfect
(I shall, will have believed)
avrò creduto
avrai creduto
avrà creduto
avręmo creduto
avręte creduto
avranno creduto

Past Conditional
(I should, would have believed)
avrei creduto
avręsti creduto
avrebbe creduto
avręmmo creduto
avręste creduto
avrębbero creduto

Perfect Subjunctive
(I have believed)
abbia creduto
abbia creduto
abbia creduto
abbiamo creduto
abbiate creduto
abbiano creduto

Pluperfect Subjunctive
(I had believed)
avęssi creduto
avęssi creduto
avęsse creduto
avęssimo creduto
avęste creduto
avęssero creduto

(noi) crediamo
(voi) credęte
(Loro) credạno

Past Participle — creduto

-IRE VERBS — 3rd CONJUGATION
FINIRE

Present (I finish)	*Perfect* (I have finished)
finisco	ho finito
finisci	hai finito
finisce	ha finito
finiamo	abbiamo finito
finite	avẹte finito
finiscono	hanno finito

SENTIRE (verbs not taking *-isc*)

Present (I hear)

sento
senti
sente
sentiamo
sentite
sentono

In all other tenses except the present subjunctive and the imperative the conjugation of verbs like *sentire* is identical with that of *finire*.

Imperfect (I finished, was finishing)	*Pluperfect* (I had finished)
finivo	avẹvo finito
finivi	avẹvi finito
finiva	avẹva finito
finivamo	avevamo finito
finivate	avevate finito
finivano	avẹvano finito

Passato remoto (I finished)	*Past Anterior* (I had finished)
finii	ẹbbi finito
finisti	avẹsti finito
finì	ẹbbe finito
finimmo	avẹmmo finito
finiste	avẹste finito
finirono	ẹbbero finito

Future (I shall, will finish)	*Future Perfect* (I shall, will have finished)
finirò	avrò finito
finirai	avrai finito
finirà	avrà finito
finirẹmo	avrẹmo finito
finirẹte	avrẹte finito
finiranno	avranno finito

Conditional (I should, would finish)	*Past Conditional* (I should, would have finished)
finirei	avrei finito
finiresti	avresti finito
finirebbe	avrebbe finito
finiremmo	avremmo finito
finireste	avreste finito
finirebbero	avrebbero finito

Present Subjunctive (I finish)	*Perfect Subjunctive* (I have finished)
finisca	**a**bbia finito
finisca	**a**bbia finito
finisca	**a**bbia finito
finiamo	abbiamo finito
finiate	abbiate finito
fini**s**cano	**a**bbiano finito

SENTIRE

Present Subjunctive (I hear)
senta
senta
senta
sentiamo
sentiate
s**e**ntano

Imperfect Subjunctive (I finished, was finishing)	*Pluperfect Subjunctive* (I had finished)
finissi	avessi finito
finissi	avessi finito
finisse	avesse finito
fini**s**simo	av**e**ssimo finito
finiste	aveste finito
fini**s**sero	av**e**ssero finito

Imperative

(tu) finisci	(tu) senti
(Lei) finisca	(Lei) senta
(noi) finiamo	(noi) sentiamo
(voi) finite	(voi) sentite
(Loro) fini**s**cano	(Loro) s**e**ntano
Gerundio — finendo	*Past Participle* — finito

Irregular verbs

In this list verbs with similar irregularities have been grouped. Where several verbs have the same irregularities a type verb is given and other verbs conjugated in the same way are listed beneath it.

In the end vocabulary reference to the appropriate paragraph number is made thus: — *dare* (1).

Stress, etc., is indicated as previously.

The following points should be noted in using this list:

1   This list is not complete. It includes the more common verbs.

2   Only irregular forms are given, except in special cases.

3   If the *gerundio* is irregular, the imperfect indicative and subjunctive are also irregular, e.g. *fare, facendo, facevo, facessi*. In such cases only the *gerundio* is given.

4   When the future and the conditional are irregular only the 1st person singular of the future is given.

5   For the pattern of the irregular *passato remoto* see the grammar, Lesson 20. Only the 1st person singular is given, except in special cases.

6   For the formation of the present subjunctive see the grammar, Lesson 25. It is given only when its formation is not based on the present indicative.

7   Compound verbs are conjugated like simple verbs — *omettere* like *mettere, comporre* like *porre*, etc.

8   Compounds made with the prefix *ri-* expressing repetition are not given.

-ARE VERBS

1   Dare

pres. — do, dai, dà, diamo, date, danno
pass. rem. — diedi (detti), dẹsti, diede (dette), dẹmmo, dẹste, diedero (dettero)
fut. — darò
pres. sub. — dia, dia, dia, diamo, diate, diano
imp. sub. — dẹssi, dẹssi, dẹsse, dẹssimo, dẹste, dẹssero
imperative — da, dia, diamo, date, diano

2   Stare

pres. — sto, stai, sta, stiamo, state, stanno

pass. rem. — stetti, stęsti, stette, stęmmo, stęste, stettero
fut. — starò
pres. sub. — stia, stia, stia, stiamo, stiate, stiano
imp. sub. — stęssi, stęssi, stęsse, stęssimo, stęste, stęssero
imperative — sta, stia, stiamo, state, stiano

3   Andare

pres. — vado, vai, va, andiamo, andate, vanno
fut. — andrò
imperative — va, vada, andiamo, andate, vadano
N.B.   For *fare* see No. 6.

-ERE VERBS
'Longer Infinitive' Verbs

4   Bęre (bevere) (*see also No. 40*)

pres. — bęvo, bęvi, bęve, beviamo, bevęte, bęvono
pass. rem. — bęvvi (*or regular* — bevęi), bevęsti, etc.
fut. — berrò
imperative — bęvi, bęva, beviamo, bevęte, bęvano
gerundio — bevendo
past part. — bevuto

5   Dire (dicere)

pres. — dico, dici, dice, diciamo, dite, dicono
pass. rem. — dissi, dicęsti, etc.
imperative — di, dica, diciamo, dite, dicano
gerundio — dicendo
past part. — dętto
Compounds — benedire, contraddire, maledire

6   Fare (facere)

pres. — faccio, fai, fa, facciamo, fate, fanno
pass. rem. — fęci, facęsti, etc.
fut. — farò
imperative — fa, faccia, facciamo, fate, facciano
gerundio — facendo
past part. — fatto
Compounds — disfare, soddisfare

7   Pǫrre (ponere)

pres. — pǫngo, pǫni, pǫne, poniamo, ponęte, pǫngono
pass. rem. — pǫsi, ponesti, etc.
fut. — porrò

gerundio — ponendo
past part. — posto
Compounds — comporre, disporre, imporre, opporre, supporre

8   Trarre (traere)

pres. — traggo, trai, trae, traiamo, traete, traggono
pass. rem. — trassi, traesti, etc.
fut. — trarrò
gerundio — traendo
past part. — tratto
Compounds — attrarre, contrarre, estrarre, ritrarre

9   -urre. Condurre (conducere)

pres. — conduco, conduci, conduce, conduciamo, conducete, conducono
pass. rem. — condussi, conducesti, etc.
fut. — condurrò
gerundio — conducendo
past part. — condotto
Similar verbs — dedurre, introdurre, produrre, ridurre, tradurre

-ERE VERBS
Verbs Regular in the Passato Remoto

10   Dovere

pres. — devo (debbo), devi, deve, dobbiamo, dovete, devono (debbono)
fut. — dovrò
pres. sub. — debba

11   Potere

pres. — posso, puoi, può, possiamo, potete, possono
fut. — potrò

12   Sedere

(see also No. 39)
pres. — siedo (seggo), siedi, siede, sediamo, sedete, siedono (seggono)
pres. sub. — sieda (segga)

13   Solere

pres. — soglio, suoli, suole, sogliamo, solete, sogliono
past part. — solito

-ERE VERBS
Verbs Irregular only in the Passato Remoto and the Past Participle

14 Passato remoto in -si, past participle in -so (e.g. **accendere**)

Type verb — accendere, accesi, acceso

Similar verbs — appendere
difendere
offendere
pendere (appendere, dipendere, sospendere)
plendere (apprendere, comprendere, sorprendere)
rendere (arrendersi)
scendere
spendere
tendere (attendere, intendere, pretendere, stendere)

Type verb — chiudere, chiusi, chiuso

Similar verbs — concludere   illudere
decidere   includere
deludere   persuadere
dissuadere   radere
dividere   ridere (sorridere)
escludere   uccidere

15 Passato remoto in -rsi, past participle in -rso (e.g. **correre**)

Type verb — correre, corsi, corso (discorrere, occorrere, percorrere, soccorrere)

Similar verbs —mordere
perdere *(see also No. 40)*
spargere

16 Passato remoto in -si, past participle in -to (e.g. **fingere**)

Type verb — fingere, finsi, finto

Similar verbs — accorgersi
dipingere
distinguere
giungere (aggiungere, congiungere, raggiungere)
piangere
porgere (sporgere)
pungere
scorgere
sorgere
spingere (respingere)
torcere (contorcere)
vincere (convincere)
volgere (rivolgere, sconvolgere, svolgere)

16a   assumere, assunsi, assunto (presumere, riassumere)
spegnere (*or* spengere), spensi, spento
stringere, strinsi, stretto (costringere)

17 Passato remoto in -si, past participle in -sto (e.g. nascondere)

Type verb — nascondere, nascosi, nascosto
Similar verbs — chiedere (richiedere)
rispondere (corrispondere)

18 Passato remoto in -ssi, past participle in -tto

Type verb — leggere, lessi, letto (eleggere)
Similar verbs —proteggere
reggere (correggere)

18a   dirigere, diressi, diretto
friggere, frissi, fritto
negligere, neglessi, negletto
scrivere, scrissi, scritto (descrivere)

19 Passato remoto in -ssi, past participle in -sso (e.g. muovere)

Type verb — muovere, mossi, mosso (commuovere, promuovere)
Similar verbs   annettere, annessi, annesso
concedere, concessi, concesso
discutere, discussi, discusso
esprimere, espressi, espresso
imprimere, impressi, impresso
opprimere, oppressi, oppresso
percuotere, percossi, percosso
scuotere, scossi, scosso
succedere, successi, successo

20 Verbs that change the stem vowel (e.g. mettere)

Type verb —mettere, misi, messo (ammettere, commettere, omettere, permettere, promettere, scommettere, trasmettere)
Similar verbs — fondere, fusi, fuso (confondere)
rompere, ruppi, rotto (corrompere, interrompere)

21 Passato remoto in -bbi, past participle regular (e.g. conoscere)

Type verb — conoscere, conobbi, conosciuto (riconoscere)
Similar verb — crescere, crebbi, cresciuto (accrescere, rincrescere)

22 Piovere (piovere), piovve, piovuto

23 Cadere, caddi, caduto (accadere, decadere)
Fut. — cadrò

24 Vivere (vivere), vissi, vissuto
Fut. — vivrò

25 Nascere (nascere), nacqui, nato

-ERE VERBS
Verbs Irregular in Several Tenses

26 Cogliere, scegliere, sciogliere, togliere *(note stress — c*o*gliere,* etc.) *are conjugated like* c*o*gliere.
pres. — colgo, cogli, coglie, cogliamo, cogliete, c*o*lgono
pass. rem. — colsi
past part. — colto
Compounds — accogliere, raccogliere, dist*o*gliere

27 Giac*e*re, piac*e*re, tac*e*re
Are conjugated like giac*e*re.
pres. — gi*a*ccio, giaci, giace, *gi*a*cciamo, giac*e*te, gi*a*cciono
pass. rem. — giacqui
past part. — giaciuto
Compound — dispiacer*e*
*tac*e*re *has* taciamo *for the 1st person plural.*

28 Par*e*re
pres. — p*a*io, pari, pare, pariamo (paiamo), par*e*te, p*a*iono
pass. rem. — parvi
fut. — parrò
past part. — parso.

29 Dol*e*re
pres. — dolgo, duoli, duole, dogliamo, dol*e*te, d*o*lgono
pass. rem. — dolsi
fut. — dorrò

30 Val*e*re
pres. — valgo, vali, vale, valiamo, val*e*te, v*a*lgono
pass. rem. — valsi.
fut. — varrò
past part. — valso (valuto *referring to price*)

31 Ved*e*re
pass. rem. — vidi
fut. — vedrò
past part. — visto *or* veduto
Compounds — preved*e*re, provved*e*re
N.B. *fut. of* provved*e*re *is* provvederò

32 Riman*e*re
pres. — rimango, rimani, rimane, rimaniamo, riman*e*te, rim*a*ngono
pass. rem. — rimasi
fut. — rimarrò
past part. — rimasto

33 Sapẹre

pres. — so, sai, sa, sappiamo, sapẹte, sanno
pass. rem. — seppi
fut. — saprò
pres. sub. — sappia, sappia, sappia, sappiamo, sappiate, sappiano
imperative — sappi, sappia, sappiamo, sappiate, sappiano

34 Volẹre

pres. — voglio, vuoi, vuole, vogliamo, volẹte, vogliono
pass. rem. — volli
fut. — vorrò

35 Tenẹre

pres. — tengo, tieni, tiene, teniamo, tenẹte, tengono
pass. rem. — tẹnni
fut. — terrò
Compounds — appartenẹre, mantenẹre, ottenẹre, trattenẹre

36 Cuocere (cuocere)

pres. — cuocio, cuoci, cuoce, cociamo, cocẹte, cuociono
pass. rem. — cossi, cocẹsti, etc.
fut. — cocerò
gerundio — cocendo .
past part. — cotto

37 Nuocere (nuocere)

pres. — noccio (nuoco), nuoci, nuoce, nociamo, nocẹte, nocciono
    (nuocono)
pass. rem. — nocqui, nocẹsti, etc.
past part. — nociuto

-ERE VERBS
Verbs Irregular only in the Past Participle

38   assistere, assistito
     esistere, esistito
     insistere, insistito
     resistere, resistito
     risolvere, risolto (*or* risoluto)
     seppellire, sepolto (*or* seppellito)

N.B. risolvere *has an irregular pass. rem.*, risolsi, *as well as the regular form*, risolvẹi.

-ERE VERBS
Verbs with an alternative Passato Remoto in -etti

39 With the regular form (e.g. **credere**)

Type verb — credere, credei, *or* credetti

Similar verbs	—cedere	sedere
	dovere	temere
	ricevere	vendere

40 With both the regular and an irregular form (e.g. **bere, perdere**)

bere, bevei *or* bevvi *or* bevetti

perdere, perdei *or* persi *or* perdetti (*past part.,* perso, perduto)

-IRE VERBS
41 Venire

pres. — vengo, vieni, viene, veniamo, venite, vengono

pass. rem. — venni

fut. — verrò

past part. — venuto

Compounds — avvenire, convenire, divenire, prevenire, svenire

42 Salire

pres. — salgo, sali, sale, saliamo, salite, salgono

Compound — assalire (*pres.* assalgo *or* assalisco)

43 Morire

pres. — muoio, muori, muore, moriamo, morite, muoiono

fut. — morrò (*or* morirò)

past part. — morto

44 Udire

pres. — odo, odi, ode, udiamo, udite, odono

fut. — udrò (*or* udirò)

45 Uscire

pres. — esco, esci, esce, usciamo, uscite, escono

Compound — riuscire

46 Apparire, comparire, scomparire

Are conjugated like apparire.

pres. — appaio, appari, appare, appariamo, apparite, appaiono (*or* apparisco, etc.)

pass. rem. — apparii *or* apparvi (apparsi *is less common*)
N.B.   sparire *is regular (pass. rem.* sparvi *is not common)*

47   **Empire** (*or* ẹmpiere)

pres. — ẹmpio, ẹmpi, ẹmpie, empiamo, empite, ẹmpiono
gerundio — empiendo
Compound — riempire

48   **Compire** (*or* cọmpiere)

pres. — cọmpio, cọmpi, cọmpie, compiamo, compite, cọmpiono (*or* compisco, etc.).
gerundio — compiendo
past part. — compito *or* compiuto

49   **Aprire, coprire, offrire, scoprire, soffrire**

are *conjugated like* aprire

pres. — apro, apri, apre, apriamo, aprite, **a**prono
pass. rem. — aprii *or* apersi
past part. — aperto

50   **Other verbs without -isc in the present**

Type verb — sentire — sento, senti, sente, sentiamo, sentite, sentono

Similar verbs —avvertire	fuggire
bollire	partire
consentire	pentirsi
convertire	seguire
divertire	servire
dormire	vestire

N.B.   cucire — **cu**cio, cuci, etc.

Some verbs have both forms in the present (nutrire — nutro *or* nutrisco)

aborrire, assorbire, applaudire, mentire, nutrire, tossire.

Note on auxiliary verbs

In the vocabularies verbs taking *essere* to form compound tenses are marked with an asterisk *(andare*)*; verbs which may take either *essere* or *avere* are marked with two asterisks *(correre**)*; verbs not marked take *avere*.

The following are general indications which explain most cases.

1   Verbs taking avere

a)   All transitive verbs (i.e. verbs which have a direct object in Italian).

b)   Several verbs which are intransitive (i.e. which do not have a direct object in Italian):

i)   verbs which indicate a particular form of motion, e.g. *camminare* (to walk), *viaggiare* (to travel), etc.

ii)   verbs indicating a particular form of state or action, e.g. *dormire* (to sleep), *parlare* (to speak), *insistere* (to insist), etc.

2   Verbs taking essere

a)   All reflexive verbs.

b)   All impersonal verbs (but see para. 3 for "weather" verbs).

c)   Most intransitive verbs, particularly those which indicate a general form of state or motion, e.g. *essere* (to be), *rimanere* (to remain), *diventare* (to become), *andare* (to go), *venire* (to come), *arrivare* (to arrive), *cadere* (to fall), etc.

3   Verbs taking either essere or avere

a)   "Weather" verbs, e.g. *piovere* (to rain).

b)   Verbs which may be used transitively or intransitively, e.g.
cominciare

transitive *(avere)* — *ho cominciato il lavoro*
I have begun the work

intransitive *(essere)* — *la commedia è già cominciata*
the play has already begun

cambiare

transitive *(avere)* — *ha cambiato le sue opinioni*
he has changed his opinions

intransitive *(essere)* — *lui non è cambiato*
he has not changed;

and similarly *finire* (to finish), *salire* (to climb), etc.

c)   The modal verbs *dovere, potere, volere* (see Lesson 17).

d)   A few verbs of motion, such as *correre* (to run), which take *avere* when used to indicate only the motion in itself (*ha corso per due ore* — he ran for two hours), but *essere* when the purpose or destination of the motion is in the speaker's mind (*sono corso a chiamare il dottore* — I ran to call the doctor).

Similarly *saltare* (to jump), *volare* (to fly), etc.

If these verbs are used transitively (*ha corso un pericolo* — he ran a danger), they do, of course, take *avere*.

How to use the vocabularies

1   The meanings given are those of the words as they occur in the text.

2   Stress is indicated, as previously, by bold type.

3   Stressed **e**'s and **o**'s which have the closed pronunciation are indicated by a dot beneath the letter (*allęgro*); stressed **e**'s and **o**'s that have no dot have the open pronunciation.

4   Voiced **s**'s and **z**'s are also indicated by a dot beneath the letter (*chiesa*); where there is no dot the pronunciation is unvoiced.

5   Verbs taking *essere* to form compound tenses are marked with an asterisk (*andare**); verbs which may take either *essere* or *avere* are marked with a double asterisk (*correre***). Verbs not marked take *avere*. See the *Note on Auxiliary Verbs* which precedes this section.

6   When a verb is irregular the number following indicates the paragraph in the irregular verb list where it is to be found (*rompere*, 20).

7   The first person singular of the present of *-are* verbs is given after the infinitive when —
a)   the stem vowel is an **e** or an **o** which has the closed pronunciation in the conjugation of the verb (*comprare (cǫmpro)*);
b)   the stress in the conjugation does not fall on the second-last syllable, and in other cases where doubt might arise (*chiacchierare (chia**c**chiero)*).

8   The preposition required by a verb or adjective before a following infinitive is indicated thus — *cominciare (a)*, *permettere (di)*, *dovere (—)*, i.e. no preposition.

9   Normally adverbs of manner formed regularly from adjectives by the addition of *-mente* are not given.

Abbreviations

adj. — adjective	n. — noun
adv. — adverb	plu. — plural
conj. — conjunction	prep. — preposition
f. — feminine	pron. — pronoun
m. — masculine	v. — verb

Italian — English

a, ad — *at, to:* a dodici miglia da — *twelve miles from*

abbasso — *down with*

abbastanza — *enough; fairly*

abbracciare (abbraccio) — *to embrace*

abilità (f.) — *skill*

abitare (abito) — *to live*

abituarsi* (mi abituo) (a) — *to get used, accustomed*

aborrire, 50 — *to abhor*

accadere*, 23 — *to happen*

accendere, 14 — *to light*

accennare (accenno) a — *to indicate*

accetta — *axe*

accettare — *to accept*

accogliere, 26 — *to receive*

accompagnare — *to accompany*

accordo — *agreement:* essere d'accordo — *to agree:* d'accordo! — *I agree! agreed!*

accorgersi*, 16, (di) — *to notice, realize*

accrescere, 21 — *to increase*

acqua — *water*

acquisto — *purchase*

addio — *farewell*

addormentarsi* (mi addormento) — *to go to sleep*

adesso — *now*

aereo — *aeroplane*

affamato — *famished*

affare (m.) — *business*

affascinare (affascino) — *to fascinate*

affatto: non ... affatto — *not at all*

affetto — *affection*

affezionato — *fond*

affinché — *in order that*

affitto — *rent:* prendere in affitto — *to rent*

aggiungere, 16 — *to add*

aiutare (a) — *to help*

aiuto — *help*

albergo — *hotel*

albero — *tree*

alcuni, -e — *some*

allegro — *merry*

allenamento — *training*

alloggiare (alloggio) — *to lodge*

allora — *then (at that time, in that case); well then*

almeno — *at least*

alquanto — *somewhat*

alto — *high, tall:* in alto — *upwards*

altoparlante (m.) — *loudspeaker*

altro — *other*

altrove — *elsewhere*

alzare — *to lift, raise;* alzarsi* — *to get up*

amare — *to love*

ambasciatore (m.) — *ambassador*

ambulatorio — *surgery*

amico, -a — *friend*

ammalato — *ill*

ammazzare — *to kill*

ammettere, 20 — *to admit*

ammirare — *to admire*

amore

amore (m.) — *love*
amoroso — *loving*
ampliare (**a**mplio) — *to increase*
anche — *also, too; even:* anche
  se — *even if*
ancora — *yet; still*
andare*, 3, (a) — *to go:* come va?
  — *how goes it?:* questo non va
  — *this won't do:* se vai avanti
  così — *if you go on like this:*
  va bene — *all right:*
  and**a**rsene* — *to go away*
anello — *ring (jewellery)*
angolo — *corner:* posto d'**a**ngolo
  — *corner seat*
anima — *soul*
ann**e**ttere, 19 — *to annex*
anno — *year*
anzi — *in fact*
anziano — *elderly*
aperto — *open*
appar**e**cchio — *set (radio, etc.)*
apparire*, 46 — *to appear*
appartam**e**nto — *flat*
apparten**e**re**, 35 — *to belong*
app**e**na — *hardly,* adv.: *as soon
  as,* conj.
app**e**ndere, 14 — *to hang up*
appr**e**ndere, 14, (a) — *to learn*
appunto — *precisely*
aprire, 49 and 50 — *to open*
archit**e**tto — *architect*
arcobal**e**no — *rainbow*
arm**a**dio — *wardrobe*
arrabbiarsi* (mi arr**a**bbio) — *to
  get angry*
arrabbiato — *angry*
arr**e**ndersi*, 14 — *to surrender*
arrived**e**rci, arrived**e**rla —
  goodbye
arrostire — *to roast*
ascella — *armpit*
ascens**o**re (m.) — *lift*
ascoltare (asc**o**lto) — *to listen,
  listen to*
asino — *donkey*
aspettare — *to wait, wait for*
assaggiare (ass**a**ggio) — *to try
  (food, etc.)*

barbaro

assalire, 42 — *to assail*
assenza — *absence*
assetto — *settlement*
ass**i**stere, 38 — *to assist: to be
  present*
assoluto — *absolute*
assorbire, 50 — *to absorb*
atrio — *foyer*
atr**o**ce — *atrocious*
attaccapanni (m.) — *coathanger*
att**e**ndere, 14 — *to wait, to wait
  for*
atto — *act*
att**o**re — *actor*
attrarre, 8 — *to attract*
attraverso — *through*
autobus (m.) — *bus*
autom**o**bile (f.) — *car*
automobil**i**stico, adj. — *car, motor*
austr**i**aco — *Austrian*
avanti — *forwards; in front*
av**e**re — *to have*
avvenire*, 41 — *to happen*
avvento — *advent*
avvertire, 50 — *to warn; to
  inform*
avviare — *to start up (engine)*
avvicinare — *to bring near:*
  avvicinarsi* — *to approach*
azi**o**ne (f.) — *action*
azzurro — *blue*

babbo — *dad, daddy*
baccano — *din*
b**a**cio — *kiss*
badare a — *to look after*
bag**a**glio — *luggage*
bagnare — *to wet*
bagnato — *wet*
balcone (m.) — *balcony*
ballo — *dance:* sala da ballo —
  dance-hall
bambino, -a — *baby; small child*
banca — *bank*
banchina — *platform*
bar**a**ttolo — *jar*
barba — *beard:* farsi* la barba —
  to shave
b**a**rbaro, n. and adj. — *barbarian*

barboncino

barboncino — *poodle*

barca — *boat*

bastare* — *to suffice, to be enough:* basta! — *that's that, that will do*

bastone (m.) — *stick*

battaglia — *battle*

battere — *to hit, to knock*

beato — *blessed*

Belgio — *Belgium*

bello — *beautiful, lovely; fine, good, nice*

benché — *although*

bene, adv. — *well; good:* bene o male — *for better or worse*

benedetto — *blessed*

benedire, 5 — *to bless*

benessere (m.) — *well-being*

benzina — *petrol*

bere, 4 — *to drink*

biblioteca — *library*

bicchiere (m.) — *glass (drinking)*

biglietteria — *ticket-office*

bigliettino — *note (letter)*

biglietto — *note (money or letter); ticket:* biglietto di andata e ritorno — *return ticket:* biglietto da mille lire — *thousand lire note*

binario — *railway tracks (platform)*

biondo — *fair, blond*

bisognare (bisogna) — *to be necessary*

bisogno — *need:* avere bisogno di — *to need*

bollente — *boiling,* adj.

bollitura — *boiling,* n.

bordo: a bordo — *on board*

borsetta — *handbag*

bosco — *wood (forest)*

bottega — *shop*

bottiglia — *bottle*

bottone (m.) — *button*

braccio (plu. le braccia) — *arm*

bravo — *well done!*

breve — *brief, short*

capelli

brillare** — *to shine*

brindisi (m.) — *toast (to someone's health)*

britannico — *British*

brontolare (brontolo) — *to grumble*

brutto — *ugly, nasty*

bucaneve (m.) — *snowdrop*

bugia — *lie*

buio — *dark*

buongustaio — *gourmet*

buono — *good*

burlarsi* di — *to make fun of*

burro — *butter*

buttare — *to throw*

caccia — *hunting*

cadere*, 23 — *to fall*

caduta — *fall,* n.

caffè (m.) — *coffee; café*

calcio — *football*

calcolo — *calculation*

caldo — *warm, hot:* fa caldo — *it's hot*

calza — *stocking*

calzolaio — *shoemaker*

cambiamento — *change*

cambiare** (cambio) — *to change:* cambiare idea — *to change one's mind*

camera — *room:* camera da letto — *bedroom*

cameriere (m.) — *waiter, steward*

camerino — *dressing room*

camicia — *shirt*

camminare — *to walk: to run (of cars)*

campagna — *country, countryside*

campo — *field*

canale (m.) — *channel*

cancello — *gate*

cane (m.) — *dog*

canguro — *kangaroo*

cantare — *to sing*

canzone (f.) — *song*

capace (di) — *capable*

capelli (plu.) — *hair*

capire

capire — *to understand:* si
  capisce che — *of course*
capitano — *captain*
capitolo — *chapter*
capo — *head; leader*
capolavoro — *masterpiece*
capostazione (m.) — *station
  master*
cappello — *hat*
cappellino — *lady's hat*
cappuccino — *coffee with milk*
caramella — *sweet*
carattere (m.) — *character*
carità (f.) — *charity:* per carità
  — *for goodness' sake*
Carlomagno — *Charlemagne*
carne (f.) — *meat*
caro — *dear*
carta — *paper*
cartello — *notice, poster*
cartone (m.) — *cardboard*
casa — *house; home:* a casa —
  at home
caso — *case:* caso mai, conj. —
  in case
cassaforte (f.) — *strongbox*
cassetto — *drawer*
cattivo — *bad*
causa — *cause:* a causa di —
  because of
cavallo — *horse:* a cavallo — *on
  horseback*
cedere, 39 — *to yield*
cena — *supper*
cenno — *indication*
centinaio (plu. le ˙centinaia) —
  hundred
cercare (cerco) (di) — *to look
  for; to try*
certo — *certain*
cestino — *wastepaper basket*
che — *who, whom; which, that;
  what:* che cosa — *what*
chi — *who, whom; he who, she
  who, they who*
chiacchierare (chiacchiero) — *to
  chat, chatter*
chiamare — *to call:* chiamarsi* —
  to be called
chiaro — *clear, clearly*

comperare

chiedere, 17, (di) — *to ask*
chiesa — *church*
chilometro — *kilometre*
chiudere, 14 — *to shut, close:*
  switch off
ci — *there:* c'è, ci sono — *there
  is, are*
ciao — *hello: goodbye*
cielo — *sky: heaven*
ciglio (plu. le ciglia) — *eyelash*
cilindro — *cylinder*
ciò — *that:* cioè — *that is, i.e.*
circa — *about, concerning*
circostanza — *circumstance*
città (f.) — *city, town*
cittadino — *citizen,* n.: *civic,* adj.
civiltà (f.) — *civilisation*
classifica — *ladder (football)*
coda — *tail: queue*
codice stradale (m.) — *highway
  code*
cogliere, 26 — *to pick*
colazione (f.) — *lunch*
collare (m.) — *collar (dog's)*
collega (m. or f.) — *colleague*
colpa — *fault:* è colpa mia — *it's
  my fault*
colpo — *blow*
combattere — *to fight*
come — *as, like: how:* come stai?
  — *how are you?*
cominciare** (comincio) (a) — *to
  begin, commence*
commedia — *comedy, play*
commettere, 20 — *to commit:*
  commettere una gaffe — *to
  commit a faux-pas*
comodo — *comfortable:* mettersi
  comodo — *to make oneself
  comfortable*
compagnia — *company:*
  compagnia di navigazione —
  shipping company
compagno, -a — *companion,
  friend:* compagno di scuola —
  school friend
comparire*, 46 — *to appear*
compassione (f.) — *pity*
compenso — *compensation*
comperare — *see* comprare

compire

compire, (compiere), 48 — *to complete*

comporre, 7 — *to compose*

comprare (compro) — *to buy*

comprendere, 14 — *to comprehend*

compressa — *pill*

comune — *common; ordinary:* fuori del comune — *out of the ordinary:* Comune (m.), n. — *Commune*

con — *with*

concetto — *concept*

condurre, 9 — *to lead*

conferenza — *lecture:* tenere una conferenza — *to give a lecture*

confondere, 20 — *to confuse*

congiungere, 16 — *to join*

congiuntivo — *subjunctive*

coniugazione (f.) — *conjugation*

conoscere, 21 — *to know*

conquistare — *to conquer*

consegnare (consegno) — *to hand over*

consigliare (consiglio) (di) — *to advise*

contadino, -a — *peasant*

conte (m.) — *count*

conto — *account:* tenere conto di — *to keep account of, to take into account*

contorcere, 16 — *to contort*

contrariare (contrario) — *to vex*

contrarre, 8 — *to contract*

contro — *against*

convenire, 41 — *to agree*

convento — *monastery; convent*

coprire, 49 — *to cover*

coraggio — *courage*

coraggioso — *courageous*

coronare (corono) — *to crown*

correggere, 18 — *to correct*

correre**, 15 — *to run; to rush: to speed (of cars)*

corrompere, 20 — *to corrupt*

cortese — *courteous, polite*

cortesia — *courteousness, politeness*

cosa — *thing*

coscia — *thigh: leg (of chicken)*

dichiarazione

così — *so: thus:* così ... come — *as ... as:* e così via — *and so on:* cosiddetto — *so-called*

costoso — *costly, expensive*

costringere, 16a, (a) — *to compel*

costruire — *to construct*

cottura — *cooking*

cravatta — *tie*

credere, 39, (di) — *to believe, think*

crescere*, 21 — *to grow*

crociera — *cruise:* andare in crociera — *to go on a cruise*

cucina — *kitchen; cooking:* in cucina — *in the kitchen*

cucinare — *to cook*

cucire, 50 — *to sew*

culmine (m.) — *culmination*

cuocere**, 36 — *to cook*

cuoco, -a — *cook*

cuore (m.) — *heart:* di cuore — *from the heart*

cura — *care*

da — *from; by:* da tempo in tempo — *from time to time:* da parte mia — *from me*

dancing (m.) — *dance-hall*

dappertutto — *everywhere*

dare, 1 — *to give*

data — *date*

davanti a — *in front of*

davvero — *really, truly*

debito — *due, proper*

decadere*, 23 — *to decay*

decennio — *ten-year period*

dedurre, 9 — *to deduce*

degno — *worthy*

deludere, 14 — *to disappoint*

denaro — *money*

dente (m.) — *tooth*

dentro — *inside*

descrivere, 18a — *to describe*

desiderare (desidero) (di) or (—) — *to desire, want:* desidera altro? — *do you want anything else?*

desiderio — *desire*

di — *of*

dichiarazione (f.) — *declaration*

dietro

dietro — *behind*
difetto — *defect, fault*
difficile — *difficult*
difficoltà (f.) — *difficulty*
dilagarsi* — *to spread*
dimenticare (dimentico) (di),
  dimenticarsi* — *to forget*
dimissione (f.) — *resignation:*
  dare le dimissioni — *to resign*
dimostrare (dimostro) — *to*
  demonstrate, prove
dinastia — *dynasty*
dipingere, 16 — *to paint*
dire, 5, (di) — *to say, tell*
direttissimo —*fast train*
direttore (m.) — *director,*
  manager
direzione (f.) — *direction*
dirigere, 18a — *to direct*
diritto — *straight*
disco — *record (gramophone)*
discorrere, 15 — *to talk*
discorso — *speech*
discutere, 19 — *to discuss*
disegno — *design*
disfare, 6 — *to undo*
disfatta — *defeat*
dispensa — *larder*
disperato — *despairing*
dispiacere*, 27, (di) or (—) — *to*
  displease: mi dispiace — *I'm*
  sorry: mi dispiace tanto — *I'm*
  so sorry
disporre, 7 — *to dispose*
disposto (a) — *willing, ready*
distogliere, 26 — *to deter*
distinguere, 16 — *to distinguish*
dito (plu. le dita) — *finger:* dito
  pollice — *thumb*
divenire*, 41 — *to become*
diventare* — *to become*
diverso — *different*
divertente — *amusing*
divertimento — *amusement*
divertirsi* — *to enjoy oneself*
dogana — *customs*
dolere**, 29, (di) — *to hurt,*
  grieve

esistere

dolore (m.) — *sorrow, grief;*
  pain
domani — *tomorrow*
domanda — *question:* fare una
  domanda — *to ask a question*
domandare (di) — *to ask*
dominio — *dominion*
donna — *woman*
dono — *gift*
dopo — *after*, prep. and adv.:
  dopo che — *after*, conj.
dormire — *to sleep*
dottore (m.) — *doctor*
dove — *where*
dovere**, 10 and 39, (—) — *to*
  have to; must
dovunque — *wherever*
ducato — *duchy*
dunque — *so, therefore:* well
  now, well then
durante — *during*
durare** (a) — *to last*

e, ed — *and*
eccellente — *excellent*
ecco — *here is, are: there is,*
  are
egregio — *dear (in letters)*
elenco — *list*
elicottero — *helicopter*
emigrato — *migrant*
empire (empiere), 47 — *to fill*
enorme — *enormous*
entrare* (entro) — *to enter:*
  questo non c'entra — *this*
  doesn't come into it, has
  nothing to do with it
erba — *grass*
esame (m.) — *examination*
esaminare (esamino) — *to*
  examine
esatto — *exact*
escludere, 14 — *to exclude*
eseguire — *to carry out*
esempio — *example*
esercito — *army*
esistenza — *existence*
esistere*, 38 — *to exist*

espandere

espandere — *to expand*
esperienza — *experience*
espressione (f.) — *expression*
espresso: caffè espresso —
  espresso coffee
esprimere, 19 — *to express*
essere* — *to be:* ci risiamo —
  here we are again
estate (f.) — *summer:* d'estate
  — *in summer*
estero: all'estero — *abroad*
estrarre, 8 — *to extract*
età (f.) — *age*
europeo — *European*
evitare (evito) (di) — *to avoid*

fa — *ago*
fabbrica — *factory*
fabbricare, (fabbrico) — *to
  manufacture, make*
faccenda — *business; matter*
facchino — *porter*
faccia — *face*
facile (a) — *easy*
falegname (m.) — *carpenter*
fame (f.) — *hunger;* avere fame
  — *to be hungry:* avere una
  fame da lupo — *to be
  famished*
famiglia — *family*
familiare — *family,* adj.
fantasia — *imagination*
fare, 6 — *to make; to do:* fare da
  — *to act as:* come si fa a? —
  how can one manage to?
farina — *flour*
farmacia — *chemist's shop*
farmacista (m.) — *chemist*
fatto — *fact; happening*
fattura — *making (of dress, etc.)*
favola — *fable; story*
favoloso — *fabulous*
favore (m.) — *favour:* per favore
  — *please*
febbre (f.) — *fever; temperature*
fede (f.) — *faith*
fedele — *faithful*
felice (di) — *happy*

ferire — *to wound*
fermare (fermo) — *to stop:*
  fermarsi* — *to stop (oneself)*
fermata — *stop (of tram, etc.)*
feroce — *fierce*
ferro — *iron:* ferro da calza —
  knitting needle
ferrovia — *railway*
ferroviario — *railway,* adj.
festa — *celebration; festival*
festeggiare (festeggio) — *to
  celebrate*
fianco — *side:* a fianco di — *at
  the side of*
fiasco — *bottle (straw-covered)*
fiducia — *trust, faith*
figlia — *daughter*
figlio — *son*
fine (f.) — *end*
finestra — *window:* finestrino —
  train-window
fingere, 16, (di) — *to pretend*
finire** (di) — *to finish:* finire
  male — *to come to a bad end*
fino a — *until; up to*
finora — *until now*
finta: fare finta (di) — *to pretend*
fiore (m.) — *flower:* a fiorami —
  in a flower pattern
Firenze (f.) — *Florence*
firma — *signature*
fischiare (fischio) — *to whistle*
fiume (m.) — *river*
foglia — *leaf (of tree)*
foglio — *leaf, page (of paper)*
folla — *crowd*
fondare (fondo) — *to found*
fondere, 20 — *to melt*
forchetta — *fork*
formaggio — *cheese*
forse — *perhaps*
forte — *strong: loud*
fortezza — *fortress*
fortuna — *luck, fortune*
fortunato (di) — *lucky, fortunate*
fra — *among, between: in (of
  future time)*
fracasso — *crash*

francese

francese — *French*
frantumare — *to shatter*
frase (f.) — *phrase*
frate (m.) — *monk, brother*
fratello — *brother*
freddo — *cold*
fresco — *fresh, cool*
fretta — *hurry:* in fretta — *in a hurry:* andare in fretta — *to hurry*
friggere, 18a — *to fry*
fruscio — *rustle*
fuggire**, 50 — *to flee*
fumare — *to smoke*
funzionamento — *functioning*
fungo — *mushroom*
funzionare (funziono) — *to function, work*
fuoco — *fire*
fuori — *out, outside:* fuori di — *out of:* fuori di posto — *out of place*

gaffe (f.) — *faux-pas:* commettere una gaffe — *to commit a faux-pas*
gallo — *cock, rooster*
gamba — *leg*
gara — *race, competition*
gatto — *cat*
gelato — *ice-cream*
gemere — *to groan*
genere: in genere — *in general*
genitori (m. plu.) — *parents*
gente (f.) — *people*
gentile — *kind, nice*
gentilezza — *kindness:* avere una gentilezza — *to show a kindness*
gentiluomo — *nobleman; gentleman*
gesso — *chalk*
ghiottone (m.) — *glutton*
già — *already*
giacere*, 27 — *to lie (position)*
giallo — *yellow*
giardino — *garden*
Gibilterra — *Gibraltar*

gruppo

ginocchio (plu. i ginocchi, le ginocchia) — *knee*
giocare — *to play (game)*
giocattolo — *toy*
gioco — *game*
gioia — *joy*
gioielleria — *jeweller's*
giornale (m.) — *newspaper*
giornata — *day*
giorno — *day:* buon giorno — *good day, morning:* un giorno sì e un giorno no — *on alternate days, every other day*
giovane — *young*
gioventù (f.) — *youth*
girare — *to turn: to wander*
giradischi (m.) — *record-player*
giro — *trip round:* guardare in giro — *to look around*
gita — *trip:* fare una gita — *to take a trip*
giù — *down*
giudizio — *judgment*
giungere*, 16 — *to arrive*
giusto — *just*, adj.
godere — *to enjoy*
gola — *throat:* mal di gola — *sore throat*
golfo — *gulf, bay*
governo — *government*
grado — *degree:* essere in grado di — *to be capable of*
grammatica — *grammar*
grande — *big, large; great*
grasso — *fat*
gratis — *free (without paying)*
grattare — *to scratch*
grattugiare (grattugio) — *to grate*
grave — *serious*
grazie — *thanks, thank you*
greco — *Greek*
grembiule (m.) — *apron*
gridare — *to shout*
grosso — *big*
gru (f.) — *crane*
gruppo — *group*

guadagnare

guadagnare — *to earn, gain:*
  guadagnarsi* la vita — *to earn
  one's living:* guadagnare
  terreno — *to gain ground*
guaio — *trouble*
guanto — *glove*
guardare — *to look, look at;*
  guardare in giro — *to look
  around*
guasto — *breakage, fault*
guerra — *war*
guidare — *to drive*
guinzaglio — *lead (dog's)*
gustare — *to enjoy*

ieri — *yesterday*
imbarazzante — *embarrassing*
imbarazzo — *embarrassment*
imparare (a) — *to learn*
impedire (di) — *to prevent*
impegno — *engagement*
impermeabile (m.) — *raincoat*
impero — *empire*
imporre, 7 — *to impose*
importare*, (di) or (—) — *to
  matter:* non importa — *it
  doesn't matter*
imposta — *shutter*
impresa — *enterprise*
impresario di pompe funebri —
  undertaker
imprestare — *to lend*
imprimere, 19 — *to imprint*
incantare — *to enchant*
incendio — *fire*
incidente (m.) — *accident*
incontrare (incontro) — *to meet*
indietro — *back, backwards*
indirizzo — *address*
infatti — *in fact*
infine — *finally, at last*
ingannare — *to deceive*
ingegnere (m.) — *engineer*
Inghilterra — *England*
inglese — *English(man)*
iniezione (f.) — *injection*
iniziare (inizio) — *to begin, start*
inizio — *beginning*

lavoro

innamorato — *in love:* essere
  innamorato di — *to be in love
  with*
innanzitutto — *first of all*
innestare — *to engage (gear of car)*
insegnante (m. or f.) — *teacher*
inserire — *to insert*
insieme — *together*
insomma — *in short*
insonnia — *insomnia*
insopportabile — *unbearable*
intanto — *meanwhile*
interrompere, 20 — *to interrupt*
intestazione (f.) — *heading*
intitolare (intitolo) — *to entitle*
intorno — *around,* adv.: intorno a
  — *around,* prep.
inutile (di) — *useless*
invano — *in vain*
invasore (m.) — *invader*
invece — *instead*
inverno — *winter*
invidiare (invidio) — *to envy*
invidioso — *envious*
iscrizione (f.) — *inscription*
isola — *island*
istruttivo — *instructive*

là — *there*
labbro (plu. le labbra) — *lip*
ladro — *robber, thief*
lago — *lake*
laguna — *lagoon*
lamentarsi* (mi lamento) — *to
  complain*
lampadina — *torch*
lana — *wool*
lapide (f.) — *memorial stone*
largo — *wide*
lasciare (lascio) (—) — *to let: to
  leave*
laterale — *side,* adj.
latte (m.) — *milk*
lavare — *to wash:* lavarsi* — *to
  wash (oneself)*
lavorare (lavoro) — *to work*
lavorazione (f.) — *processing*
lavoro — *work*

leggere

leggere, 18 — to read
leggero — light (in weight)
legna — firewood
legno — wood
lentezza — slowness
lento — slow, slowly
lenzuolo (plu. le lenzuola) —
    sheet
letto — bed: a letto — in bed
lezione (f.) — lesson
li — there
libero (di) — free
lindo — neat
lingua — language, tongue
lodare — to praise
lode (f.) — praise
logoro — worn
lontano — far
lotta — struggle
lottare — to struggle
luce (f.) — light
luna — moon
lungo — long: a lungo — for a
    long time, at length
luogo — place: in primo luogo —
    in the first place
lupo — wolf
lusso — luxury

ma — but
maccheroni (m. plu.) —
    macaroni
macchina — car; machine:
    macchina da cucire — sewing
    machine: macchina da scrivere
    — typewriter: salire su una
    macchina — to get into a car
macellaio — butcher
madre (f.) — mother
maestro, -a — teacher (primary)
magazzino — store
maggiore — greater; major
magnifico — magnificent
mai — never
malato — ill, sick
malattia — illness, disease
male — badly, ill, adv.: non c'è
    male — not too bad: fare male
    — to hurt: farsi* male — to
    hurt oneself

mestiere

maledire, 5 — to curse
mamma — mum, mummy
mancanza — lack
mancare** (di) — to lack; to
    miss: gli manca la famiglia —
    he misses his family
mandare (a) — to send
mangiare (mangio) — to eat
mano (f., plu. le mani) — hand:
    in mano a — in the hands of:
    dare una mano — to give, lend
    a hand
mantenere, 35 — to maintain
marcia — gear (of car): in terza
    (marcia) — in third
marcio — rotten
mare (m.) — sea
marito — husband
Marsiglia — Marseilles
mascalzone (m.) — rascal
massimo — greatest, maximum;
    al massimo — at the most,
    longest
materia — subject (of study)
matita — pencil
matterello — rolling pin
mattina — morning
matto — mad: c'è da diventare
    matti — it's enough to drive
    you mad
mazzo — bunch
medico — doctor
Medioevo — Middle Ages
meglio — better, adv.
mela — apple
membro — limb (plu. le
    membra): member (plu. i
    membri)
meraviglia — wonder, marvel
meravigliato — surprised
meraviglioso — marvellous,
    wonderful
mercante (m.) — merchant
mercato — market
meridionale — south, southern,
    adj.
meritare (merito) (di) — to
    deserve
mese (m.) — month
mestiere (m.) — trade (occupation)

meta

meta̧ (f.) — *half*
mettere, 20 — *to put*
mezzo — *half*, adj.: *middle:*
  means, n.
mezzanotte (f.) — *midnight*
mezzogiorno — *midday*
migliaio (plu. le migliaia) —
  thousand
miglio (plu. le miglia) — *mile*
migliore — *better*, adj.
misura — *measure, size*
mobile (m.) — *piece of*
  furniture: i mobili —
  furniture
modo — *way; means:* avere
  modo — *to have the means:* in
  ogni modo — *in any case*
modulo — *form (to fill in)*
moglie (plu. le mogli) — *wife*
molle — *soft (to touch)*
molto — *much, many: very*
mondo — *world*
mondiale — *world*, adj.
moneta — *coin;* moneta da cento
  — *hundred lire piece*
montagna — *mountain:* andare
  in montagna — *to go to the*
  mountains
mordere, 15 — *to bite*
morire*, 43 — *to die*
morto — *dead*
mostra — *display:* in mostra —
  on display
mostrare (mostro) — *to show*
motoscafo — *motorboat*
muovere**, 19 — *to move:*
  muoversi* — *to move*
  (oneself)
mucchio — *heap, pile*
muro — *wall* (plu. i muri (*of*
  building), le mura (*of city*)

nailon (m.) — *nylon*
Napoli (f.) — *Naples*
nascere*, 25 — *to be born*
nascondere, 17 — *to hide*
naso — *nose*
nave (f.) — *ship*
neanche — *not even*
negare (nego) (di) — *to deny*

opera

negligere, 18a — *to neglect*
negozio — *shop*
nemico — *enemy*
nemmeno — *not even*
neppure — *not even*
nero — *black*
nervo — *nerve:* mi dà sui nervi
  — *it gets on my nerves*
nessuno — *no one*
neve (f.) — *snow*
nido — *nest*
niente — *nothing:* di niente —
  not at all, don't mention it:
  non c'è niente da fare —
  there's nothing to be done, it's
  no use
nodo — *knot:* fare un nodo — *to*
  tie a knot
noioso — *boring*
nome (m.) — *name: noun*
nord (m.) — *north*
notte (f.) — *night:* stanotte —
  last night
numero — *number*
nuocere, 37 — *to harm*
nuotatore (m.) — *swimmer*
nuoto — *swimming*
nuovo — *new:* di nuovo — *again*
nutrire, 50 — *to nourish*
nuvola — *cloud*

o — *or:* o ... o — *either ... or*
obbligo — *obligation*
occhio — *eye*
occorrere*, 15, (—) — *to be*
  necessary
offrire, 49, (di) — *to offer*
oggetto — *object*
oggi — *today*
oggigiorno — *nowadays*
ogni — *every:* ogni tanto —
  every so often
Olanda — *Holland*
oltre — *beyond: over (with*
  figures, etc.)
ombra — *shade, shadow*
omettere, 20, (di) — *to omit*
onesto — *honest*
onore (m.) — *honour*
opera — *opera: work*

opporre

opporre, 7 — *to oppose*
opprimere, 19 — *to oppress*
oppure — *or else*
ora — *hour; time: now:* non
  vedo l'ora — *I just can't wait*
ordinare (ordino) (di) — *to
  order*
ordinato — *tidy*
ordine (m.) — *order*
orgoglioso (di) — *proud*
ormai — *by now*
orologio — *clock, watch*
orribile — *horrible*
ortografia — *spelling*
ospedale (m.) — *hospital*
osservanza — *observance*
osso (plu. le ossa) — *bone*
ostacolo — *obstacle*
oste (m.) — *innkeeper*
osteria — *inn*
ottenere, 35 — *to obtain, get*

pacchetto — *packet*
pacco — *parcel*
pace (f.) — *peace*
padre (m.) — *father*
padrone (m.) — *master, owner*
paese (m.) — *country (nation)*
Paesi Bassi (m. plu.) —
  Netherlands
pagare — *to pay:* pagare caro —
  to pay a high price for
paio (plu. le paia) — *pair*
palazzo — *palace*
pane (m.) — *bread*
panino — *roll (bread)*
Papa (m.) — *Pope*
papà (m.) — *dad, daddy*
parabrezza (m.) — *windscreen*
parafango — *mudguard*
parcheggiare (parcheggio) — *to
  park*
parecchio — *pretty,
  considerably,* adv.; parecchi, ie
  — *several*
parente (m. or f.) — *relative,
  relation*
parere*, 28, (di) or (—) — *to
  seem*

pensione

parete (f.) — *wall*
pari — *quits; equal*
parlare — *to speak, talk*
parmigiano — *parmesan*
parola — *word*
parte (f.) — *part:* dall'altra parte
  — *on, to the other side:* da
  parte mia — *from me, on my
  behalf*
partenza — *departure:* il treno è
  in partenza — *the train is
  leaving*
particolare (m.) — *detail*
partire*, 50 — *to leave, depart*
partita — *match, game*
partito — *party (political)*
passare** — *to pass:* passare a
  prendere — *to call for*
passato — *past,* n. and adj.
passeggiare (passeggio) — *to
  walk, stroll*
passeggio:* andare a passeggio —
  to take a stroll
passeggiata — *walk:* fare una
  passeggiata — *to take a walk*
passero — *sparrow*
passo — *step:* sono pochi passi
  — *it's only a few steps*
pasta — *dough: noodles:* pasta
  fatta in casa — *home-made
  noodles:* pasta all'uovo — *egg-
  noodles*
pasticcio — *mess*
pasto — *meal*
paura — *fear:* avere paura — *to
  be afraid*
pavimento — *floor*
pazienza — *patience:* avere
  pazienza — *to be patient*
pecora — *sheep*
peggio — *worse,* adv.
peggiore — *worse,* adj.
pena — *trouble:* valere* la pena
  — *to be worth the trouble*
pendere, 14 — *to hang*
penna — *pen*
pensare (di) — *to think*
pensiero — *thought; worry*
pensione (f.) — *boarding house*

pentirsi

pentirsi*, 50, (di) — *to repent*

per — *for; through: in order to*

perché — *because; why; so that*

perciò — *therefore, so*

percorrere, 15 — *to pass through*

percuotere, 19 — *to strike*

perdere, 15 — *to lose*

perdonare (perdono) — *to forgive*

perfino — *even*

pericolo — *danger*

pericoloso — *dangerous*

periferia — *outskirts*

permesso — *permission*

permettere, 20, (di) — *to permit, allow*

però — *however*

pesante — *heavy*

pesce (m.) — *fish*

pestilenza — *plague*

pezzo — *piece*

piacere*, 27, (di) or (—) — *to please*

piacere (m.) — *pleasure:* per piacere — *please:* fare piacere — *to give pleasure*

piacevole — *pleasant*

piangere, 16 — *to cry*

piano — *soft(ly); slow(ly): flat,* adj.: *storey, floor:* pian piano — *little by little*

piatto — *dish, plate*

piazza — *square*

piccolo — *little, small*

piede (m.) — *foot:* in piedi — *standing:* in punta di piedi — *on tiptoe*

pieno — *full*

pigliare (piglio) — *to take*

pioggia — *rain*

piovere**, 22 — *to rain*

pipa — *pipe*

piscina — *swimming pool*

pittore (m.) — *painter*

più — *more; plus:* più o meno — *more or less*

piuttosto — *rather*

po': un po' di — *a little of*

preoccuparsi

poco — *little; few*

poesia — *poem; poetry*

poi — *then*

polizia — *police*

poliziotto — *policeman*

pollice (m.) — *inch:* dito pollice — *thumb*

pollo — *chicken*

pomodoro — *tomato*

pompiere (m.) — *fireman*

ponte (m.) — *bridge: deck*

porco — *pig*

porgere, 16 — *to offer*

porre, 7 — *to put, place*

porta — *door*

portacenere (m.) — *ashtray*

portafogli (m.) — *wallet*

portalettere (m.) — *postman*

portasigarette (m.) — *cigarette case*

portare — *to bring, take, carry; to wear*

posto — *place; seat:* posto d'angolo — *corner seat:* fuori di posto — *out of place*

potente — *powerful*

potere** (—) — *to be able (can, may, might):* non ne posso più — *I can't stand it any more*

potere (m.) — *power*

povero — *poor*

pranzo — *dinner*

pratica — *practice*

pratico — *practical; familiar:* essere pratico di — *to be familiar with*

precisare — *to state clearly*

preda — *prey*

predicare (predico) — *to preach*

pregare (di) — *to ask, beg, pray*

premere — *to press*

premio — *prize, reward*

prendere, 14 — *to take:* prendere qualcosa — *to have a drink:* prendere l'autobus — *to catch the bus*

prenotare — *to book*

preoccuparsi* (mi preoccupo) — *to worry*

preparativi

preparativi (m. plu.) —
    preparations
presto — *soon, early*
prete (m.) — *priest*
pretendere, 14, (di) — *to claim*
prevedere, 31 — *to foresee*
prevenire, 41 — *to forestall*
prima — *before (time)*, adv.:
    prima di, prep.: prima che, conj.
primavera — *spring*
primo (a) — *first*, adj.
principessa — *princess*
pro e contro (m.) — *pros and
    cons, for and against*
prodotto — *product*
produrre, 9 — *to produce*
professore (m.), professoressa (f.)
    — *school-teacher (secondary),
    professor*
profondo — *deep*
proibire (di) — *to prohibit*
promettere, 20, (di) — *to
    promise*
promozione (f.) — *promotion:*
    avere la promozione — *to pass
    (exams.)*
pronome (m.) — *pronoun*
prontezza — *readiness*
pronto (a) — *ready*
pronuncia — *pronunciation*
proporre, 7, (di) — *to propose*
proposito: a proposito di —
    concerning, on the subject of
proposta — *proposal*
proprio — *own*, adj.: *really*, adv.
prosciutto — *ham*
prossimo (a) — *next*
proteggere, (a) — *to protect*
provare — *to feel*
provvedere, 31 — *to provide*
pulito — *clean*
pungere, 16 — *to prick*
punire — *to punish*
punta — *end, point:* in punta di
    piedi — *on tiptoe*
purché — *provided that*

regista

qua — *here*
quadrettino — *check:* a
    quadrettini — *in a check.
    pattern*
quadro — *picture, painting*
qualche — *some:* qualche cosa —
    something: qualche volta —
    sometimes
qualcosa — *something*
qualcuno — *someone*
quando — *when*
quanto — *how much, many*
quantunque — *although*
quasi — *almost, nearly:* quasi
    quasi — *very nearly*
quello — *that: the former*
questo — *this: the latter*
qui — *here*

raccogliere, 26 — *to pick up*
raccontare (racconto) — *to tell*
radere, 14 — *to shave*
raffinato — *refined*
raffreddore (m.) — *cold (illness)*
ragazza — *girl*
ragazzo — *boy*
raggiungere, 16 — *to reach*
ragionare (ragiono) — *to reason*
ragione (f.) — *reason:* avere
    ragione — *to be right:* ti do
    ragione — *I admit you're
    right*
ragionevole — *reasonable*
ramo — *branch*
rappresentare — *to represent*
rassegnarsi* (mi rassegno) — *to
    resign oneself*
re (m.) — *king*
recitare (recito) — *to recite; to
    act (in play)*
regalare — *to give (as a present)*
regalo — *gift, present:* fare un
    regalo — *to give a present*
reggere, 18 — *to support: to rule*
regista (m.) — *director (of film,
    play)*

regno

regno — *kingdom*
regola — *rule*
remo — *oar*
rendere, 14 — *to give back*
resistente — *tough*
respingere, 16 — *to reject*
resto: del resto — *in any case, anyhow*
restringersi*, 16a — *to diminish*
riassumere, 16a — *to summarize*
ricattare — *to blackmail*
ricco — *rich:* ricco sfondato — *rolling in money*
ricetta — *prescription*
ricevere, 39 — *to receive*
ricevimento — *reception*
richiesta — *request*
riconoscere, 21 — *to recognize*
ricopiare (ricopio) — *to copy*
ricordare, ricordarsi* (di) — *to remember*
ricordo — *memory: souvenir*
ridere, 14 — *to laugh*
ridestarsi* (mi ridesto) — *to reawaken*
ridurre, 9 — *to reduce*
riempire, 47 — *to fill*
rientrare* (rientro) — *to return home*
rifiutare (di) — *to refuse*
riga — *line*
rimandare — *to postpone, put off*
rimanere*, 32, (a) — *to remain, stay*
rimediare (rimedio) — *to remedy*
Rinascimento, Rinascita — *Renaissance*
rincrescere*, 21, (di) or (—) — *to displease*
ringraziare (ringrazio) — *to thank*
riparare — *to repair: to protect*
ripetere — *to repeat*
riportare — *to report, refer*
riposo — *rest:* a riposo — *resting*
ripristinare — *to revive*

saluto

risalire*, 42, (a) — *to date from*
risata — *laugh*
risparmiare (risparmio) — *to save*
rispondere, 17, (di) — *to answer, reply*
risposta — *answer, reply*
ristorante (m.) — *restaurant*
ristorare — *to refresh*
ritenere, 35 — *to retain; to consider*
ritirare — *to withdraw; to collect*
ritrarre, 8 — *to retract: to portray*
riuscire*, 45, (a) — *to succeed, manage*
rivedere, 31 — *to revise*
rivolgere, 16 — *to turn*
rivoltella — *revolver*
roba — *stuff, goods*
romanzo — *novel:* romanzo giallo — *thriller*
rompere, 20 — *to break*
rondine (f.) — *swallow*
rosso — *red*
rovinare — *to ruin*
rubare — *to rob, steal*
rumore (m.) — *noise:* fare rumore — *to make a noise*
russo — *Russian*

sacro — *sacred, holy*
sala — *hall:* sala d'aspetto — *waiting room*
sale (m.) — *salt:* salato — *salted, salty*
salire**, 42 — *to climb, go up:* salire su una macchina — *to get into a car*
salita — *rise*
salotto — *lounge*
saltare** — *to jump:* saltare fuori — *to pop up*
salutare — *to greet*
salute (f.) — *health*
saluto — *greeting*

salvo

salvo — *safe,* adj.: *except,* prep.

sano — *healthy:* sano e salvo —
safe and sound

santo — *holy: Saint*

sapere, 33 — *to know:* non ne
vuole sapere — *he won't hear
of it:* venire a sapere — *to get
to know*

sapone (m.) — *soap*

sarta — *dressmaker*

sarto — *tailor*

sbagliare (sbaglio) — *to make a
mistake*

sbagliato — *mistaken, wrong*

sbaglio — *mistake*

sbrigare — *to deal with, fix*

scala — *staircase: ladder: scale:*
scale (plu.) — *stairs:* fare le
scale — *to climb the stairs:* su
scala industriale — *on an
industrial scale*

scalzo — *barefoot*

scarpa — *shoe*

scatola — *tin; box*

scegliere, 26, (di) — *to choose*

scendere**, 14 — *to descend, go
down*

scherzare (scherzo) — *to joke*

scherzo — *joke*

sciarpa — *scarf*

sciogliere, 26 — *to undo*

scolaro, -a — *schoolboy,
schoolgirl*

scommettere, 20 — *to bet*

scomparire*, 46 — *to disappear*

sconvolgere, 16 — *to upset*

scoperta — *discovery*

scoprire, 49 — *to discover; to
uncover*

scorgere, 16 — *to perceive*

scrivania — *desk*

scrivere, 18a — *to write*

scuola — *school*

scuotere, 19 — *to shake*

scusa — *excuse:* chiedere
(domandare) scusa — *to
apologize*

scusare — *to excuse*

simile

sdraiarsi* (mi sdraio) — *to lie
down*

se — *if*

sebbene — *although*

seccare (secco) — *to annoy*

secolo — *century*

secondo — *according to*

sedere, 12 and 39 — *to sit;*
sedersi* — *to sit down*

sedia — *chair*

segno — *sign, mark*

seguente — *following*

seguire**, 50 — *to follow*

semaforo — *traffic lights*

semplice (di) — *simple*

sempre — *always*

sensibile — *sensitive*

sentinella (f.) — *sentry*

sentire, 50 — *to feel; to hear; to
smell:* sentirsi* — *to feel*

senza — *without,* prep.: senza
che, conj.

seppellire, 38 — *to bury*

sera — *evening*

serie (f.) — *series*

serio — *serious:* sul serio —
seriously

servitore (m.) — *servant*

seta — *silk*

sete (f.) — *thirst:* avere sete —
to be thirsty

settentrionale — *north, northern*

settimana — *week*

sfortunato — *unfortunate*

sgridare — *to scold*

sguardo — *look, glance*

sì — *yes*

siccome — *since (because)*

sicurezza — *safety: sureness*

sicuro (di) — *sure: safe*

siepe (f.) — *hedge*

significare (significo) — *to mean*

significato — *meaning*

signora — *lady: Mrs*

signor(e) — *gentleman: Mr*

signorina — *young lady: Miss*

simile — *like, similar:* una cosa
simile — *such a thing:* i nostri

simili

simili — *our fellow men*
simpatia — *liking*
simpatico — *likeable*
sinfonia — *symphony*
sistemare — *to fix*
smarrire — *to mislay*
smettere, 20, (di) — *to stop, cease*
soccorrere, 15 — *to help*
soddisfare, 6 — *to satisfy*
soffiare (soffio) — *to blow*
soffrire, 49 — *to suffer*
sognare (sogno) — *to dream:* sognare ad occhi aperti — *to day-dream*
sognatore (m.) — *dreamer*
sogno — *dream*
soldato — *soldier*
soldi (m. plu.) — *money*
sole (m.) — *sun*
solito — *usual:* di solito — *usually:* più presto del solito — *earlier than usual*
solo — *only, alone,* adj.: *only,* adv.
soltanto — *only,* adv.
somigliare (somiglio) — *to resemble*
somma — *sum*
sonnifero — *sleeping tablet*
sopra — *over, above, on*
sopracciglio (plu. le sopracciglia) — *eyebrow*
soprattutto — *above all*
sorella — *sister*
sorgere*, 16 — *to rise*
sorprendere, 14 — *to surprise*
sorridere, 14 — *to smile*
sorriso — *smile*
sospetto — *suspicious (to someone)*
sospettoso — *suspicious (of someone)*
sostantivo — *noun*
sostanza — *substance*
sottile — *thin*
sotto — *under(neath), below*
sottoporre, 7 — *to submit*

stendere

spaccare — *to break, split*
Spagna — *Spain*
spagnolo — *Spanish, Spaniard*
spago — *string*
spalla — *shoulder*
sparare — *to shoot*
spargere, 15 — *to spread*
sparire*, 46 — *to disappear*
sparo — *shot*
spaventarsi* — *to be frightened*
spazzare — *to sweep*
specchio — *mirror*
specie (f.) — *kind; species*
spegnere (spengere), 16a — *to extinguish*
speranza — *hope*
sperare (di) — *to hope*
spesa — *shopping:* fare la spesa — *to do the shopping*
spesso — *frequent,* adj.: *often,* adv.
spiacevole — *unpleasant*
spiaggia — *beach*
spianare — *to smooth, roll out*
spiegare — *to explain*
spingere, 16 — *to push*
spirito — *spirit; wit*
sporgere*, 16 — *to jut out*
sportello — *ticket-window*
spostamento — *displacement*
spuntare* — *to sprout*
squadra — *team*
squarciagola: a squarciagola — *at the top of one's voice*
squisito — *exquisite*
stamattina — *this morning*
stancare — *to tire*
stanco — *tired*
stanotte — *last night*
stantio — *stale*
stanza — *room*
stare*, 2 — *to stand: to be: to stay, remain:* come stai? — *how are you?* stare per — *to be about to*
stasera — *this evening*
Stati Uniti — *United States*
stendere, 14 — *to extend*

sterlina

sterlina — *pound (money)*
stęsso — *same:* lo stęsso — *just the same*
stoffa — *material (cloth)*
stomaco — *stomach:* mal di stomaco — *stomach-ache*
storia — *story: history: business*
strada — *street, road*
straniero, -a — *foreigner,* n.: *foreign,* adj.
strano — *strange*
straordinario — *extraordinary*
stringere, 16a — *to tighten*
strumęnto — *instrument*
stufo — *fed-up*
su — *on; up:* nove su dieci — *nine out of ten*
subito — *at once*
succedere*, 19 — *to happen*
sud (m.) — *south*
sudare — *to sweat*
suggerire (di) — *to suggest*
sugo — *sauce*
suonare — *to play (instrument)*
superare (supero) — *to exceed*
supermercato — *supermarket*
suppọrre, 7 — *to suppose*
şvegliare (şvęglio), şvegliarsi* — *to wake, awake*
şvęglio — *awake,* adj.
şvenire*, 41 — *to faint*
şviluppo — *development*
Şvizzera — *Switzerland*
şvizzero — *Swiss*
şvọlgere, 16 — *to unfold*

tabaccaio — *tobacconist*
tabacco — *tobacco*
tacere, 27 — *to be, keep silent*
tagliare (taglio) — *to cut*
tanto — *so much, many: so:* c'è tanto di quel traffico — *there's so much traffic*
tardi — *late,* adv.
tasca — *pocket*
tascabile — *pocket,* adj.
tavolino — *small table*

tragitto

tavolo, tavola — *table:* in tavola — *on the table (food)*
tazza — *cup*
tè (m.) — *tea*
teatro — *theatre*
tedęsco — *German*
televişọre (m.) — *television set*
tema (m.) — *subject; theme*
temęre (di) — *to fear, be afraid*
tempo — *time: weather*
temporale (m.) — *storm*
tenda — *curtain*
tęndere, 14, (a) — *to tend*
tenęre, 35 — *to hold: to keep*
teoria — *theory*
teorico — *theoretical*
terra — *earth, ground:* a terra — *to the ground:* in terra — *on the ground*
terremoto — *earthquake*
terręno — *ground, land*
teşoro — *treasure: darling*
testa — *head:* mal di testa — *headache:* in testa a — *at the head of*
testardo — *stubborn*
tifo — *typhus:* fare il tifo — *to barrack*
tipo — *type*
tirare — *to pull:* tirare avanti — *to carry on*
titolo — *title*
toccare (tọcco) — *to touch*
togliere, 26 — *to take away, off*
torcere, 16 — *to twist*
tornare* (torno) — *to return*
tọrta — *cake*
torto:* avęre torto — *to be wrong*
Toscana — *Tuscany*
tọsse (f.) — *cough*
tossire, 50 — *to cough*
Totocalcio — *football pool*
tra — *among, between: in (future time)*
tradurre, 9 — *to translate*
traduziọne (f.) — *translation*
tragitto — *crossing*

tramonto

tramonto — *sunset*
trarre, 8 — *to pull*
trattare — *to treat*
trattenere, 35 — *to hold back*
tratto: ad un tratto — *suddenly*
tremare — *to tremble*
treno — *train*
triste — *sad*
tristezza — *sadness*
troppo — *too; too many, much:*
    too long
trovare — *to find*
trucco — *trick*
tuffo — *dive:* fare un tuffo
    nell'acqua — *to take a dip*
tutti — *everyone*
tutto — *all, everything:* tutto
    sommato — *all in all*

ubbidire — *to obey*
uccello — *bird*
uccidere, 14 — *to kill*
udire, 44 — *to hear*
ufficio — *office:* in ufficio — *in,*
    at the office
ultimo (a) — *last*
umore (m.) — *humour, mood:*
    essere di cattivo umore — *to*
    be in a bad mood
unico — *unique; only*
unire — *to unite*
uomo (plu. gli uomini) — *man*
uovo (plu. le uova) — *egg*
uragano — *hurricane*
urgenza — *urgency:* d'urgenza –
    urgently
urlo — *yell*
usanza — *custom*
uscire*, 45 — *to come, go out:*
    uscire di casa — *to leave the*
    house
utile (di) — *useful*

vacanza — *holiday:* in vacanza
    — *on holiday*
vaiolo — *smallpox*

vino

valere*, 30 — *to be worth;* valere
    la pena — *to be worth the*
    trouble
valigia — *suitcase*
vario — *various*
vecchio — *old*
vedere, 31 — *to see:* non vedo
    l'ora — *I just can't wait*
vela — *sail*
veloce — *fast*
vendere, 39 — *to sell*
Venezia — *Venice*
veneziano — *Venetian*
venire *, 41, (a) — *to come:*
    venire a sapere — *to get to*
    know
vento — *wind*
verbo — *verb*
verde — *green*
vergogna — *shame*
vergognarsi* (mi vergogno) (di)
    — *to be ashamed*
verità (f.) — *truth*
verme (m.) — *worm*
vero — *real; true:* non è vero?
    isn't it? etc.
verso — *towards*
vescovo — *bishop*
vestire, 50, vestirsi* — *to dress*
vestito — *dress: suit:* vestiti —
    clothes; vestiti già fatti —
    ready-made clothes
vetreria — *glass factory*
vetrina — *shop window:* in
    vetrina — *in a shop window*
vetro — *glass (substance)*
via — *street, road, way,* n.:
    away, off, adv.
viaggiare (viaggio) — *to travel*
viaggiatore (m.) — *traveller*
viaggio — *journey*
vicino — *near:* vicino di casa —
    neighbour
vietare (di) — *to forbid*
vincere, 16 — *to win*
vincitore (m.) — *winner*
vino — *wine*

vita   **zucchero**

vita — *life:* fare una vita (triste)
    — *to live a (sad) life*
vittoria — *victory*
vivere**, 24 — *to live*
vizio — *vice*
voce (f.) — *voice*
voglia — *wish, desire:* avere
    voglia di — *to feel like:* mi
    viene la voglia — *I get the
    desire*
volante (m.) — *steering wheel*
volare** (volo) — *to fly*
volentieri — *willingly*
volere**, 34, (—) — *to wish,
    want (will, would):* ci vuole —
    one needs

volgere, 16 — *to turn*
volo — *flight*
volontà (f.) — *will*
volta — *time:* una volta tanto —
    just for once: più volte —
    several times: alla volta — *at
    a time*
voltare — *to turn*
votare (voto) — *to vote*
vuoto — *empty*

zia — *aunt*
zio — *uncle*
zucchero — *sugar*

English–Italian

abhor to — *aborrire*, 50
abolition — *abolizione* (f.)
about — *circa,* prep.; *in giro,* adv.
above — *sopra:* above all — *soprattutto*
abroad — *all'estero*
absence — *assenza*
absolute — *assoluto*
absorb to — *assorbire*, 50
accept to — *accettare*
accident — *incidente* (m.)
accompany to — *accompagnare*
according to — *secondo*
account — *conto:* to keep account of, to take into account — *tenere conto di*
accustomed — *abituato (a):* to get accustomed — *abituarsi* (a):* to be accustomed — *essere abituato (a); solere*, 13, (—)
ace — *asso*
act (n.) — *atto*
act to — *recitare (recito)* (in a play): to act as — *fare da*
action — *azione* (f.)
actor — *attore* m.
add to — *aggiungere*, 16
address — *indirizzo*
admire to — *ammirare*
admit to — *ammettere*, 20, *(di)*
advent — *avvento*
advise to — *consigliare (consiglio) (di)*
aeroplane — *aereo*
affection — *affetto*
afraid: to be afraid — *avere paura (di)*
Africa — **Africa**
after — *dopo,* prep. and adv.; *dopo che,* conj.
again — *di nuovo*
against — *contro*

age — *età* (f.)
ago — *fa*
agree to — *essere d'accordo (di), convenire*, 41, *(di):* agreed! I agree! — *d'accordo*
aggression — *aggressione* (f.)
alive — *vivo*
all — *tutto;* everybody — *tutti:* all in all — *tutto sommato*
allow to — *permettere*, 20, *(di)*
almost — *quasi*
already — *già*
also — *anche*
although — *benché, sebbene, quantunque*
always — *sempre*
ambassador — *ambasciatore* (m.)
ambition — *ambizione* (f.)
America — *America:* South America — *l'America del Sud*
American — *americano*
among — *fra, tra*
amusement — *divertimento*
amusing — *divertente*
and — *e, ed*
angry — *arrabbiato:* to get angry — *arrabbiarsi* (mi arrabbio)*
animal — *animale* (m.)
annex to — *annettere*, 19
annoy to — *seccare (secco)*
answer — *risposta*
answer to — *rispondere*, 17, *(di)*
anyhow — *comunque, del resto*
apart from — *a parte*
apartment — *appartamento*
apologize to — *chiedere (domandare) scusa*
appear to — *apparire**, 46, *comparire**, 46
appetite — *appetito:* buon *appetito!* — a courtesy phrase used before starting a meal

applaud

applaud to — *applaudire*, 50
apple — *mela*
approach — *avvicinarsi** (*a*)
apron — *grembiule* (m.)
architect — *architetto*
arm — *braccio* (plu. *le braccia, i bracci*)
armpit — *ascella*
army — *esercito*
around — *intorno*, adv.; *intorno a*, prep.: to look around — *guardare in giro*
arrange to — *sistemare*
arrival — *arrivo*: the train is arriving — *il treno è in arrivo*
arrive to — *arrivare**: *giungere**, 16
art — *arte* (f.)
article — *articolo*
artisan — *artigiano*
as — *come*, adv.; *siccome*, conj.: as ... as — *così ... come*, *tanto ...quanto*: as soon as — *appena*
ashamed: to be ashamed — *vergognarsi** (*mi vergogno*) (*di*)
ashtray — *portacenere* (m.)
Asia — *Asia*
Asian — *asiatico*
ask to — *domandare* (*di*), *chiedere*, 17, (*di*): to ask a question — *fare una domanda*
aspirin — *aspirina*
assail to — *assalire*, 42
assist to — *assistere*, 38, (*a*)
assume to — *assumere*, 16a
at — *a*: at last — *infine, finalmente*: at least — *almeno*: at once — *subito*
atrocious — *atroce*
attribute to — *attribuire*
attract to — *attrarre*, 8
aunt — *zia*
Australia — *Australia*
Australian — *australiano*
Austria — *Austria*
Austrian — *austriaco*
authoritarian — *autoritario*
autocratic — *autocratico*

behalf

autumn — *autunno*
avoid to — *evitare* (*evito*) (*di*)
awake — *sveglio*
awake to — *svegliare* (*sveglio*), *svegliarsi** (oneself)
away — *via*
axe — *accetta*

baby — *bambino, -a*
back, backwards — *indietro*
bad — *cattivo*: badly — *male*: not too bad — *non c'è male*: to come to a bad end — *finire male*
balcony — *balcone* (m.)
bank — *banca*
bar — *bar* (m.)
barbarian — *barbaro*, n.; *barbarico*, adj.
barefoot — *scalzo*
barrack to — *fare il tifo*
battle — *battaglia*
bay — *golfo*
be to — *essere**, *stare**, 2; how are you? — *come stai?* to be about to — *stare per*: here we are again! — *ci risiamo!*
be able to — *potere***, 11, (—)
be born to — *nascere**, 25
beach — *spiaggia*
beard — *barba*
beautiful — *bello*
because — *perché*: because of — *a causa di*
become — *diventare**; *divenire**, 41
bed — *letto*: in bed — *a letto*
bedroom — *camera (da letto)*
before (time) — *prima*, adv.; *prima di*, prep.; *prima che*, conj.: before (place) — *davanti a*, prep.
beg to — *pregare* (*di*)
begin to — *cominciare*** (*comincio*) (*a*): *iniziare* (*inizio*) (*a*): *mettersi**, 20, (*a*)
beginning — *inizio*
behalf: on my behalf — *da parte mia*

behind

behind — *dietro*

Belgium — *Belgio*

believe to — *credere*, 39, (*di*)

belong to — *appartenere***, 35

below — *sotto*

bet to — *scommettere*, 20

better — *migliore*, adj.; *meglio*, adv.: for better or worse — *bene o male*

between — *fra, tra*

beyond — *oltre*

big — *grande; grosso*

bird — *uccello*

bishop — *vescovo*

bite to — *mordere*, 15

black — *nero*

blackmail to — *ricattare*

bless to — *benedire*, 5

blessed — *beato; benedetto*

blow — *colpo*

blow to — *soffiare (soffio)*

blue — *azzurro*

board: on board — *a bordo*

boarding house — *pensione* (f.)

boat — *barca*

body — *corpo*

boiling — *bollente*, adj.: *bollitura*, n.

bone — *osso* (plu. *le ossa, gli ossi*)

book — *libro*

book to — *prenotare*

boring — *noioso*

bottle — *bottiglia; fiasco*

boy — *ragazzo*

box — *scatola*

branch — *ramo*

brave — *coraggioso*

bread — *pane* (m.)

break to — *rompere*, 20; *spaccare*

breakage — *guasto*

bridge — *ponte* (m.)

brief — *breve*

brilliant — *brillante*

bring to — *portare*: to bring near — *avvicinare*

British — *britannico*

brother — *fratello: frate* (monk)

build to — *costruire*

bunch — *mazzo*

bury to — *seppellire*, 38

centre

bus — *autobus* (m.): to catch the bus — *prendere l'autobus*

business — *storia; affare; faccenda*

but — *ma*

butcher — *macellaio*

butter — *burro*

button — *bottone* (m.)

button to — *abbottonare (abbottono)*

buy to — *comprare (compro),* or *comperare*

by — *da:* by now — *ormai*

cabin — *cabina*

café — *caffè* (m.)

cake — *torta*

calculation — *calcolo*

call to — *chiamare; gridare;* to be called — *chiamarsi*:* to call for — *passare a prendere*

calm — *calmare,* v.; *calma,* n., *calmo,* adj.

canvas — *tela*

capable — *capace (di):* to be capable of — *essere in grado di*

captain — *capitano*

car — *macchina, automobile:* racing car — *macchina da corsa*

cardboard — *cartone* (m.)

care — *cura*

carpenter — *falegname* (m.)

carry to — *portare:* to carry on — *tirare avanti:* to carry out — *eseguire*

case — *caso:* in any case — *del resto, in ogni modo*

cat — *gatto*

catch — *prendere*, 14: to catch the bus — *prendere l'autobus*

category — *categoria*

cause — *causa*

celebrate to — *festeggiare (festeggio)*

celebration — *festa*

centigrade — *centigrado*

central — *centrale*

centre — *centro:* in, to the town centre — *in centro*

century

century — *secolo*

certain — *certo*

certificate — *certificato*

chair — *sedia*

chalk — *gesso*

change — *cambiamento*

change to — *cambiare*** (*cambio*): to change one's mind — *cambiare idea*

channel — *canale* (m.)

chapter — *capitolo*

character — *carattere* (m.)

charity — *carità* (f.)

Charlemagne — *Carlomagno*

chat, chatter to — *chiacchierare* (*chiacchiero*)

cheese — *formaggio*

chemist — *farmacista* (m.): chemist's shop — *farmacia*

check — *quadrettino*: in a check pattern — *a quadrettini*

chicken — *pollo*

child — *bambino, -a; ragazzo, -a*

choose to — *scegliere*, 26, (*di*)

church — *chiesa*

cigarette — *sigaretta*: cigarette case — *portasigarette* (m.)

cinema — *cinema* (m.): cinema where new films are shown — *cinema di prima visione*: open-air cinema — *cinema all'aperto*

circulation — *circolazione* (f.)

circumstance — *circostanza*

citizen — *cittadino*, n. and adj.

city — *città* (f.)

civilisation — *civiltà* (f.)

claim to — *pretendere*, 14, (*di*)

class — *classe* (f.)

clean — *pulito*

clear — *chiaro*

client — *cliente* (m. and f.)

climb to — *salire***, 42

clock — *orologio*

close to — *chiudere*, 14

cloth — *stoffa*

clothes — *vestiti*: ready-made clothes — *vestiti già fatti*

cloud — *nuvola*

concerning

coathanger — *attaccapanni* (m.)

cock — *gallo*

coffee — *caffè* (m.): espresso coffee — *caffè espresso*

coin — *moneta*: hundred lire coin — *moneta da cento*

cold — *freddo*, adj. and n.: *raffreddore* (m.) (illness)

collar (dog's) — *collare* (m.)

colleague — *collega* (m. and f.)

collect to — *ritirare; raccogliere*, 26

colour — *colore* (m.)

come to — *venire**, 41, (*a*): to come in — *entrare** (*entro*): to come out — *uscire**, 45

comedy — *commedia*

comfortable — *comodo*: to make oneself comfortable — *mettersi comodo*

command to — *comandare* (*di*)

commander — *comandante* (m.)

commerce — *commercio*

commit to — *commettere*, 20; to commit a faux-pas — *commettere una gaffe*

common — *comune*

commune — *comune* (m.)

communication — *comunicazione* (f.)

compactness — *compattezza*

companion — *compagno*

company — *compagnia*: shipping company — *compagnia di navigazione*

compel to — *costringere*, 16a, (*a*)

compensation — *compenso*

competition — *gara*

complain to — *dolersi**, 29: *lamentarsi** (*mi lamento*)

complete to — *compire*, (*compiere*), 48

complicated — *complicato*

compose to — *comporre*, 7

comprehend to — *comprendere*, 14

concede to — *concedere*, 19

concept — *concetto*

concerning — *a proposito di*

conclude to — *concludere*, 14
confess to — *confessare (di)*
confuse to — *confondere*, 20
confused — *confuso*
confusion — *confusione* (f.)
conjugation — *coniugazione* (f.)
conquer to — *conquistare*
consent to — *consentire*, 50, *(a)*
consider to — *considerare (considero); ritenere*, 35
consideration — *considerazione* (f.)
consist to — *consistere**, 38
consolidate to — *consolidare (consolido)*
constitution — *costituzione* (f.)
contemporaneous — *contemporaneo*
content — *contento (di)*, adj.
continue to — *continuare (continuo) (a)*
contort to — *contorcere*, 16
contract to — *contrarre*, 8
contradict to — *contraddire*, 5
contradiction — *contraddizione* (f.)
convent — *convento*
conversation — *conversazione* (f.)
convert to — *convertire*, 50
convince to — *convincere*, 16, *(a)*
convincing — *convincente*
cook — *cuoco, -a*
cook to — *cuocere***, 36: *cucinare*
cooking — *cucina: cottura*
cool — *fresco*
copy to — *ricopiare (ricopio)*
corner — *angolo:* corner seat — *posto d'angolo*
correct to — *correggere*, 18
correspond to — *corrispondere*, 17
corridor — *corridoio*
corrupt to — *corrompere*, 20
cost to — *costare**
costly — *costoso*
costume — *costume* (m.)
cough — *tosse* (f.)
cough to — *tossire*, 50
count — *conte* (m.)
country: = countryside — *campagna;* = nation — *paese* (m.)
courage — *coraggio*
course: of course — *si capisce (che)*
courteous — *cortese*
courtesy — *cortesia*
cover to — *coprire*, 49
crane — *gru* (f.)
crash — *fracasso*
create to — *creare*
crisis — *crisi* (f.)
critic, critical — *critico*, n. and adj.
crossing — *tragitto*
crowd — *folla*
crown to — *coronare (corono)*
cruise — *crociera:* to go on a cruise — *andare in crociera*
cry to — *piangere*, 16
culmination — *culmine* (m.)
culture — *cultura*
cup — *tazza*
curious — *curioso*
curse to — *maledire*, 5
curtain — *tenda*
curve — *curva*
custom — *usanza:* customs — *dogana*
cut to — *tagliare (taglio)*
cylinder — *cilindro*

dad, daddy — *babbo; papà*
dance — *ballo:* dance-hall — *dancing* (m.), *sala da ballo*
dance to — *ballare*
danger — *pericolo*
dangerous — *pericoloso*
dark — *buio*
darling — *tesoro*
date — *data:* to date from — *risalire**, 42, *(a)*
daughter — *figlia*
day — *giorno, giornata:* good day — *buon giorno:* on alternate days — *un giorno sì e un giorno no*

deal

deal with to — *sbrigare*
dear — *caro; gentile, egregio* (in letters)
decay — *decadenza*
decay to — *decadere**, 23
deceive to — *ingannare*
decide to — *decidere*, 14, *(di): decidersi** *(a)*
decision — *decisione* (f.)
deck — *ponte* (m.)
declaration — *dichiarazione* (f.)
decline — *declino*
dedicate to — *dedicare (dedico)*
deduce to — *dedurre*, 9
deep — *profondo*
defeat — *disfatta*
defect — *difetto*
defend to — *difendere*, 14
degree — *grado*
delude to — *illudere*, 14
delicious — *delizioso*
democratic — *democratico*
demonstrate to — *dimostrare (dimostro)*
deny to — *negare (nego) (di)*
depart to — *partire**, 50
departure — *partenza:* the train is departing — *il treno è in partenza*
depend to — *dipendere**, 14
descend to — *scendere***, 14
describe to — *descrivere*, 18a
deserve to — *meritare (merito) (di)*
deserved — *meritato*
deserted — *deserto*
design — *disegno*
desire — *desiderio; voglia:* I get the desire — *mi viene la voglia*
desire to — *desiderare (desidero) (di)* or (—)
desk — *scrivania*
despairing — *disperato*
detail — *particolare* (m.)
deter to — *distogliere*, 26
development — *sviluppo*
die to — *morire**, 43
difference — *differenza*

doubt

different — *diverso; differente*
difficult — *difficile (a)*
difficulty — *difficoltà* (f.)
diminish — *restringersi**, 16a
din — *baccano*
dinner — *pranzo*
dip: to take a dip — *fare un tuffo nell'acqua*
direct to — *dirigere*, 18a
direction — *direzione* (f.)
director — *direttore* (m.) (of firm); *regista* (m.) (of film)
disappear to — *scomparire**, 46; *sparire**, 46
disappoint to — *deludere*, 14
disaster — *disastro*
disastrous — *disastroso*
discover to — *scoprire*, 49
discovery — *scoperta*
discuss to — *discutere*, 19
discussion — *discussione* (f.)
disease — *malattia*
dish — *piatto*
displacement — *spostamento*
display — *mostra:* on display — *in mostra*
display to — *mostrare (mostro)*
displease to — *dispiacere**, 27; *rincrescere**, 21, both verbs *(di)* or (—)
dispose to — *disporre*, 7
dissuade to — *dissuadere*, 14
distance — *distanza*
distinguish to — *distinguere*, 16
dive — *tuffo*
divide to — *dividere*, 14
do to — *fare*, 6: this won't do — *questo non va:* this has nothing to do with it — *questo non c'entra*
doctor — *dottore* (m.); *medico*
document — *documento*
dog — *cane* (m.)
domestic — *domestico*
dominion — *dominio*
donkey — *asino*
door — *porta*
doubt to — *dubitare (dubito)*

down

down — *giù:* down with! — *abbasso*

drawer — *cassetto*

dream — *sogno*

dream to — *sognare (sogno):* to day-dream — *sognare ad occhi aperti*

dreamer — *sognatore* (m.)

dress — *vestito*

dress to — *vestire,* 50; *vestirsi**

dressing room — *camerino*

dressmaker — *sarta*

drink to — *bere,* 4: to have a drink — *prendere qualcosa*

drive to — *guidare*

duchy — *ducato*

due — *debito*

during — *durante*

dynasty — *dinastia*

early — *presto*

earn to — *guadagnare:* to earn one's living — *guadagnarsi* la vita*

earth — *terra*

earthquake — *terremoto*

easel — *cavalletto*

easy — *facile (a)*

eat to — *mangiare (mangio)*

economic — *economico*

economy — *economia*

efficacious, efficient — *efficace*

egg — *uovo* (plu. *le uova*)

elderly — *anziano*

elegance — *eleganza*

elegant — *elegante*

elsewhere — *altrove*

embarrassing — *imbarazzante (di)*

embarrassment — *imbarazzo*

embrace to — *abbracciare (abbraccio)*

empire — *impero*

empty — *vuoto*

enchant to — *incantare*

end — *fine* (f.): *punta*

enemy — *nemico*

engage to — *innestare* (gear)

engagement — *impegno*

expression

engineer — *ingegnere* (m.)

England — *Inghilterra*

English — *inglese*

enjoy to — *godere; gustare* (food, etc.): to enjoy oneself — *divertirsi*,* 50

enormous — *enorme*

enough — *abbastanza:* to be enough — *bastare* (—)*

enter to — *entrare* (entro)*

enterprise — *impresa*

enthusiasm — *entusiasmo*

entitle to — *intitolare (intitolo)*

envious — *invidioso*

envy — *invidia*

equal — *pari*

Europe — *Europa*

European — *europeo*

even — *anche; perfino:* even if — *anche se*

evening — *sera:* this evening — *stasera*

every — *ogni:* every so often — *ogni tanto*

everybody — *tutti*

everywhere — *dappertutto; dovunque*

evident — *evidente*

exact — *esatto*

examination — *esame* (m.)

examine to — *esaminare (esamino)*

example — *esempio*

exceed to — *superare (supero)*

excellent — *eccellente*

except — *salvo*

exclude to — *escludere,* 14

excuse — *scusa*

excuse to — *scusare (di)*

exist to — *esistere*,* 38

existence — *esistenza*

expand to — *espandere*

expensive — *costoso*

experience — *esperienza*

expert — *esperto*

explain to — *spiegare (di)*

express to — *esprimere,* 19

expression — *espressione* (f.)

exquisite

exquisite — *squisito*
extend to — *stendere*, 14
extinguish to — *spegnere*, 16a
extra — *in più*
extract to — *estrarre*, 8
extraordinary — *straordinario*
eye — *occhio*
eyebrow — *sopracciglio* (plu. *le sopracciglia*)
eyelash — *ciglio* (plu. *le ciglia*)

fable — *favola*
fabulous — *favoloso*
face — *faccia*
fact — *fatto:* in fact — *anzi: infatti*
factory — *fabbrica*
faint to — *svenire**, 41
fair — *biondo*
fairly — *abbastanza*
faith — *fede* (f.); *fiducia*
faithful — *fedele*
falcon — *falcone* (m.)
fall — *caduta*
fall to — *cadere**, 23
fame — *fama*
familiar — *pratico:* to be familiar with — *essere pratico di*
family — *famiglia*, n.; *familiare*, adj.
famished — *affamato*
famous — *famoso*
far — *lontano*
farewell — *addio*
fascinate to — *affascinare* (*affascino*)
Fascist — *fascista*, n. and adj.
fast — *veloce*
fat — *grasso*
father — *padre*
fault — *colpa; difetto:* = breakage — *guasto:* it's my fault — *è colpa mia*
faux pas — *gaffe* (f.): to commit a faux pas — *commettere una gaffe*
favour — *piacere* (m.), *favore* (m.)

foot

fear — *paura*
fear to — *temere*, 39, (di), *avere paura (di)*
fed up — *stufo (di)*
feel to — *sentire*, 50, *sentirsi**: *provare:* to feel like — *avere voglia di*
festival — *festa*
feudal — *feudale*
fever — *febbre* (f.)
few — *pochi, -e*
field — *campo*
fight to — *combattere*
fill to — *riempire*, 47; *empire* (*empiere*), 47
film — *film* (m.): to show a film — *dare un film*
final — *finale*
finally — *infine, finalmente*
find to — *trovare:* to find out — *venire a sapere*
fine — *bello*
finger — *dito* (plu. *le dita*)
finish — *finire*** (di)*
fire — *fuoco: incendio*
fireman — *pompiere* (m.)
firewood — *legna*
first — *primo (a)*, adj.; *prima.*, adv.: first of all — *innanzitutto*
fish — *pesce* (m.)
fix to — *sistemare: sbrigare*
flat — *piano*, adj.: *appartamento*, n.
flee to — *fuggire***, 50
flight — *volo*
floor — *pavimento:* = storey — *piano*
Florence — *Firenze* (f.)
flour — *farina*
flower — *fiore* (m.): with a flower pattern — *a fiorami*
fly to — *volare*** (volo)*
follow to — *seguire***, 50
following — *seguente*
fond — *affezionato*
foot — *piede* (m.)

football

football — *calcio:* football pool —
Totocalcio
footpath — *marciapiede* (m.)
for — *per*
forbid to — *vietare (di)*
force — *forza*
force to — *forzare (a)*
foreigner — *straniero*
foresee to — *prevedere,* 31
forestall to — *prevenire,* 41
forget to — *dimenticare
(dimentico) (di),
dimenticarsi* (di)*
forgive to — *perdonare
(perdono)*
fork — *forchetta*
form — *forma: modulo*
(document)
form to — *formare (formo)*
former — *quello*
formidable — *formidabile*
fortress — *fortezza*
fortune — *fortuna*
forwards — *avanti*
found to — *fondare (fondo)*
foyer — *atrio*
France — *Francia*
frank — *franco*
free — *libero (di)*
freedom — *libertà* (f.)
French — *francese*
frequent — *spesso,* adj.
frequent to — *frequentare*
fresh — *fresco*
to frighten — *spaventare*
frightened: to be frightened —
spaventarsi, avere paura
(di)*
from — *da:* from me — *da parte
mia:* from time to time — *da
tempo in tempo*
front: in front of — *davanti a*
fruit — *frutto;* = dessert —
frutta
fry to — *friggere,* 18a
full — *pieno*
function to — *funzionare
(funziono)*

go

functioning — *funzionamento*
furniture — *i mobili:* piece of
furniture — *il mobile*
fusion — *fusione* (f.)
gain to — *guadagnare:* to gain
ground — *guadagnare terreno*
gallery — *galleria*
game — *gioco:* = match —
partita
garden — *giardino*
gate — *cancello*
gear — *marcia* (of car): in third
(gear) — *in terza*
general — *generale:* in general
— *in genere*
generosity — *generosità* (f.)
generous — *generoso*
Genoa — *Genova*
gentleman — *signore;
gentiluomo*
geographical — *geografico*
Germany — *Germania*
get to — *avere, ottenere,* 35: to
get used to — *abituarsi* (a):*
to get into a car — *salire* su
una macchina:* to get up —
alzarsi*
Gibraltar — *Gibilterra*
gift — *regalo: dono*
girl — *ragazza*
give to — *dare,* 1: to give (as a
present) — *regalare:* to give
back — *rendere,* 14
glance — *sguardo*
glass — *bicchiere* (m.) (for
drinking): *vetro* (substance):
glass factory — *vetreria*
glove — *guanto*
glutton — *ghiottone* (m.)
go to — *andare*,* 3, *(a):* how
goes it? — *come va?:* if you go
on like that — *se vai avanti
così;* to go ashore — *scendere
a terra:* to go away —
andarsene*: to go down —
scendere**, 14: to go out —·
uscire*, 45: to go up —
salire**, 42

gondola

góndola — *góndola*

good — *buono; bello: bene*, adv.

goodbye — *arrivedérci; arrivéderla; ciao*

goodness: for goodness' sake — *per carità*

goods — *roba*

gourmet — *buongustaio*

govern to — *governare*

government — *governo*

grammar — *grammatica*

grass — *erba*

grate to — *grattugiare (grattugio)*

great — *grande:* greater — *maggióre:* greatest — *massimo*

Greek — *greco*

greet to — *salutare*

grief — *dolóre* (m.)

groan to — *gémere*

ground — *terra; terréno:* on the ground — *in terra:* to the ground — *a terra*

group — *gruppo*

grow to — *créscere*, 21

grumble to — *brontolare (bróntolo)*

guess to — *indovinare*

gulf — *gólfo*

hair — *capélli* (plu.)

half — *metà*, n. (f.); *mézzo*, adj.

hall —·*sala*

ham — *prosciutto*

hand — *mano* (f.) (plu. — *le mani*): in the hands of — *in mano a:* to give a hand — *dare una mano:* to hand over — *consegnare (conségno)*

handbag — *borsétta*

handkerchief — *fazzolétto*

hang to — *péndere*, 14: to hang up — *appéndere*, 14

happen to — *accadére*, 23; *avvenire*, 41; *capitare* (*capito*); *succédere*, 19

happening — *fatto*

hope

happy — *contento (di): felice (di)*

hard — *forte*, adv.

hardly — *appéna*

harm to — *nuócere*, 37

hat — *cappello; cappellino* (lady's)

have to — *avére:* to have to — *dovére***, 10 and 39, (—)

head — *testa, capo:* headache — *mal di testa (capo):* at the head of — *in testa a*

heading — *intestazióne* (f.)

health — *salute* (f.)

healthy — *sano*

heap — *mucchio*

hear to — *sentire*, 50; *udire*, 44: he won't hear of it — *non ne vuole sapere*

heart — *cuore* (m.): from the heart — *di cuore*

heaven — *cielo*

heavy — *pesante*

hedge — *siepe* (f.)

helicopter — *elicottero*

hello — *ciao*

help — *aiuto*

help to — *aiutare (a); soccórrere*, 15

here — *qui, qua: ci, vi:* here is, are — *ecco*

hide to — *nascóndere*, 17

high — *alto*

highway code — *codice stradale* (m.)

history — *storia*

hit to — *battere*

hold to — *tenére*, 35: to hold back — *trattenére*, 35

holiday — *vacanza:* to be on holiday — *essere in vacanza*

Holland — *Olanda*

holy — *santo; sacro*

home — *casa:* at home — *a casa*

honest — *onesto*

honour — *onóre* (m.)

hope — *speranza*

hope to — *sperare (di)*

horrible

horrible — *orribile*

horse — *cavallo:* on horse-back — *a cavallo*

hospital — *ospedale* (m.)

hot — *caldo:* it's hot — *fa caldo*

hotel — *albergo*

hour — *ora*

house — *casa*

how — *come:* how are you? — *come stai?:* how much, how many — *quanto*

however — *però*

humour — *umore* (m.): in a bad humour — *di cattivo umore*

hundred — *centinaio,* n. (plu. *le centinaia*)

hunger — *fame* (f.): to be hungry — *avere fame*

hunting — *caccia*

hurricane — *uragano*

hurry — *fretta:* in a hurry — *in fretta:* to hurry — *andare in fretta*

husband — *marito*

hurt to — *fare male: dolere**,* 29: to hurt oneself — *farsi* male*

ice-cream — *gelato*

idea — *idea*

if — *se*

ignorant — *ignorante*

ill — *malato, ammalato: male,* adv.

illness — *malattia*

imaginable — *immaginabile*

imagination — *fantasia*

immediate — *immediato*

imperative — *imperativo*

imperial — *imperiale*

important — *importante (di)* or *(—)*

impose to — *imporre,* 7

impossible — *impossibile (di)* or *(—)*

impression — *impressione* (f.)

imprint to — *imprimere,* 19

improvise to — *improvvisare*

introduce

in — *in:* with future time — *fra, tra:* in case — *caso mai,* conj.: in fact — *infatti; anzi:* in front of — *davanti a:* in order to — *per; perché, affinché:* in short — *insomma*

incessant — *incessante*

inch — *pollice* (m.)

include to — *includere,* 14

increase to — *accrescere,* 21: *ampliare* (*amplio*)

incursion — *incursione* (f.)

independence — *indipendenza*

indicate to — *indicare* (*indico*): *accennare (accenno) a*

indication — *indicazione* (f.): *accenno*

industry — *industria*

inevitable — *inevitabile*

infinitive — *infinito*

infinity — *infinità* (f.)

influence, influenza — *influenza*

inform to — *avvertire,* 50

information — *informazione* (f.)

injection — *iniezione* (f.)

inn — *osteria*

innkeeper — *oste* (m.)

inscription — *iscrizione* (f.)

insert to — *inserire*

inside — *dentro*

insist to — *insistere,* 38

insomnia — *insonnia*

instead — *invece*

instructive — *istruttivo*

instrument — *strumento*

intelligence — *intelligenza*

intelligent — *intelligente*

intend to — *intendere,* 14, *(di)*

intention — *intenzione* (f.): to have the intention — *avere intenzione (di)*

interesting — *interessante (di)* or *(—)*

international — *internazionale*

interrupt to — *interrompere,* 20

introduce to — *introdurre,* 9: to introduce a person — *presentare*

invade   **lift**

invade to — *invadere*, 14

invader — *invasore* (m.)

invasion — *invasione* (f.)

invest to — *investire*, 50

invite to — *invitare (a)*

irregular — *irregolare*

iron — *ferro*

ironical — *ironico*

island — *isola*

Italian — *italiano*

Italy — *Italia*

jar — *barattolo*

jeweller's — *gioielleria*

join to — *congiungere*, 16

joke — *scherzo*

joke to — *scherzare (scherzo)*

journey — *viaggio:* to be on a
  journey — *essere in viaggio*

joy — *gioia*

judgement — *giudizio*

jump to — *saltare***

just — *giusto*, adj.

jut out to — *sporgere**, 16

kangaroo — *canguro*

keep to — *tenere*, 35

kill to — *uccidere*, 14;
  ammazzare

kilometre — *chilometro*

kind — *gentile (di)*, adj.: *specie*
  (f.), n.

kindness — *gentilezza:* to show a
  kindness — *avere una
  gentilezza*

king — *re*

kingdom — *regno*

kiss — *bacio*

kitchen — *cucina:* in the kitchen
  — *in cucina*

knee — *ginocchio*

knitting needle — *ferro da calza*

knock to — *battere*

knot — *nodo:* to tie a knot —
  fare un nodo

know to — *sapere*, 33:
  conoscere, 21: to get to know
  — *venire a sapere*

lack — *mancanza*

lack to — *mancare** (di)*

ladder — *scala:* (football) —
  classifica

lady — *signora*

lagoon — *laguna*

lake — *lago*

land — *terra: terreno*

language — *lingua*

larder — *dispensa*

last — *ultimo (a)*

last to — *durare** (a)*

late — *tardi*, adv.: *in ritardo*

Latin — *latino*

latter — *questo*

laugh — *risata*

laugh to — *ridere*, 14

lead (dog's) — *guinzaglio*

lead to — *condurre*, 9

leader — *capo*

leaf — (of tree) *foglia:* (of
  paper) *foglio*

learn to — *imparare (a);
  apprendere*, 14, *(a)*

leather — *cuoio*

leave to — *partire**, 50: *lasciare
  (lascio):* to leave the house —
  uscire di casa

lecture — *conferenza: lezione*
  (f.): to give a lecture — *tenere
  una conferenza*

leg — *gamba:* (of chicken) —
  coscia

lend to — *imprestare, prestare*

less — *meno*

lesson — *lezione* (f.)

let to — *lasciare (lascio) (—)*

letter — *lettera*

liberty — *libertà* (f.)

library — *biblioteca*

lie — *bugia*

lie to — *mentire*, 50 (tell
  untruth); *giacere**, 27
  (position): to lie down —
  sdraiarsi* (mi sdraio)

life — *vita:* to live a (sad) life —
  fare una vita (triste)

lift — *ascensore* (m.)

lift

lift to — *alzare*

light — *luce* (f.), n.: *leggero*, adj.

light to — *accendere*, 14

like — *come*

like to — *piacere**, 27, *(di)* or
(—): I like this book — *mi
piace questo libro*

likeable — *simpatico*

liking — *simpatia*

limb — *membro* (plu. *le
membra*)

line — *riga*

lira — *lira*

list — *elenco*

listen to — *ascoltare (ascolto):*
to listen to — *ascoltare*

little — *piccolo: poco:* a little of
— *un po' di:* little by little —
pian piano

live to — *vivere***, 24: *abitare
(abito): stare**, 2

living — *vivente*

locomotive — *locomotiva*

lodge to — *alloggiare (alloggio)*

logical — *logico*

Lombard — *lombardo*

long — *lungo:* for a long time —
a lungo: at the longest —
al massimo

look — *sguardo*

look to — *guardare:* to look after
— *badare a:* to look around —
guardare in giro: to look at —
guardare: to look for —
cercare (cerco)

lose to — *perdere*, 40

loud — *forte*, adj. and adv.

loudspeaker — *altoparlante* (m.)

lounge — *salotto*

love — *amore* (m.)

love to — *amare (di):* to be in
love with — *essere
innamorato di*

lovely — *bello*

loving — *amoroso*

luck — *fortuna*

lucky — *fortunato*

luggage — *bagaglio*

means

lunch — *colazione* (f.)

lung — *polmone* (m.)

luxury — *lusso*

macaroni — *maccheroni* (m.),
plu.

machine — *macchina*

mad — *matto:* it's enough to
drive you mad — *c'è da
diventare matti*

magic — *magico*

magnificent — *magnifico*

maintain to — *mantenere*, 35

major — *maggiore*

make to — *fare*, 6: to make a
mistake — *sbagliare (sbaglio):*
to make fun of — *burlarsi* di*

making — *fattura*

man — *uomo* (plu. — *gli
uomini*): our fellow men — *i
nostri simili*

manage to — *riuscire**, 45, *(a):*
How can one manage to? —
Come si fa a?

manager — *direttore* (m.)

mania — *mania*

manufacture — *manifattura*

manufacture to — *fabbricare
(fabbrico)*

many — *molti, -e*

market — *mercato*

Marseilles — *Marsiglia*

marvel — *meraviglia*

marvellous — *meraviglioso (di)*

master — *padrone* (m.)

masterpiece — *capolavoro*

match — *partita* (game)

material — *stoffa* (cloth)

matter — *faccenda:* what's the
matter? — *che cos'hai?*

matter to — *importare* (di)* or
(—): it doesn't matter — *non
importa*

meal — *pasto*

mean to — *significare
(significo)*

meaning — *significato*

means — *modo; mezzo:* to have

meanwhile

the means to — *avere modo di*

meanwhile — *intanto*

measure — *misura*

meat — *carne* (f.)

mechanic — *meccanico*

medical — *medico*

Mediterranean — *Mediterraneo*

meet to — *incontrare (incontro)*

melt to — *fondere*, 20

member — *membro*

memory — *ricordo*

merchant — *mercante* (m.)

merry — *allegro*

mess — *pasticcio*

midday — *mezzogiorno*

middle — *mezzo*: Middle Ages — *Medioevo*

midnight — *mezzanotte* (f.)

migrant — *emigrato*

Milan — *Milano* (f.)

mile — *miglio* (plu. *le miglia*)

milk — *latte* (m.)

millionaire — *milionario*

minister — *ministro*

minus — *meno*

miraculous — *miracoloso*

mirror — *specchio*

mislay to — *smarrire*

Miss — *signorina*

miss to — *mancare*: he misses his family — *gli manca la famiglia*

mistake — *sbaglio, errore* (m.): to make a mistake — *sbagliare (sbaglio)*

modern — *moderno*

modest — *modesto*

moment — *momento*

monarchical — *monarchico*

monarchy — *monarchia*

monastery — *convento*

money — *denaro; soldi* (plu.): rolling in money — *ricco sfondato*

monk — *frate* (m.)

month — *mese* (m.)

necessity

mood — *umore* (m.): to be in a bad mood — *essere di cattivo umore*

moon — *luna*

more — *più*: more or less — *più o meno*

morning — *mattina*: this morning — *stamattina*

most — *più: molto*: at the most — *al massimo*

mother — *madre*

motive — *motivo*

motor — *motore* (m.)

motorboat — *motoscafo*

mountain — *montagna*: to go to the mountains — *andare in montagna*

move to — *muovere***, 19; *muoversi**

Mr — *signor(e)*

Mrs — *signora*

much — *molto*

mudguard — *parafango*

multiply to — *moltiplicare (moltiplico)*

mum, mummy — *mamma*

museum — *museo*

mushroom — *fungo*

mysterious — *misterioso*

mystery — *mistero*

name — *nome* (m.)

Naples — *Napoli* (f.)

nasty — *brutto*

nation — *nazione* (f.)

national — *nazionale*

nature — *natura*

navigation — *navigazione* (f.)

near — *vicino*, adj. and adv.; *vicino a*, prep.

nearly — *quasi*; very nearly — *quasi quasi*

neat — *lindo*

necessary — *necessario*: to be necessary — *bisognare* (*bisogna*), (—): *occorrere**, 15, (—)

necessity — *necessità* (f.)

need

need — *bisogno*
need to — *avere bisogno (di)*
neglect to — *negligere*, 18a
neighbour — *vicino, -a di casa*
nerve — *nervo:* it gets on my nerves — *mi dà sui nervi*
nest — *nido*
Netherlands — *Paesi Bassi* (m. plu.)
never — *mai*
new — *nuovo*
newspaper — *giornale* (m.)
next — *prossimo (a)*
nice — *gentile; bello; simpatico*
night — *notte* (f.): last night — *stanotte*
no — *no*
nobleman — *gentiluomo*
noise — *rumore* (m.): to make a noise — *fare rumore*
noodles — *pasta*
no one — *nessuno*
normal — *normale*
Norman — *normanno*
North — *nord* (m.), n., *settentrionale*, adj.
nose — *naso*
nostalgia — *nostalgia*
not — *non:* not ... at all — *non ... affatto:* not at all (i.e. don't mention it) — *di niente:* not even — *non... nemmeno, neppure, neanche*
note — (money) — *biglietto:* a thousand lira note — *un biglietto da mille lire:* (letter) — *biglietto, bigliettino*
nothing — *niente, nulla:* there's nothing to be done — *non c'è niente da fare*
notice — *cartello*
notice to — *accorgersi**, 16, *(di)*
noun — *sostantivo, nome* (m.)
nourish to — *nutrire*, 50
novel — *romanzo*
now — *ora, adesso*
nowadays — *oggigiorno*
number — *numero*

out of

nylon — *nailon* (m.)

oar — *remo*
obey to — *ubbidire*
object — *oggetto*
obligation — *obbligo*
oblige to — *obbligare (obbligo) (a)*
observance — *osservanza*
obtain to — *ottenere*, 35
of — *di:* of course — *naturalmente*
off — *via*
offend to — *offendere*, 14
offer to — *offrire*, 49 *porgere*, 16
office — *ufficio:* at the office — *in ufficio*
often — *spesso*
old — *vecchio:* how old is Mary? — *quanti anni ha Maria?:* Mary is eight years old — *Maria ha otto anni*
omit to — *omettere*, 20, *(di)*
on — *su, sopra:* on condition that — *a patto che, a condizione che*
once — *una volta:* just for once — *una volta tanto*
only — *solo*, adj.: *solo, solamente, soltanto*, adv.
open — *aperto*
open to — *aprire*, 49
opera — *opera*
oppose to — *opporre*, 7
oppress to — *opprimere*, 19
or — *o:* either ... or — *o... o:* or else — *oppure*
orbit — *orbita*
order — *ordine* (m.)
order to — *ordinare (ordino) (di)*
ordinary — *comune:* out of the ordinary — *fuori del comune*
origin — *origine* (f.)
other — *altro*
out of — *fuori di:* out of place — *fuori di posto:* nine out of ten — *nove su dieci*

outskirts

outskirts — *perif ria*

packet — *pacchetto*
Padua — *Padova*
paint to — *dipingere*, 16
painter — *pittore* (m.)
painting — *quadro*
pair — *paio* (plu. — *le paia*)
palace — *palazzo*
paper — *carta*
parcel — *pacco*
parents — *genitori* (m. plu.)
park to — *parcheggiare*
  (*parcheggio*)
parliamentary — *parlamentare*
parmesan — *parmigiano*
part — *parte* (f.)
party — *partito* (political)
pass to — *passare***, *(a)*: to pass
  (exams) — *avere la*
  promozione: to pass through
  — *percorrere*, 15
past — *passato*, n. and adj.
patience — *pazienza*
patient — *paziente* (m. or f.), n.
  and adj.: to be patient — *avere*
  pazienza
pay to — *pagare*: to pay a high
  price for — *pagare caro*
peace — *pace* (f.)
peaceful — *tranquillo*
peasant — *contadino, -a*
pen — *penna*
pencil — *matita*
penetrating — *penetrante*
peninsula — *penisola*
people — *gente* (f.)
perceive to — *scorgere*, 16
perfect — *perfetto*
perhaps — *forse*
period — *periodo*
permanent — *permanente*
permission — *permesso*
permit to — *permettere*, 20, *(di)*
person — *persona*
persuade — *persuadere*, 14, *(a)*
petrol — *benzina*
phrase — *frase* (f.)

poster

piano — *pianoforte* (m.)
pick to — *cogliere*, 26: to pick
  up — *raccogliere*, 26
picture — *quadro*
piece — *pezzo*
pig — *porco*
pile — *mucchio*
pill — *compressa*
pipe — *pipa*
pity — *compassione* (f.)
place — *posto, luogo*: in the first
  place — *in primo luogo*: out
  of place — *fuori di posto*
place to — *porre*, 7, *mettere*, 20
plague — *pestilenza*
plate — *piatto*
platform — *binario*
play — *commedia*
play to — *giocare* (game):
  suonare (instrument)
pleasant — *piacevole*
please to — *piacere**, 27, *(di)* or
  (—)
pleasure — *piacere* (m.): to give
  pleasure — *fare piacere*
plus — *più*
pocket — *tasca*, n.: *tascabile*, adj.
poem, poetry — *poesia*
point — *punta*
police — *polizia*
policeman — *poliziotto*
policy — *politica*
polite — *cortese*
politeness — *cortesia*
political — *politico*
poodle — *barboncino*
poor — *povero*
pop up to — *saltare fuori*
pope — *papa* (m.)
port — *porto*
porter — *facchino*
portray to — *ritrarre*, 8
possible — *possibile (di)* or (—):
  as much as possible — *il più*
  possibile
possibility — *possibilità* (f.)
postage stamp — *francobollo*
poster — *cartello*

postman

postman — *portalettere* (m.)

postpone to — *rimandare*

pound — *sterlina* (money)

power — *potere* (m.)

powerful — *potente*

practical — *pratico*

practice — *pratica*

praise — *lode* (f.)

praise to — *lodare*

preach to — *predicare (predico)*

precaution — *precauzione* (f.)

precious — *prezioso*

precise — *preciso*

precisely — *appunto*

precision — *precisione* (f.)

predomination — *predominazione* (f.)

prefer to — *preferire (di)* or *(—)*

preferable — *preferibile (di)* or *(—)*

preparation — *preparazione* (f.): preparations — *preparativi* (plu.)

prepare to — *preparare (a)*

prescription — *ricetta*

present — *regalo* (gift): to be present — *assistere*, 38: to give as a present — *regalare:* to make a present — *fare un regalo*

present to — *presentare*

press to — *premere*

presume to — *presumere*, 16a

pretend to — *fingere*, 16, *(di)*; *fare finta (di)*

pretty — *carino*, adj.: *parecchio*, adv.

prevent to — *impedire (di)*

prey — *preda*

prick to — *pungere*, 16

priest — *prete* (m.)

princess — *principessa*

principal — *principale*

prize — *premio*

probable — *probabile (di)* or *(—)*

problem — *problema* (m.)

rain

processing — *lavorazione* (f.)

proclaim to — *proclamare*

produce to — *produrre*, 9

product — *prodotto*

production — *produzione* (f.)

professor — *professore* (m.)

programme — *programma* (m.)

progress — *progresso:* to make progress — *fare progressi*

prohibit to — *proibire (di)*

promise to — *promettere*, 20, *(di)*

promotion — *promozione* (f.)

pronoun — *pronome* (m.)

pronunciation — *pronuncia*

proper — *debito*

proposal — *proposta*

propose to — *proporre*, 7, *(di)*

protect to — *proteggere*, 18: *riparare*

protest to — *protestare*

proud — *orgoglioso (di)*

prove to — *dimostrare (dimostro)*

provide to — *provvedere*, 31: provided that — *purché*

province — *provincia*

prudent — *prudente*

pull to — *tirare; trarre*, 8

punctual — *puntuale*

punish to — *punire*

purchase — *acquisto*, n.

push to — *spingere*, 16

put to — *mettere*, 20, *porre*, 7: to put off — *rimandare*

quality — *qualità* (f.)

question — *domanda:* to ask a question — *fare una domanda*

queue — *coda*

quits — *pari*

race — *gara*

radio — *radio* (f.)

railway — *ferrovia*, n.: *ferroviario*, adj.: railway lines, track — *binario*

rain — *pioggia*

rain to — *piovere***, 22

raincoat   **roast**

raincoat — *impermeabile* (m.)

raise to — *alzare*

rare — *raro*

rascal — *mascalzone* (m.)

rather — *piuttosto*

reach to — *raggiungere*, 16

read to — *leggere*, 18

readiness — *prontezza*

ready — *pronto (a)*

real — *vero*

realize to — *accorgersi**, 16, *(di)*

reality — *realtà* (f.)

really — *proprio, davvero,
   veramente*

reason — *ragione* (f.), *motivo*

reason to — *ragionare
   (ragiono)*

reasonable — *ragionevole*

reawaken to — *ridestarsi* (mi
   ridesto)*

receive to — *ricevere*, 39:
   accogliere, 26

reception — *ricevimento*

recite to — *recitare (recito)*

recognize to — *riconoscere*, 21

record — *disco* (gramophone):
   record player — *giradischi*
   (m.)

red — *rosso*

reduce to — *ridurre*, 9

refer to — *riportare*

refined — *raffinato*

refresh to — *ristorare*

refuse to — *rifiutare (di)*

regime — *regime* (m.)

region — *regione* (f.)

reject to — *respingere*, 16

relation — *parente* (m. or f.)
   (relative)

relative — *parente* (m. or f.), n.:
   relativo, adj.

remain to — *rimanere**, 32, *(a)*

remedy to — *rimediare
   (rimedio)*

remember to — *ricordare (di)
   ricordarsi* (di)*

Renaissance — *Rinascimento,
   Rinascita*

rent — *affitto*

rent to — *prendere in affitto*

repair to — *riparare*

repeat to — *ripetere*

repent to — *pentirsi**, 50, *(di)*

reply — *risposta*

reply to — *rispondere*, 17, *(di)*

report to — *riportare*

represent to — *rappresentare*

republic — *repubblica*

republican — *repubblicano*

request — *richiesta*

resemble to — *somigliare
   (somiglio)*

resign to — *dare le dimissioni*
   (from post): to resign onself —
   rassegnarsi (mi rassegno),
   (a)*

resist to — *resistere*, 38

resistance — *resistenza*

resolve to — *risolvere*, 38, *(di)*

responsibility — *responsabilità*
   (f.)

rest — *riposo:* resting — *a
   riposo*

restaurant — *ristorante* (m.)

result to — *risultare*

retain to — *ritenere*, 35

retract to — *ritrarre*, 8

return to — *tornare* (torno):* to
   return home — *rientrare*
   (rientro)*

revise to — *rivedere*, 31

revive to — *ripristinare*

revolver — *rivoltella*

reward — *premio*

rich — *ricco*

right — *giusto:* all right — *va
   bene:* to be right — *avere
   ragione:* I admit you're right —
   ti do ragione

ring — *anello* (jewellery)

rise — *salita*

rise to — *sorgere**, 16

risk — *rischio*

river — *fiume* (m.)

road — *strada, via*

roast to — *arrostire*

rob

rob to — *rubare*
robber — *ladro*
roof — *tetto*
roll — *panino* (bread): to roll out (pastry) — *spianare:* rolling pin — *matterello*
Roman — *romano*
Rome — *Roma*
room — *stanza; camera*
rose — *rosa*
rotten — *marcio*
ruin to — *rovinare*
rule — *regola*
rule to — *reggere*, 18
run to — *correre**, 15, (a):* to run (of cars) — *camminare*
rush to — *correre**, 15, (a)*
Russian — *russo*
rustle — *fruscio*

sacred — *sacro*
sacrifice to — *sacrificare (sacrifico)*
sad — *triste*
sadness — *tristezza*
safe — *sicuro; salvo:* safe and sound — *sano e salvo*
safety — *sicurezza*
sail — *vela*
saint — *santo*
salt — *sale* (m.): *salato*, adj.
same — *stesso:* just the same — *lo stesso*
satisfy to — *soddisfare*, 6
sauce — *sugo*
save to — *risparmiare (risparmio)*
say to — *dire*, 5, *(di)*
scale — *scala:* on an industrial scale — *su scala industriale*
scarf — *sciarpa*
scene — *scena*
school — *scuola*
schoolboy, girl — *scolaro, -a*
schoolmaster — *professore*
schoolmistress — *professoressa*
scold to — *sgridare*
scratch to — *grattare*

shopping

sea — *mare* (m.)
seat — *posto:* corner seat — *posto d'angolo*
secretary — *segretario, -a*
section — *sezione* (f.)
see to — *vedere*, 31
seem to — *parere**, 28, (di)* or *(—), sembrare* (sembro) (di)* or *(—)*
sell to — *vendere*, 39
send to — *mandare (a)*
sensation — *sensazione* (f.)
sense — *senso*
sensitive — *sensibile*
sentry — *sentinella* (f.)
series — *serie* (f.)
serious — *serio: grave:* seriously — *sul serio*
servant — *servitore* (m.)
serve to — *servire*, 50, *(a)*
service — *servizio*
set — *apparecchio* (radio, etc.)
settlement — *assetto*
several — *parecchi, -ie*
sew to — *cucire*, 50
sewing machine — *macchina da cucire*
shade, shadow — *ombra*
shake to — *scuotere*, 19
shame — *vergogna*
shape — *forma*
shave to — *radere*, 14: *radersi*, farsi* la barba*
sheep — *pecora*
sheet — *lenzuolo* (plu. *le lenzuola*)
shine to — *splendere**, brillare***
ship — *nave* (f.)
shirt — *camicia*
shoe — *scarpa*
shoemaker — *calzolaio*
shoot to — *sparare*
shop — *negozio, bottega:* shop-window — *vetrina:* in the shop-window — *in vetrina*
shopping — *spesa:* to do the shopping — *fare la spesa*

short

short — *breve*

shot — *sparo*

shoulder — *spalla*

shout to — *gridare (di)*

show to — *mostrare (mostro)*

shutter — *imposta*

Sicily — *Sicilia*

side — *laterale*, adj.: on, to the
other side — *dall'altra parte*:
at the side of — *a fianco di*

sign — *segno*

signature — *firma*

silent: to be, keep silent —
tacere, 27

silk — *seta*

similar — *simile*

simple — *semplice (di)*

since — *siccome* (because)

sing to — *cantare*

sister — *sorella*

sit to — *sedere*, 12 and 39; to sit
down — *sedersi**

situation — *situazione* (f.)

size — *misura*

skill — *abilità* (f.)

sleep to — *dormire*, 50: to go to
sleep — *addormentarsi** (mi
addormento)

sleeping tablet — *sonnifero*

slow — *lento, piano*, adj. and
adv.

slowness — *lentezza*

small — *piccolo*

smallpox — *vaiolo*

smell — *odore* (m.)

smell to — *sentire*, 50

smile — *sorriso*

smile to — *sorridere*, 14

smoke to — *fumare*

smooth to — *spianare*

snowdrop — *bucaneve* (m.)

so — *così, perciò* (thus,
therefore): *così, tanto* (so
much): so-called — *cosiddetto*:
so that — *perché, affinché*: so
much, many — *tanto*

soap — *sapone* (m.)

social — *sociale*

stand

society — *società* (f.)

soft — *molle* (to touch)

softly — *piano*

soldier — *soldato*

solution — *soluzione* (f.)

some — *alcuni, -e; qualche*

someone — *qualcuno*

something — *qualche cosa,
qualcosa*

sometimes — *qualche volta*

somewhat — *alquanto*

son — *figlio*

soon — *presto*

sorry: I'm sorry — *mi dispiace
(di)*

sorrow — *dolore* (m.)

soul — *anima*

south — *sud* (m.), n.:
meridionale, adj.

souvenir — *ricordo*

Spain — *Spagna*

Spaniard, Spanish — *spagnolo*

sparrow — *passero*

speak to — *parlare*

special — *speciale*

specialize to — *specializzare*

spectacle — *spettacolo*

speech — *discorso*

speed — *velocità* (f.)

speed to — *correre*, 15 (of cars)

spelling — *ortografia*

spend to — *spendere*, 14

spirit — *spirito*

spiritual — *spirituale*

splendour — *splendore* (m.)

split to — *spaccare*

sport — *sport* (m.)

spread to — *spargere*, 15:
*dilagarsi**

spring — *primavera*

sprout to — *spuntare**

square — *piazza*

stable — *stabile*, adj.

stairs — *scale* (plu.): staircase —
scala: to climb the stairs —
fare le scale

stale — *stantio*

stand to — *stare**, 2: standing —

start   **Swiss**

in piedi: I can't stand it —
non ne posso più
start to — *cominciare***
(comincio) (a); mettersi* *(a):*
to start up (engine) — *avviare*
state — *stato*
state clearly to — *precisare*
station — *stazione* (f.): stationmaster — *capostazione* (m.)
statue — *statua*
stay to — *stare**, 2; *rimanere**,
32
steal to — *rubare*
steam — *vapore* (m.)
steering wheel — *volante* (m.)
step — *passo:* it's only a few
steps — *sono pochi passi*
stick — *bastone* (m.)
still — *ancora,* adv.
stocking — *calza*
stomach — *stomaco:* stomach-
ache — *mal di stomaco*
stone: memorial stone — *lapide*
(f.)
stop to — *fermare (fermo),*
fermarsi* *(a): smettere,* 20,
(di)
store — *magazzino*
storey — *piano*
storm — *temporale* (m.)
story — *storia: favola*
straight — *diritto*
strange — *strano*
street — *via; strada*
strength — *forza*
strike to — *percuotere,* 19
string — *spago*
stroll — *passeggiata:* to go for a
stroll — *fare una passeggiata,*
andare a passeggio
stroll to — *passeggiare*
(passeggio)
strong — *forte*
strongbox — *cassaforte* (f.)
stubborn — *testardo*
student — *studente* (m.);
studentessa (f.)
stuff — *roba*

stupid — *stupido*
subject — *soggetto; tema* (m.):
materia (of study): on the
subject of — *a proposito di*
subjunctive — *congiuntivo*
submit to — *sottoporre,* 7
substance — *sostanza*
succeed to — *riuscire**, 45, *(a)*
such — *tale; simile:* such a
thing — *una cosa simile*
suddenly — *ad un tratto*
suffer to — *soffrire,* 49
suffice to — *bastare** *(a)*
sugar — *zucchero*
suggest to — *suggerire (di)*
suit — *vestito*
suitcase — *valigia*
sum — *somma*
summarize to — *riassumere,* 16a
summer — *estate* (f.): in summer
— *d'estate*
sun — *sole* (m.)
sunset — *tramonto*
superior — *superiore*
supermarket — *supermercato*
supper — *cena*
support to — *reggere,* 18
suppose to — *supporre,* 7
sure — *sicuro (di)*
sureness — *sicurezza*
surgery — *ambulatorio*
surprise to — *sorprendere,* 14
surprised — *meravigliato,*
sorpreso
surrender to — *arrendersi**, 14
suspend to — *sospendere,* 14
suspicious — *sospettoso* (of
someone); *sospetto* (to
someone)
swallow — *rondine* (f.)
sweat to — *sudare*
sweep to — *spazzare*
sweet — *caramella,* n.: *dolce,* n.
and adj.
swimmer — *nuotatore* (m.)
swimming — *nuoto*
swimming pool — *piscina*
Swiss — *svizzero*

switch

switch: to switch off — *chiudere*,
14: to switch on — *aprire*, 49
Switzerland — *Svizzera*
symphony — *sinfonia*
system — *sistema* (m.)

table — *tavola; tavolo:* small
table — *tavolino:* on the table
(food) — *in tavola*
tail — *coda*
tailor — *sarto*
take to — *prendere*, 14, *pigliare
(piglio); portare:* to take away,
off — *togliere*, 26
talk to — *parlare; discorrere*, 15
tall — *alto*
tax — *tassa*
tea — *tè* (m.)
teacher — *maestro*, -a (primary):
insegnante (m. or f.)
team — *squadra*
television — *televisione* (f.):
television set — *televisore* (m.)
telephone — *telefono*, n.:
telefonico, adj.
telephone to — *telefonare
(telefono)*
tell to — *dire*, 5, *(di);
raccontare (racconto)*
temperature — *temperatura:
febbre* (f.) (of people)
temporal — *temporale*
ten-year period — *decennio*
tend to — *tendere*, 14, *(a)*
terminate to — *terminare
(termino)*
terrible — *terribile*
territory — *territorio*
thank to — *ringraziare
(ringrazio) (di):* to thank
from the heart, sincerely —
ringraziare di cuore
thanks, thank you — *grazie*
that — *quello*, adj. and pron.: *ciò*,
pron.: *che*, conj. and relative
pron.: that is (i.e.) — *cioè:*
that's that — *basta*
theatre — *teatro*

toast

theme — *tema* (m.)
then — *poi* (after that): *allora*
(at that time, in that case)
theoretical — *teorico*
theory — *teoria*
there — *là, lì: ci, vi:* there is, are
— *c'è, ci sono*
therefore — *perciò*
thermometer — *termometro*
thigh — *coscia*
thin — *sottile*
thing — *cosa*
think to — *pensare (di);
credere*, 39, *(di)*
thirst — *sete* (f.): to be thirsty —
avere sete
this — *questo*
thought — *pensiero*
thousand — *migliaio* (plu. *le
migliaia*)
thriller — *romanzo giallo*
throat — *gola:* sore throat —
mal di gola
through — *attraverso; per*
throw to — *buttare*
thumb — *dito pollice*
ticket — *biglietto:* return ticket
— *biglietto di andata e
ritorno:* ticket-office —
biglietteria; ticket-window —
sportello
tidy — *ordinato*
tie — *cravatta*
tighten to — *stringere*, 16a
time — *tempo: ora* (by the
clock): *volta* (occasion): what
time is it? — *che ora è, che
ore sono?:* at a time — *alla
volta:* several times — *più
volte*
tin — *scatola:* in tins, tinned —
in scatola
tire to — *stancare*
tired — *stanco*
tiredness — *stanchezza*
title — *titolo*
to — *a*
toast — *brindisi* (m.) (to health)

tobacco

tobacco — *tabacco*
tobacconist — *tabaccaio*
today — *oggi*
toe — *dito del piede:* on tiptoe
— *in punta di piedi*
together — *insieme*
tomato — *pomodoro*
tomorrow — *domani*
tongue — *lingua*
too, too long, too much, many —
troppo: = also — *anche*
tooth — *dente* (m.)
torch — *lampadina*
touch to — *toccare (tocco)*
tough — *resistente*
tourist — *turista* (m. and f.)
town — *città* (f.)
toy — *giocattolo*
trade — *mestiere* (m.)
(occupation)
tradition — *tradizione* (f.)
traffic — *traffico:* traffic lights —
semaforo
train — *treno:* fast train —
direttissimo: train-window —
finestrino
tram — *tram* (m.)
tranquil — *tranquillo*
tranquillity — *tranquillità* (f.)
transfer to — *trasferire*
translate to — *tradurre*, 9
transmit to — *trasmettere*, 20
transport to — *trasportare*
travel to — *viaggiare (viaggio)*
traveller — *viaggiatore* (m.)
treasure — *tesoro*
treat to — *trattare*
tree — *albero*
tremble to — *tremare*
tremendous — *tremendo*
trick — *trucco*
trip — *gita:* to take a trip — *fare
una gita:* trip round — *giro*
trouble — *pena; guaio:* to be
worth the trouble — *valere* la
pena*
true — *vero*
trust — *fiducia*

usually

truth — *verità* (f.)
try to — *cercare (cerco) (di)*
tube — *tubo*
Tunis — *Tunisi* (f.)
turn to — *volgere*, 16; *voltare;
girare*
Tuscany — *Toscana*
twist to — *torcere*, 16
type — *tipo*
typewriter — *macchina da
scrivere*
typhus — *tifo*

ugly — *brutto*
unbearable — *insopportabile*
unbutton to — *sbottonare
(sbottono)*
uncle — *zio*
uncover to — *scoprire*, 49
under, underneath — *sotto*
understand to — *capire;
comprendere*, 14
undertaker — *impresario di
pompe funebri*
undo to — *disfare*, 6: *sciogliere*,
26
unfold to — *svolgere*, 16
unique — *unico*
unite to — *unire*
United States — *Stati Uniti*
unity — *unità* (f.)
university — *università* (f.)
unless — *a meno che ... non*
unlucky — *sfortunato (di)*
unpleasant — *spiacevole*
until — *fino a*, prep.: until now
— *finora*
up — *su:* upwards — *in alto:* up
to — *fino a*
upset to — *sconvolgere*, 16
urgency — *urgenza:* urgently —
d'urgenza
use to — *usare*
useful — *utile (di)*
useless — *inutile (di)*
usual — *solito:* earlier than usual
— *più presto del solito*
usually — *di solito*

utilize

utilize to — *utilizzare*

vaccination — *vaccinazione* (f.)
vain — *vano:* in vain — *invano*
valorous — *valoroso*
variety — *varietà* (f.)
various — *vario*
vary to — *variare (vario)*
Venice — *Venezia*
Venetian — *veneziano*
verb — *verbo*
version — *versione* (f.)
Vesuvius — *Vesuvio*
vex to — *contrariare (contrario)*
vice — *vizio*
victory — *vittoria*
villa — *villa*
violin — *violino*
virtue — *virtù* (f.)
visit — *visita*
visit to — *visitare (visito)*
voice — *voce* (f.): at the top of one's voice — *a squarciagola*
vote to — *votare (voto)*

wait to — *aspettare; attendere,* 14: to wait for — *aspettare*
waiter — *cameriere* (m.)
waiting room — *sala d'aspetto*
wake to — *svegliare (sveglio); svegliarsi**
walk — *passeggiata:* to take a walk — *fare una passeggiata*
walk to — *camminare: passeggiare (passeggio)* (stroll)
wall — *muro* (plu. *i muri* or *le mura*) (external): *parete* (f.) (internal)
wallet — *portafogli* (m.)
wander to — *girare*
want to — *volere**, 34, (—); desiderare (desidero) (di)* or (—): do you want anything else? — *desidera altro?*
war — *guerra*
wardrobe — *armadio*

windscreen

warm — *caldo:* it's warm — *fa caldo*
warn to — *avvertire,* 50, *(di)*
wash — *lavare; lavarsi**
wastepaper basket — *cestino*
watch — *orologio*
watch to — *guardare*
water — *acqua*
way — *modo: via*
wear to — *portare*
weather — *tempo*
week — *settimana*
well — *bene:* well done! — *bravo!:* well then — *allora, dunque*
wellbeing — *benessere* (m.)
wet — *bagnato*
wet to — *bagnare*
what — *che, che cosa, cosa,* interrogative prons.: *che,* interrogative adj.: *ciò che,* relative pron.: what! — *che!:* whatever — *qualunque, qualsiasi*
when — *quando:* whenever — *ogni volta che*
where — *dove:* wherever — *dovunque*
which — *quale,* interrogative: *che,* relative pron.
while — *mentre*
whistle to — *fischiare (fischio)*
who, whom — *che,* relative pron.: *chi,* interrogative pron.: whoever — *chiunque*
why — *perché*
wide — *largo*
wife — *moglie* (plu. *le mogli*)
will — *volontà* (f.)
willing — *disposto (a)*
willingly — *volentieri*
win to — *vincere,* 16
wind — *vento*
window — *finestra:* train-window — *finestrino:* ticket-window — *sportello:* shop-window — *vetrina*
windscreen — *parabrezza* (m.)

wine

wine — *vino*
wish — *voglia* (desire)
wish to — *volere***, 34, (—);
  desiderare (desidero), (di) or
  (—)
wit — *spirito*
with — *con*
withdraw to — *ritirare*
without — *senza*, prep.: *senza
  che*, conj.
wolf — *lupo*
woman — *donna*
wonder — *meraviglia*
wonderful — *meraviglioso*
wood — *bosco* (forest): *legno*
  (material): firewood — *legna*
wool — *lana*
work — *lavoro: opera*
work to — *lavorare (lavoro):
  funzionare (funziono)*
  (function)
workman — *operaio*
world — *mondo*, n.: *mondiale*,
  adj.
worm — *verme* (m.)

youth

worn — *logoro*
worry — *pensiero*
worry to — *preoccuparsi* (mi
  preoccupo)*
worse — *peggiore*, adj.: *peggio*,
  adv.
worth to be — *valere**, 30: to be
  worth the trouble — *valere la
  pena*
worthy — *degno (di)*
wound to — *ferire*
write to — *scrivere*, 18a
wrong — *sbagliato:* to be wrong
  — *sbagliare (sbaglio); avere
  torto*

year — *anno*
yell — *urlo*
yellow — *giallo*
yes — *sì*
yesterday — *ieri*
yet — *ancora*
yield to — *cedere*, 39
young — *giovane*
youth — *gioventù* (f.)

Christian Names

The following names are used in the text. English equivalents are given
  where they exist.

Alessandra — *Alexandra*
Anna — *Ann*
Antonio — *Anthony*
Bruno
Carlo — *Charles*
Caterina — *Catherine*
Elena — *Helen*
Enrico — *Henry*

Franca
Franco — *Frank*
Giacomo — *James*
Gianni — *shortened form of* Gio-
  vanni (*John*)
Gina
Giorgio — *George*
Giovanna — *Joan, Jean*

Giovanni — *John*
Giuseppe — *Joseph*
Gustavo
Luigino — *diminutive form of*
  Luigi (*Louis*)
Luisa — *Louisa, Louise*
Maria — *Mary*

Nicola — *Nicholas*
Piero, Pietro — *Peter*
Pino — *shortened form of* Giuseppino, *i.e. Joe*
Roberto — *Robert*
Stefano — *Stephen*

Index

References are to page numbers: the letter 'n' after a page number indicates a note on that page.